"十二五"职业教育国家规划教材
经全国职业教育教材审定委员会审定

高职高专汽车检测与维修技术专业优质核心课程系列教材

第2版

汽车安全与舒适系统检测与修复

主　编　孙连伟　曲昌辉　毛　峰

参　编　张西振　孔繁瑞　惠有利　黄艳玲　明光星　张丽丽
黄宜坤　郭大民　历承玉　孙　涛　赵维克　刘义庆

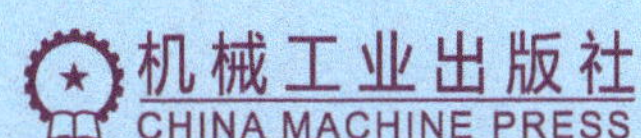

机械工业出版社
CHINA MACHINE PRESS

本书是“十二五”职业教育国家规划教材，经全国职业教育教材审定委员会审定。

根据高职专业的要求及特点，结合目前我国汽车维修行业的实际需求，本书共设置7个汽车安全与舒适系统检测与修复教学项目，主要内容包括汽车安全气囊的故障诊断与修复、汽车中控门锁与防盗系统的故障诊断与修复、汽车倒车雷达系统的故障诊断与修复、汽车空调系统的故障诊断与修复、汽车音像系统的故障诊断与修复、汽车导航系统的故障诊断与修复、汽车巡航控制系统的故障诊断与修复。本书主要以国内外比较流行的车型为例，系统地讲述了汽车安全与舒适系统控制技术的基本原理、基本结构、故障诊断与修复等内容。

本书可作为高职高专汽车检测与维修技术专业教材，也可供汽车维修行业的工程技术人员及汽车维修人员参考使用。

本书配有电子课件，**凡使用本书作为教材的教师**可登录机械工业出版社教育服务网（www. cmpedu. com）注册后免费下载。咨询电话：010-88379375。

图书在版编目（CIP）数据

汽车安全与舒适系统检测与修复/孙连伟，曲昌辉，毛峰主编．—2版．—北京：机械工业出版社，2016.9（2025.2重印）
“十二五”职业教育国家规划教材　经全国职业教育教材审定委员会审定
高职高专汽车检测与维修技术专业优质核心课程系列教材
ISBN 978-7-111-54586-6

Ⅰ.①汽…　Ⅱ.①孙…②曲…③毛…　Ⅲ.①汽车-安全装置-检修-高等职业教育-教材　Ⅳ.①U472.41

中国版本图书馆CIP数据核字（2016）第194078号

机械工业出版社（北京市百万庄大街22号　邮政编码100037）
策划编辑：葛晓慧　蓝伙金　责任编辑：葛晓慧　蓝伙金
责任校对：张玉琴　封面设计：鞠　杨
责任印制：单爱军
北京虎彩文化传播有限公司印刷
2025年2月第2版第10次印刷
184mm×260mm · 14.75印张 · 357千字
标准书号：ISBN 978-7-111-54586-6
定价：45.00元

电话服务　　网络服务
客服电话：010-88361066　机　工　官　网：www. cmpbook. com
010-88379833　机　工　官　博：weibo. com/cmp1952
010-68326294　金　书　网：www. golden-book. com
封底无防伪标均为盗版　机工教育服务网：www. cmpedu. com

前　言

随着人们对汽车舒适性要求的不断提高，汽车电子技术也不断向前发展。汽车舒适与安全系统日常使用频率高、损坏率也相对其他电器要高，其维修量和难度大。为了使学生能够熟练地掌握现代汽车舒适与安全系统装备的检修方法，我们特编写了这本书。

我们对本书的体系结构做了精心的设计，根据学生的认知规律，由简单到复杂来安排全书的项目。对每个项目，按照“任务情境→任务分析→任务实施的相关专业知识→任务实施→归纳总结→思考问题→拓展提高”这一思路进行编排。各项目内容相对独立，且涉及的知识比较先进，针对性强，图文并茂，通俗易懂。

本书由孙连伟、曲昌辉及毛峰担任主编。参加编写的还有张西振、孔繁瑞、惠有利、黄艳玲、明光星、张丽丽、黄宜坤、郭大民、历承玉、孙涛、赵维克、刘义庆等。

由于编者水平有限，书中难免会有疏漏和不足之处，恳请同行专家和广大读者批评指正。

编　者

目录

前　言
项目一　汽车安全气囊的故障诊断与修复 …… 1
任务一　安全气囊系统总成的更换 …… 2
任务二　安全气囊指示灯常亮的检修 …… 20
项目二　汽车中控门锁与防盗系统的故障诊断与修复 …… 42
任务一　中控门锁工作失效检测与修复 …… 43
任务二　汽车防盗系统功能异常的检修 …… 62
项目三　汽车倒车雷达系统的故障诊断与修复 …… 94
任务　汽车倒车雷达系统异常的故障检测与修复 …… 95
项目四　汽车空调系统的故障诊断与修复 …… 104
任务一　汽车空调不制冷故障检测与修复 …… 105
任务二　汽车自动空调故障检测与修复 …… 139
任务三　汽车暖风不热故障检测与修复 …… 157
任务四　汽车通风系统故障检测与修复 …… 164
项目五　汽车音像系统的故障诊断与修复 …… 172
任务一　汽车音响系统的维护与检修 …… 173
任务二　汽车视频系统故障检测与修复 …… 186
项目六　汽车导航系统的故障诊断与修复 …… 199
任务　汽车导航系统故障检测与修复 …… 200
项目七　汽车巡航控制系统的故障诊断与修复 …… 212
任务　汽车巡航控制系统的故障检测与修复 …… 213
参考文献 …… 229

项目一
汽车安全气囊的故障诊断与修复

学习目标

通过本单元任务的学习，学生将具备汽车安全气囊的故障诊断与修复的能力。

能够：

- 掌握汽车安全气囊的组成和作用。
- 了解汽车安全气囊的分类和控制方法。
- 理解汽车安全气囊主要部件的结构与原理。
- 掌握各种检测维修工具和设备的使用。
- 掌握安全气囊系统的检修与维护方法。
- 掌握安全气囊系统检修时的注意事项。
- 能够熟练拆装汽车安全气囊系统各零部件总成。
- 掌握各种检测维修工具和设备的使用。
- 能够使用专用仪器对汽车安全气囊系统故障进行诊断。
- 能够掌握汽车安全气囊系统各部件的检测内容和所需工具。

- 能够分析工作中的不安全因素并采取措施保护环境。

工作任务

现在，随着汽车技术的进步和道路条件的改善，汽车行驶速度越来越快，同时汽车保有量也迅速增加，导致汽车交通事故频繁发生。因此，确保汽车行驶的安全性，解决乘车人员的安全问题越来越受到人们的重视，而在汽车上装配安全气囊就是一种有效的解决方法。

本项目主要对汽车安全气囊的组成、工作原理及使用中的注意事项进行概述，使学生对汽车安全气囊有一个比较全面的了解和认识，同时要掌握汽车安全气囊总成的拆装、检修及检修注意事项。

任务一　安全气囊系统总成的更换

知识点： 安全气囊的类型；安全气囊的组成及工作原理；安全气囊的主要部件。

能力点： 合理选用工具；熟练拆装汽车安全气囊系统各零部件总成。

任务情境

某客户驾驶的轿车在高速上遭受正面碰撞，安全气囊全部打开，需要更换安全气囊各零部件总成。

任务分析

完成此任务需要了解安全气囊的类型，掌握安全气囊的组成及工作原理，熟记安全气囊的拆装注意事项，能够合理地选用工具。

任务实施的相关专业知识

一、安全气囊的类型

1. 按照碰撞类型分类

根据碰撞类型的不同，安全气囊（Supplemental Restraint System，SRS）可分为正面防护安全气囊、侧面防护安全气囊和顶部碰撞防护安全气囊。正面碰撞安全气囊系统是目前应用最广泛的一种，而侧面碰撞安全气囊和顶部碰撞安全气囊现已逐渐普及。

2. 按照安全气囊数目分类

按照安全气囊安装数目可分为单气囊系统（只安装在驾驶人侧）和双气囊系统（驾驶

人侧和副驾驶人侧各有一个安全气囊）两种。

3. 按照传感器数量分类

汽车安全气囊分为单传感器型、双传感器型和三传感器型三种。

4. 按照安全气囊控制类型分类

按照安全气囊控制类型可分为机械式安全气囊和电子控制式安全气囊，现代汽车大部分采用了电子控制式安全气囊，以此安全气囊来进行介绍。

5. 按系统的配置分类

安全气囊分为配安全带拉紧器型和无安全带拉紧器型两类。

二、安全气囊的组成及工作原理

1. 组成

电子式安全气囊主要由传感器、气囊组件、气体发生器和电控装置（ECU）等组成，如图1-1所示。

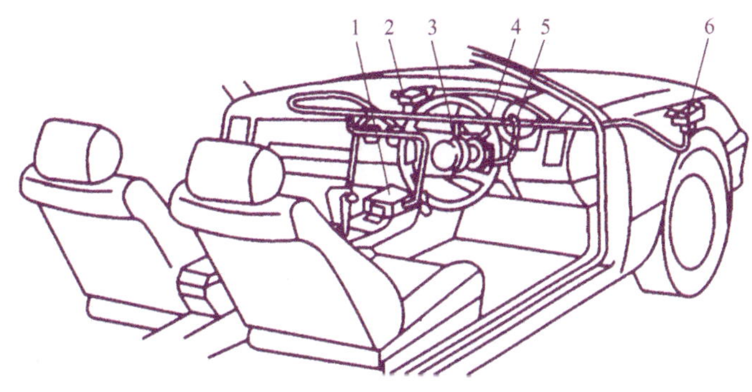

图1-1　电子式安全气囊的组成

1—中央气囊传感器总成　2—前部碰撞传感器（左）　3—气囊与充气装置
4—螺旋电缆　5—气囊警告灯　6—前部碰撞传感器（右）

2. 工作原理

当汽车行驶中遭受到正面或侧面碰撞时，安全气囊系统的工作原理基本相同。现以图1-2所示的正面碰撞为例来说明安全气囊系统的工作原理。

当汽车受到前方一定角度范围内的高速碰撞时，车体会受到强烈的振动，同时车速急剧下降。安装在汽车前端的碰撞传感器和与SRS ECU安装在一起的防护碰撞传感器（安全传感器）就会检测到汽车突然减速和撞击强度的信号，当达到规定的强度时，传感器即向SRS ECU发出信号。SRS ECU接收到信号后，与其原存储信号进行比较，若达到气囊的展开条件，则由驱动电路向安全气囊组件中的气体发生器送去起动信号。气体发生器接到起动信号后，引爆电雷管引燃气体发生剂，产生大量气体，经过滤并冷却后进入安全气囊，使气囊在极短的时间内突破衬垫迅速展开，在驾驶人或乘客的前部形成弹性气垫，并及时泄漏、收缩，将人体与车内构件之间的碰撞变为弹性碰撞，通过气囊产生的变形吸收人体碰撞产生的动能，从而有效地保护人体头部和胸部，使之免于伤害或减轻伤害程度。

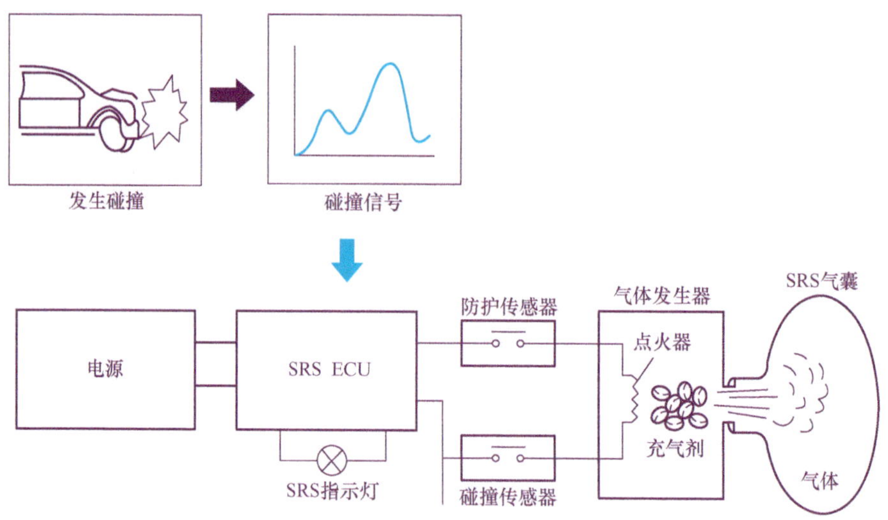

图 1-2 安全气囊的工作原理

图 1-3 所示为某汽车在速度为 50km/h 时与前面障碍物相撞，安全气囊的引爆过程。

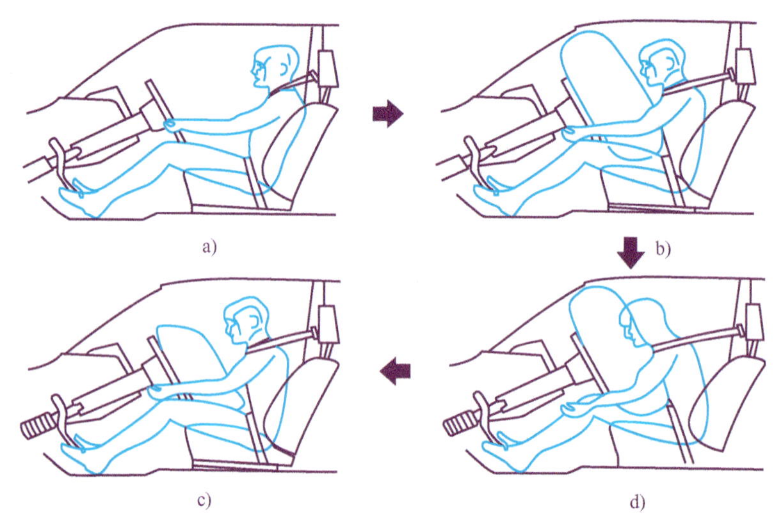

图 1-3 安全气囊系统的工作过程
a）尚未引爆 b）气囊充满 c）能量吸收 d）气体逸出

1）碰撞 10ms 后，安全气囊系统达到引爆极限，电雷管引爆点燃点火剂，产生大量的无毒炽热气体。此时，驾驶人由于惯性尚未动作，如图 1-3a 所示。

2）20ms 后，驾驶人开始移动，但还没有到达气囊。

3）40ms 后，气囊完全充满涨起，体积达到最大，安全带被拉长，人的部分冲击能量已被吸收，如图 1-3b 所示。

4）60ms 后，驾驶人的头部已经开始沉向气囊。

5）80ms 后，驾驶人的头部及身体上部都沉向气囊。气囊背后的排气口打开，在气囊内部的气体压力和人体压力作用下排气，利用排气口的节流作用吸收能量，如图 1-3c 所示。

6）100ms 后，车速已接近为 0，这时对车内乘员来说，危险期已接近结束。

7）110ms 后，驾驶人已经前移到最大距离，随后身体开始后移回到座椅靠背上。这时候大部分气体已经从气囊中逸出，汽车前方视野恢复，如图 1-3d 所示。

8）120ms 后，碰撞危险解除，车速降至 0。

三、安全气囊的主要部件

1. 传感器

在汽车安全气囊系统中，传感器按总体机构分三种：机电结合式碰撞传感器、电子式碰撞传感器和汞开关式碰撞传感器。其作用是在汽车发生碰撞时，检测汽车碰撞强度的信号，并将信号输入给安全气囊 ECU，安全气囊 ECU 根据碰撞传感器传送的信号来判断是否引爆气体发生器使气囊充气。碰撞传感器的安装位置通常有两种：安装于汽车前部（前保险杠后及前叶子板下）的碰撞传感器称为前碰撞传感器；安装于安全气囊 ECU 内部的碰撞传感器称为中央传感器。前碰撞传感器的安装位置也有不同的，如奥迪 A6 车的碰撞传感器在正、副驾驶人座椅下面。

（1）机电结合式碰撞传感器 机电结合式碰撞传感器是利用机械机构运动来控制电器触点动作，再由触点断开与闭合来控制安全气囊电路的接通与切断。机电结合式碰撞传感器可分为滚球式和偏心式等。

1）滚球式碰撞传感器。如图 1-4 所示，平时小钢球被磁场力所约束。当碰撞时，在圆柱形缸套内小钢球就向前运动。一旦接触到前面的触点，则将局部电路接通。这种传感器目前应用很广，可以检测各种撞击信号。

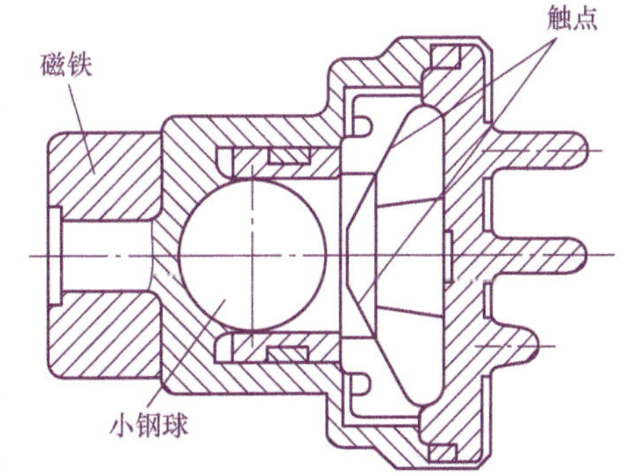

图 1-4 滚球式传感器

2）偏心式传感器。偏心式传感器为具有偏心转动质量的机电式加速度传感器，由外壳、偏心转子、偏心重块、旋转触点与固定触点、螺旋弹簧等构成，如图 1-5 所示。偏心式传感器的外侧装有一个电阻，做自检之用，检测传感器总成与其之间的电路是否有断路或短路。

当汽车正常行驶时，偏心转子和偏心重块被螺旋弹簧拉回，处于平衡状态，此时转子上安装的旋转触点与固定触点不接触。当车辆受到正面碰撞且速度达到设定值时，由于偏心重块惯性的作用，使偏心重块连同偏心转子和旋转触点一起转动，旋转触点与固定触点发生接触，如图 1-6 所示，从而向 ECU 发出闭合电路信号。

（2）电子式传感器 电子式传感器中的加速度计对汽车正向减速度进行连续测量，并将测量结果输送给 ECU，ECU 内有一套复杂的碰撞信号处理程序，能够确定气囊是否需要膨开。若需要气囊膨开，ECU 便会接通点火电路，安全传感器同时也闭合，则引发器接通，气囊膨开。

电子式传感器对汽车正向加速度进行连续测量，并将测量结果输送给安全气囊 ECU，安全气囊 ECU 根据碰撞信号的分析处理，若需要引爆安全气囊，安全气囊 ECU 便会接通点火电路，如果此时前方碰撞传感器的触点同时也闭合，则气体发生器的电路接通，安全气囊引爆。

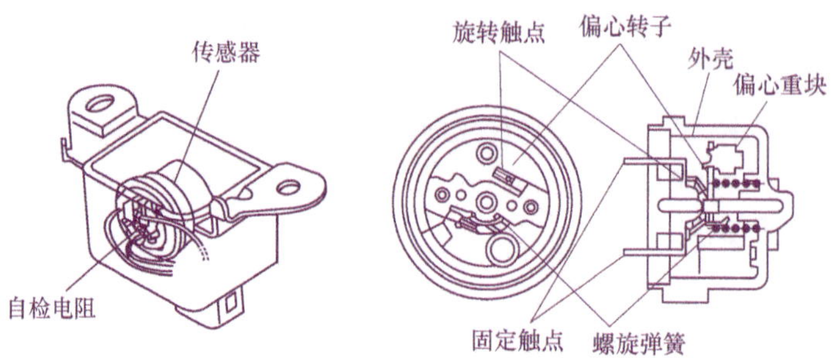

图1-5 偏心式传感器的结构

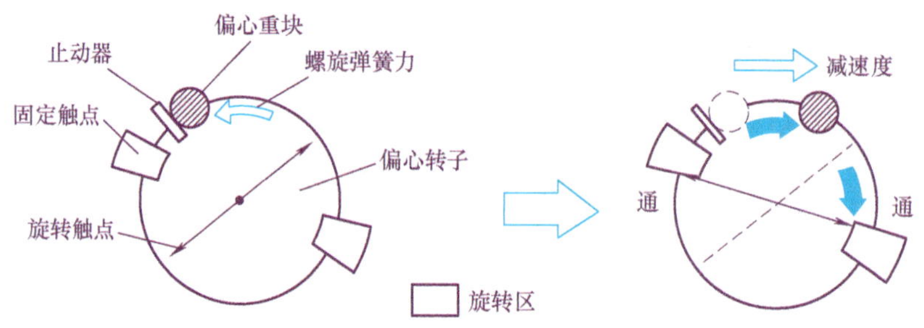

图1-6 偏心式传感器的工作过程

（3）汞开关式碰撞传感器 汞开关式碰撞传感器利用汞导电良好的特性制成。一般用作安全传感器。汞开关式碰撞传感器的结构如图1-7所示。当汽车发生碰撞时，减速度将使汞产生惯性力，惯性力在汞运动方向上的分力将汞抛向传感器电极，使两个电极接通，从而接通安全气囊点火器电路的电源。

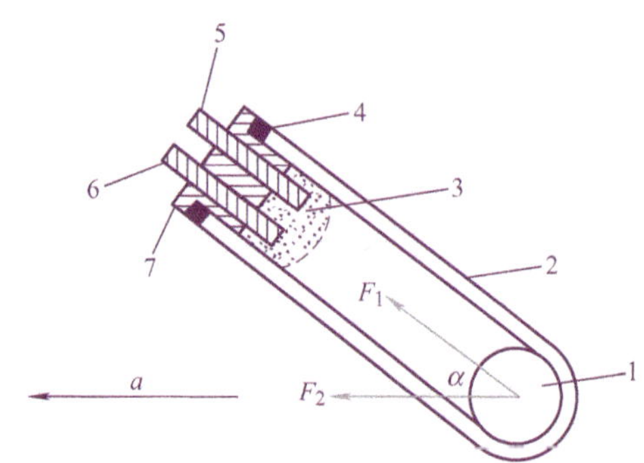

图1-7 汞开关式碰撞传感器的结构

1—汞（静止位置） 2—壳体 3—汞（动态位置）
4—密封位置 5—电极（接点火器）
6—电极（接电源） 7—密封螺塞
a—减速度方向 F_1—汞运动方向 F_2—水平分力
α—汞运动方向与水平方向的夹角

2. 气囊组件

气囊组件主要由气体发生器、点火器、气囊、饰盖和底板等组成。驾驶人侧气囊组件位于转向盘中心处，乘客侧气囊组件位于仪表板右侧杂物箱上方。

（1）气体发生器 气体发生器又称为充气泵或充气器，其作用是有点火器引燃点火剂时，产生气体向气囊充气，使气囊膨开。气体发生器的结构如图1-8所示，它由上盖、下盖、充气剂（叠氮化钠固体药片）和金属滤网组成。

气体发生器壳体由上盖和下盖两部分组成。上盖上制有若干个长方形或圆形充气孔。下盖上制有安装孔，以便用专用螺栓和专用螺母固定在气囊支架上，装配时只能用专用工具进行装配。上盖与下盖压成一体，壳体内装有充气剂、滤网和点火器。金属滤网安装在气体发生器的内表面，用以过滤充气剂和点火剂燃烧产生的渣粒。

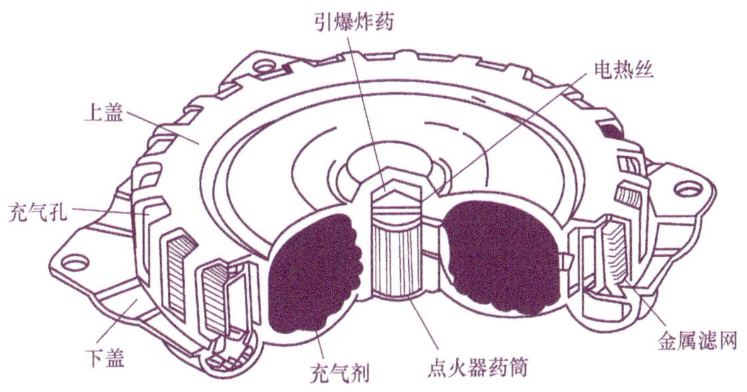

图 1-8　气体发生器的结构

气体发生器是利用热效反应产生氮气而充入气囊。在点火器引爆点火剂瞬间，点火剂会产生大量的热量，叠氮化钠片状合剂受热立即分解，产生氮气并从充气孔充入气囊。虽然氮气是无毒气体，但是叠氮化钠的副产品有少量的氢氧化钠和碳酸氢钠（白色粉末）。这些物质是有害的，因此在清洁膨胀后的气囊时，应保持良好的通风并采取防护措施。

（2）点火器　点火器外包铝箔，安装在气体发生器内部中央位置。其功用是根据安全气囊 ECU 的指令引爆点火剂，产生热量使充气剂分解。

点火器的结构如图 1-9 所示，主要由引爆炸药、药筒、引药、电热丝、电极和引出导线等组成。

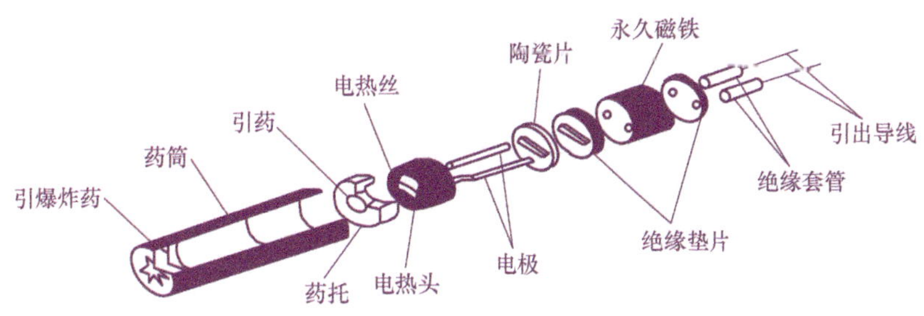

图 1-9　点火器的结构

点火器的所有部件均装在药筒内。点火剂包括引爆炸药和引药。引出导线与气囊插接器插头连接，插接器（一般为黄色）中设有短路片（铜质弹簧片）。当插接器插头拔下或插头与插座未能完全接合时，短路片将两根引线短接，防止静电或误通电将电热丝电路接通，从而使点火剂引爆而导致气囊误开。

（3）气囊　气囊按布置可分为驾驶人侧气囊、乘客气囊、后排气囊、侧面气囊和顶部气囊等。按照大小可分为保护整个上身的大型气囊和保护面部的小型护面气囊。护面气囊成本低，但一定要和座椅安全带配合使用才能有保护作用。

气囊是用聚酰胺织物制成，内层涂有聚氯丁二烯，用以密闭气体。气囊在静止状态时，是折叠在一起的，安放在汽车发生器上部与气囊装饰盖之间。气囊装饰盖表面压有撕印，以便气囊充气时撕裂装饰盖。

汽车发生碰撞时，安全气囊一般在一次碰撞 10ms 内开始充气。从开始充气到气囊完全膨开的整个充气时间约为 30ms。当驾驶人在惯性力作用下压到气囊上时，气囊便从其背面或顶部的排气孔排气，持续时间不到 1s，从而吸收驾驶人与气囊碰撞的动能，使人体免受伤害。

（4）饰盖　饰盖是气囊组件的盖板，上面模制有撕缝，以便气囊能冲破饰盖膨开。气囊和充气器在底板上，底板装在转向盘或车身上，气囊膨开时，底板承受气囊的反力。

3. 安全气囊 SRS 指示灯

SRS 指示灯位于仪表板上，接通点火开关时，诊断单元对系统进行自检，若点亮 6s 后熄灭，表示安全气囊系统正常；若 6s 后 SRS 指示灯依然闪烁或一直不熄灭，表示安全气囊系统有故障，提示驾驶人应进行维修。

4. 安全气囊 ECU

安全气囊 ECU 由中央处理器（CPU）、只读存储器（ROM）、随机存储器（RAM）、I/O 接口、驱动器等电子电路组成。同时，安全气囊 ECU 内部还有安全传感器、备用电源、稳压电路和故障自诊断电路等。安全气囊 ECU 的内部结构如图 1-10 所示，其电控系统的原理如图 1-11 所示。

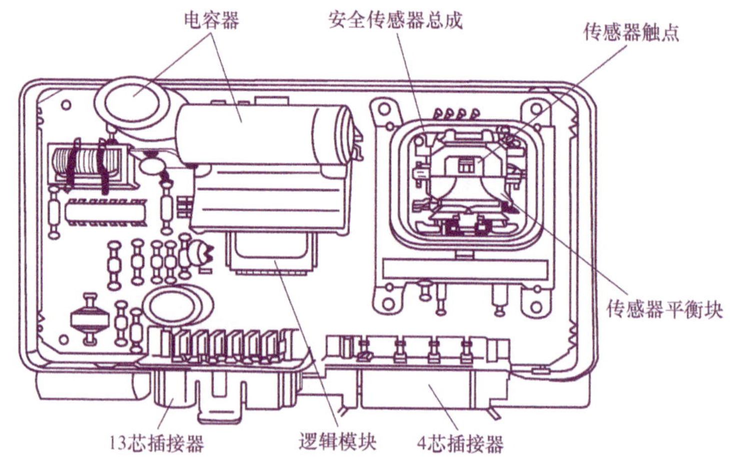

图 1-10　安全气囊 ECU 的内部结构

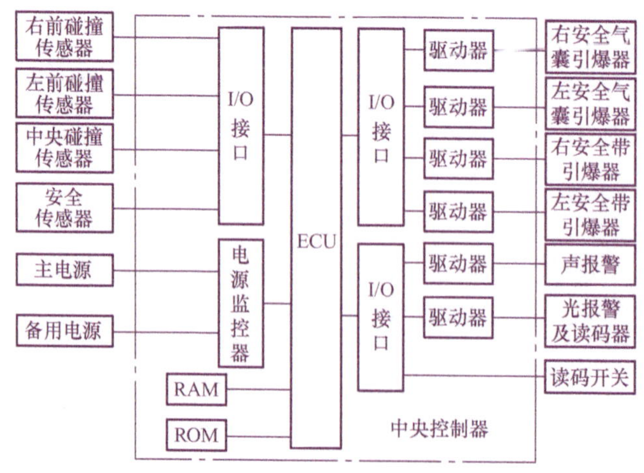

图 1-11　安全气囊电控系统的原理

在汽车运行过程中，安全气囊 ECU 不断接收前碰撞传感器和安全传感器传来的车速变化信号，经过数学计算和逻辑判断后，确定是否发生碰撞。当确定为发生碰撞时，立即控制点火器的程序，并向点火器控制电路发出点火指令，引爆点火剂，点火剂引爆时产生大量的热量，使充气剂受热分解释放氮气充入气囊。

安全气囊 ECU 还要对控制组件中的关键部件的电路不断地进行诊断测试，并通过 SRS 指示灯和存储在存储器中的故障码来显示测试结果。仪表板上的 SRS 指示灯可以直接向驾驶人提供安全气囊系统的状态信息。逻辑存储器中的状态信息和故障码可用专用仪器或通过特定方式从串行通信接口调出，供维修时参考。

安全气囊系统有两个电源：一个是汽车电源，另一个是备用电源。备用电源电路由电控电路和若干个电容器组成。在单安全气囊系统的控制组件中，设有一个安全气囊 ECU 备用电源和一个点火备用电源。在双安全气囊系统的控制组件中，设有一个安全气囊 ECU 备用电源和两个点火备用电源，即两条点火电路各设一个备用电源。点火开关接通 10s 后，如果汽车电源电压高于安全气囊 ECU 的最低工作电压，所有备用电源即可完成储能任务。备用电源的功用是，当汽车电源与安全气囊 ECU 之间的电路切断后，在一定时间内（一般为 6s），备用电源继续向安全气囊 ECU 供电，保持安全气囊系统的正常功能。当汽车遭受碰撞而导致蓄电池或发动机与安全气囊 ECU 之间的电路切断时，备用电源能在 6s 之内向安全气囊 ECU 供电，保证安全气囊 ECU 测出碰撞、发出点火指令及引爆气囊等正常功能。时间过长，备用电源供电能力下降，不能确保安全气囊系统正常工作。

5. 安全气囊系统线束

安全气囊系统的所有线束都套装在黄色的波纹管内，并与车颈线束连成一体，以便于区别。为了保证转向盘具有足够的转动角度而又不致损伤驾驶人气囊组件的连接线束，在转向盘与转向柱管之间采用了螺旋线束，即将线束安装在螺旋弹簧内，再将螺旋弹簧放到弹簧壳体内，如图 1-12 所示。

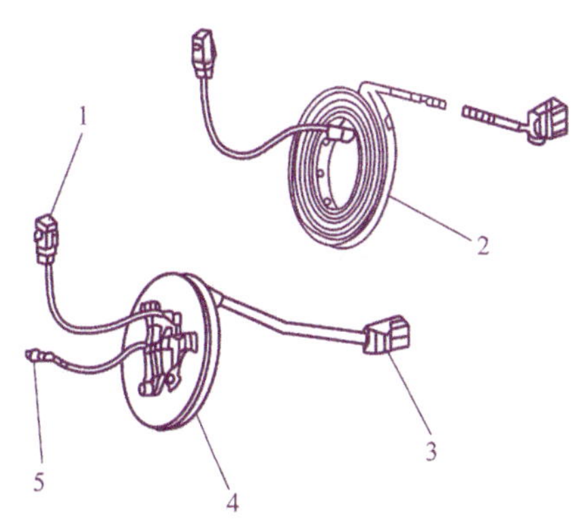

图 1-12　螺旋弹簧与螺旋线束

1、3—线束插头或插接器　2—螺旋弹簧　4—螺旋壳体　5—搭铁插头

电喇叭线束也安装在螺旋弹簧内，螺旋弹簧安装在转向盘与转向柱之间，安装时应注意其安装位置和方向，否则将导致螺旋线束和电喇叭线束折断、转向盘转向角度不足或转向沉重。

6. 保险机构

安全气囊系统工作可靠与否，直接关系到人身安全。安全气囊线束为了区别其他线束，不但将线束做成黄色，而且线束插接器采用导电性能和耐久性能良好的镀金端子，并设计有防止气囊误爆机构、端子双重锁定机构、插接器双重锁定机构和电路连接检查机构等。图 1-13所示为丰田汽车安全气囊插接器。插接器采用的各种保险机构见表 1-1。

表 1-1　丰田汽车安全气囊插接器保险机构

序号	名称	插接器代号
1	防止气囊误爆机构	2、5、8
2	电路连接诊断机构	1、3、7、9
3	插接器双重锁定机构	5、8
4	端子双重锁定机构	1、2、3、4、5、7、8、9

（1）防止安全气囊误引爆机构　如图 1-13 所示，从安全气囊 ECU 至安全气囊点火器之间的插接器 2、5、8 均采用了防止气囊误爆的短路片机构，主要用于当插接器拔下时，短路片自动将靠近安全气囊点火器一侧插头或插接器两个引线端子短接，如图 1-14 所示，防止静电或误通电将电热丝电路接通而造成气囊误膨开。

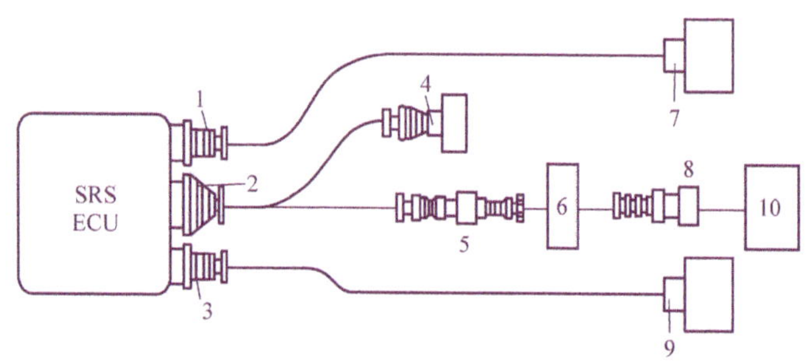

图 1-13　丰田汽车安全气囊插接器

（2）电路连接诊断机构　如图 1-15 所示，电路连接诊断机构是用来监测插接器是否连接可靠，常用于前碰撞传感器。在这种插接器中，有一个诊断销和两个诊断端子，插接器正常连接时，诊断销与前碰撞传感器中的常开触点并联。

当传感器插头与插座未可靠连接时（半连接），诊断端子与诊断销未接触，如图 1-15a 所示。此时安全气囊 ECU 监测到该碰撞传感器的电阻为无穷大，即诊断该碰撞传感器为连接不可靠，自诊断电路便控制 SRS 指示灯闪亮报警，同时将故障码储存在存储器中；当传感器插头与插座的连接为可靠连接时，诊断端子与诊断销完全接触，如图 1-15b 所示。此时电阻与碰撞传感器中的常开触点并联，安全气囊 ECU 检测到的阻值为该电阻的阻值，即可诊断为该插接器连接可靠。

（3）插接器双重锁定机构　安全气囊系统在线束的重要连接部位，其插接器都采用了双重锁定机构，用于锁定插接器的插头与插座，防止插接器脱开，如图 1-16 所示。当主锁未锁定时，插头上的两个凸台阻止副锁锁定，如图 1-16a 所示；当主锁完全锁定时，副锁锁柄方能转动并锁定，如图 1-16b 所示；当主锁与副锁双重锁定时，插接器的插头与插座的连接状态如图 1-16c 所示，从而防止插接器插头与插座分开。

（4）端子双重锁定机构　安全气囊系统的每一个插接器都设有端子双重锁定机构，用于阻止引线端子滑出，如图 1-17 所示。插接器的插头与插座都是由锁柄和分隔片两部分组成，锁柄为一次锁定机构，可防止端子沿引线轴向方向滑动；分隔片为二次锁定机构，可防止端子沿引线径向移动。

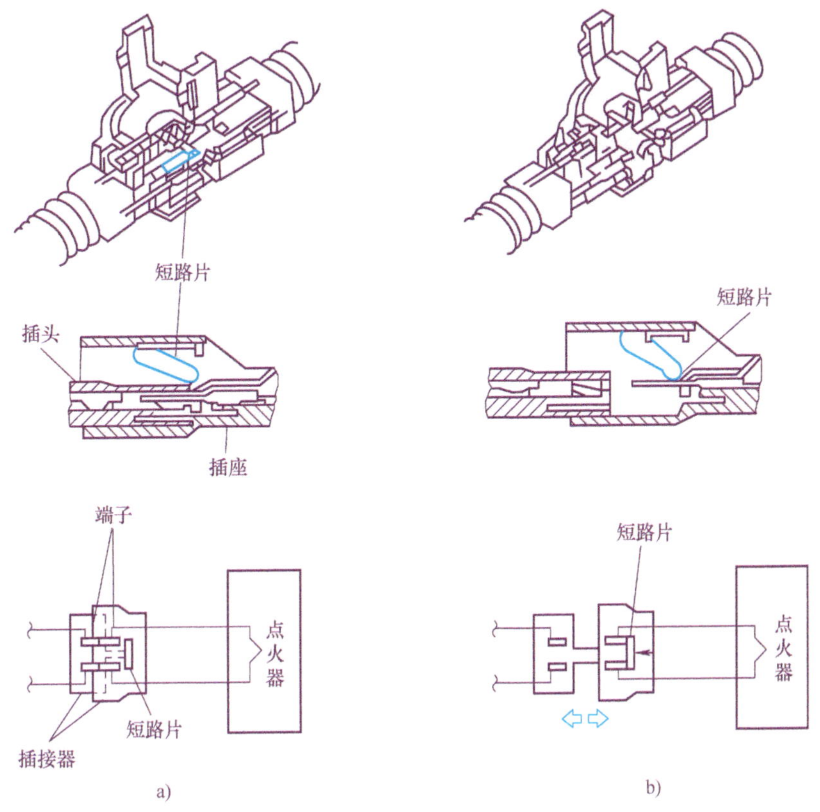

图 1-14　防止气囊误爆机构的结构与原理

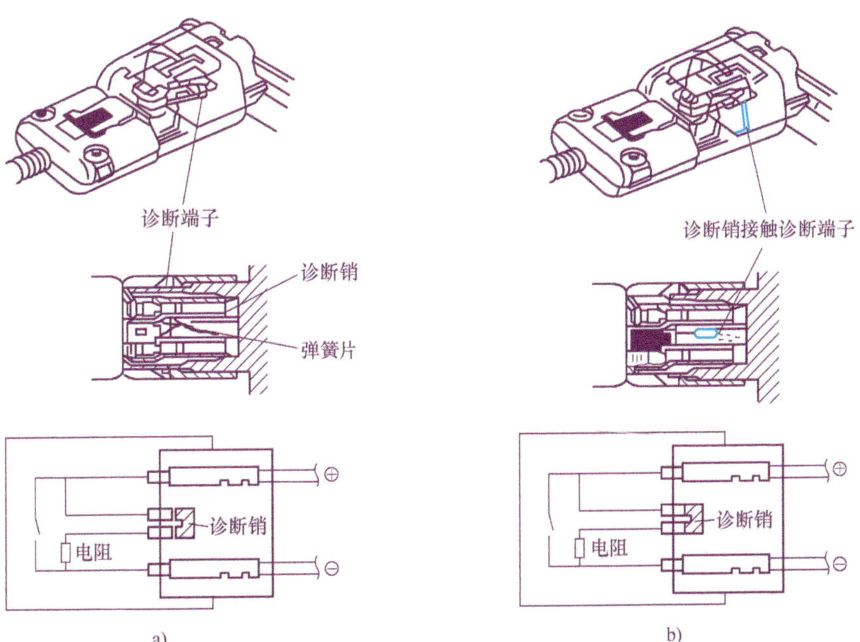

图 1-15　电路连接诊断机构的结构与原理

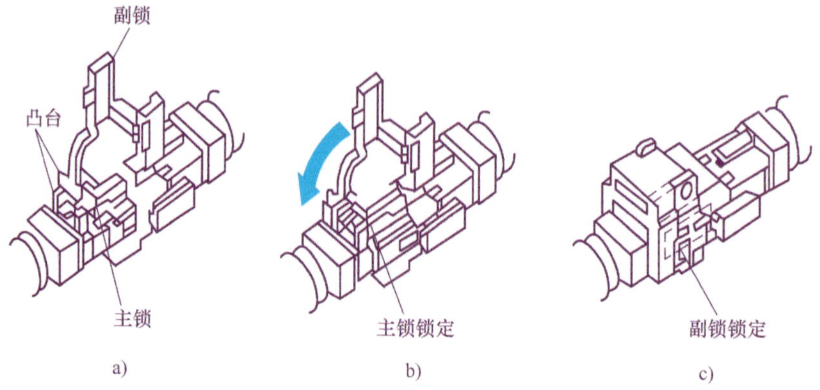

图 1-16　插接器双重锁定机构的原理

a）主销打开，副销被挡住　b）主销锁定，副销可锁定　c）双重锁定

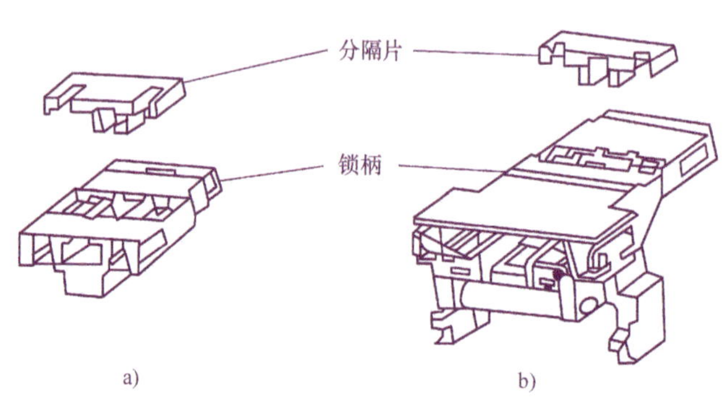

图 1-17　端子双重锁定机构

任务实施

一、任务实施的环境

轿车发生激烈的正面碰撞导致安全气囊全部打开，维修技术人员接到维修工单需要更换安全气囊零部件总成。首先要利用《维修手册》熟悉安全气囊零部件总成布置位置、拆装流程及注意事项等，然后制订维修方案，同时要合理地选用常用工具及专用工具。

现将安全气囊拆装的注意事项总结如下：

1. 气囊总成的使用与拆卸

1）维修时应将饰盖朝上，上面不可叠置任何物品。

2）安全气囊总成上面不准涂润滑油。

3）安全气囊总成不能用清洗剂清洗，只能用干布或湿布擦拭。

4）安全气囊总成存放的地方温度不可高于 90℃，湿度也不可过高。

5）尽量按厂家的规范要求进行作业。

2. 拆卸与安装螺旋弹簧

1）拆卸转向机构时，要将前轮处于直线行驶位置并取下点火钥匙，否则有可能损伤螺旋弹簧，或使安全气囊打开。

2）螺旋弹簧由两个载流的弹簧线圈组成，该部件不能修理，切勿拆开。

3）螺旋弹簧如有故障，需要换整个部件。

4）安全气囊展开后，螺旋弹簧要更换。

5）往转向柱上安装转向盘时，要将前轮回正，使转向柱和螺旋弹簧间的配对标记对正，然后安装。

6）尽量按厂家的规范要求进行作业。

3. 拆卸与安装线束和插接器

1）SRS 的线束和插接器一般套有特殊颜色的套管，借以与其他系统线束区别。

2）维修时一般不要损坏插接器。

3）检修电焊作业前，要拔下转向柱下多功能开关附近的安全气囊插接器，以防插接器失去安全功能。

4）安全气囊充气器侧的插接器中还带有短路条，分开插接器时，短路片将驾驶人和乘员安全气囊组件的电路短路，防止在进行安全气囊维护作业中使安全气囊错误打开。

5）要注意不能损坏插接器中的短路片，还需要注意不要让油、水、酸、碱侵入。

6）尽量按厂家的规范要求进行作业。

4. ECU 的安装与使用

1）禁止对安全气囊 ECU 进行敲击，防止跌落、振动或酸碱、油、水的侵蚀。

2）如发现 ECU 有凹陷裂纹、变形或生锈，要更换新件。

3）切勿在 ECU 或附近使用万用表电阻档测量，只能用专用仪器。

4）在安装 ECU 时，注意将安装方向与模块上的标定方向保持一致。

5）尽量按厂家的规范要求进行作业。

二、任务实施的步骤

1. 安全气囊零部件的布置位置

威驰轿车上配备了安全气囊，由驾驶人安全气囊和前排乘客安全气囊组成，零部件的位置如图 1-18 所示。

2. 安全气囊各零部件的拆装

（1）带安全气囊喇叭按钮总成的拆装　带安全气囊喇叭按钮总成如图 1-19 所示。

1）遵守注意事项。

2）断开蓄电池负极端子。

3）拆卸喇叭按钮总成。注意：如果当点火开关置于 ON 而断开安全气囊插接器，DTC 将被记录。

①前轮朝正前方。

②使用 T30 的梅花套筒扳手，松开 2 个梅花螺钉，直至螺纹槽碰到螺钉壳。

③从喇叭按钮总成中取出转向盘盖。

④松开喇叭插接器。注意：当取下喇叭按钮总成时，注意不要拉安全气囊线束。

⑤用螺钉旋具断开安全气囊插接器，如图 1-20 所示。

⑥取下喇叭按钮总成。

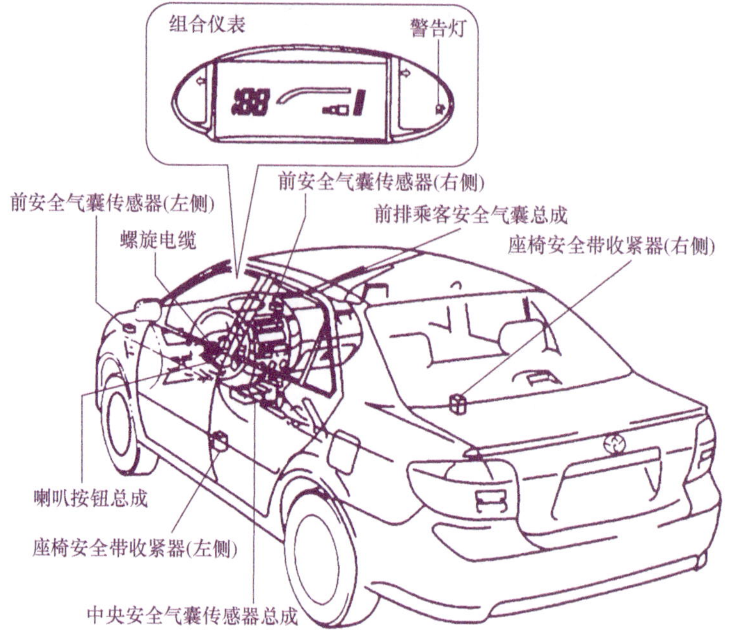

图 1-18　安全气囊零部件的位置

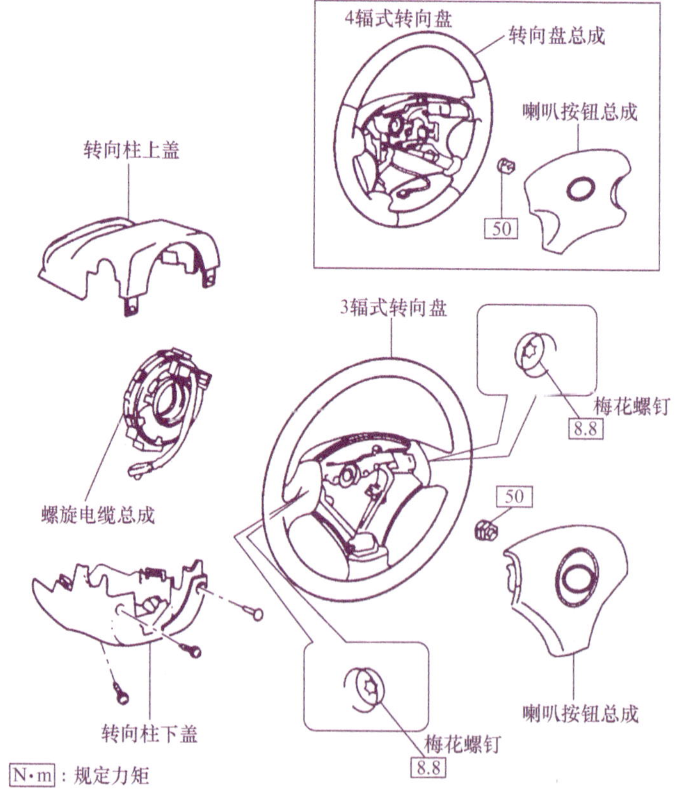

图 1-19　带安全气囊喇叭按钮总成

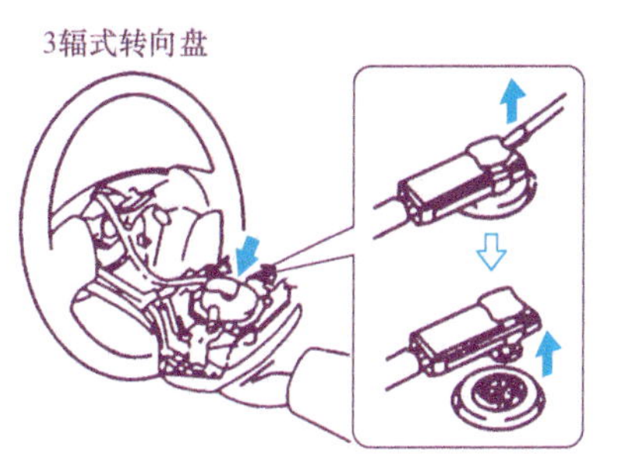

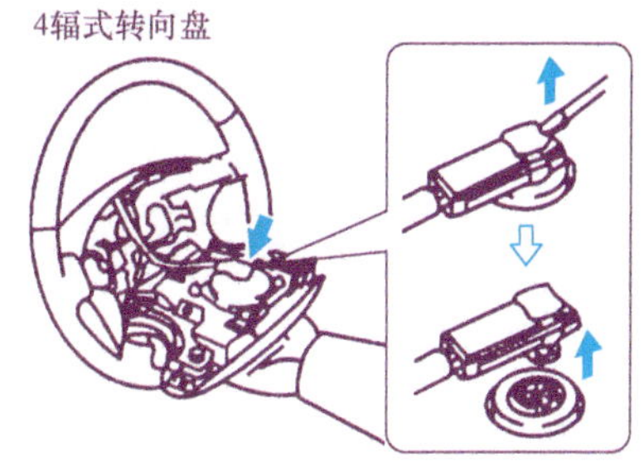

图 1-20　断开安全气囊插接器

4）安装喇叭按钮总成。

①连接安全气囊插接器和喇叭插接器。

②当确认螺钉螺槽碰到螺纹后安装喇叭按钮。

③使用梅花套筒扳手，安装 2 个梅花螺钉，拧紧力矩为 8.8N · m。

5）检查喇叭按钮总成。对安装在汽车上的喇叭按钮总成（带有安全气囊），目视检查喇叭按钮总成表面和槽口部裂痕、细微裂缝或者明显的变色。

6）检查 SRS 警告灯。

（2）螺旋电缆总成的拆装

1）遵守相关的注意事项。

2）断开蓄电池负极端子。

3）让前车轮朝正前方。

4）拆下喇叭按钮总成。

5）拆下转向盘总成。

6）拆下转向柱下端盖。

7）拆下转向柱上端盖。

8）拆下螺旋电缆总成，如图 1-21 所示。

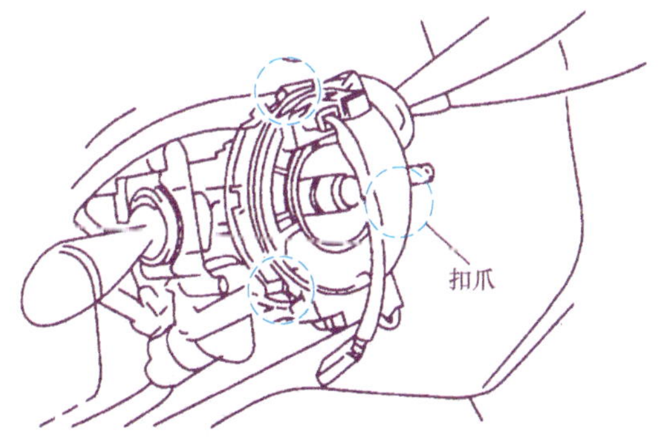

图 1-21　拆下螺旋电缆总成

①断开安全气囊插接器和螺旋电缆插接器。

②掰开 3 个扣爪，并且拆下螺旋电缆。

9）检查螺旋电缆总成。如果发现下列情况，更换螺旋电缆总成：插接器有裂纹或者刮伤，螺旋电缆总成有裂纹、凹槽或者碎片。

10）使前轮朝正前方。

11）安装螺旋电缆总成。

①将转向信号开关置于无转向位置。注意：为了防止转向信号开关的销折断，确保转向控制杆处于无转向位置。

②扣上 3 个扣爪，并且安装螺旋电缆。注意：更换新的螺旋电缆时，在安装控制杆前先拆下锁销。

③连接安全气囊插接器。

④用 3 个螺钉安装转向柱下端盖。

12）螺旋电缆对中。

①确保点火开关置于 OFF。

②确保蓄电池负极端子断开。注意：在拆下蓄电池端子 90s 后才可以进行操作。

③逆时针旋转螺旋电缆，直到变得难以旋转。

④然后顺时针旋转螺旋电缆约 2.5 圈，并对齐标记，如图 1-22 所示。注意：电缆将绕中心左、右旋转 2.5 圈。

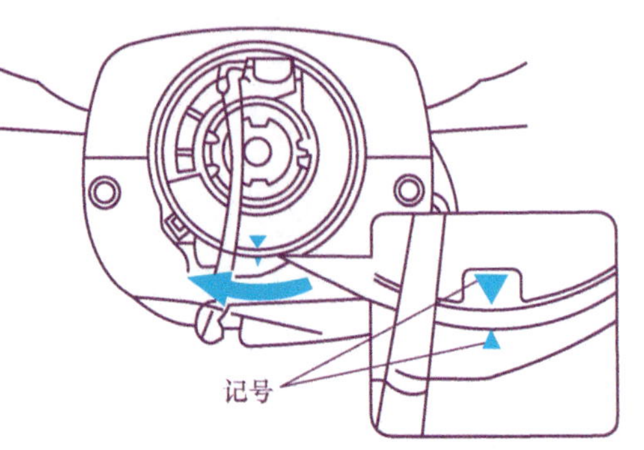

图 1-22　对齐标记

13）安装转向盘总成，安装喇叭按钮总成。

14）检查喇叭按钮总成和 SRS 警告灯的工作情况，应正常。

（3）仪表板乘客安全气囊总成的拆装　仪表板乘客安全气囊总成零部件分解图见图 1-23。

1）遵守相关的注意事项。

2）断开蓄电池负极端子。

3）拆下中央仪表控制台面板总成。

4）取下仪表控制台面板。

5）拆下组合仪表总成。

6）拆下杂物箱门总成。

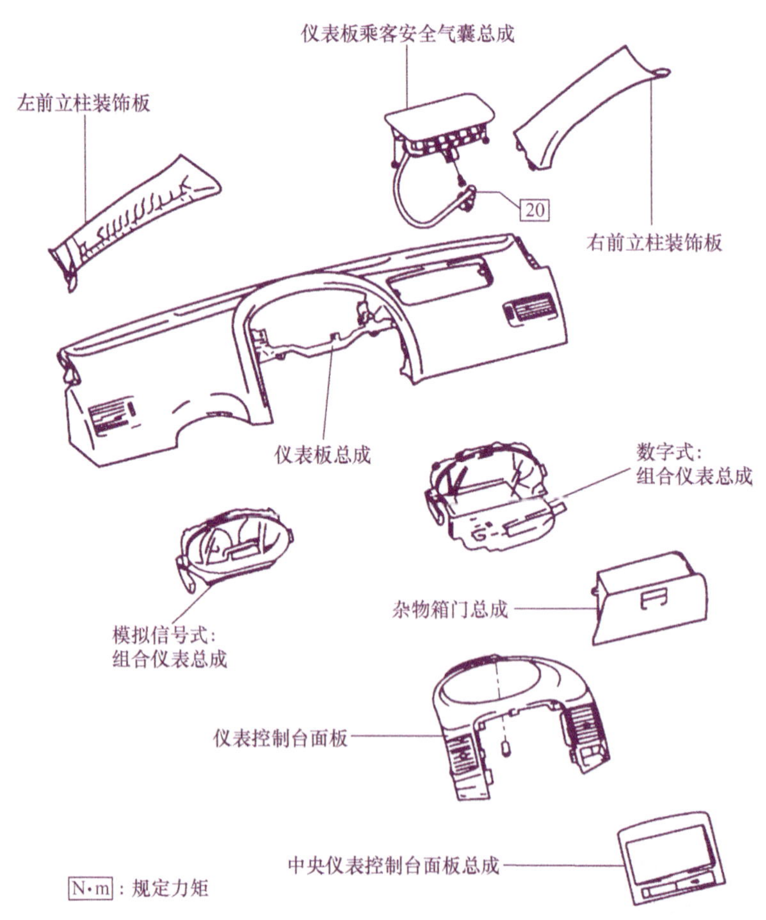

图 1-23　仪表板乘客安全气囊总成零部件分解图

7）拆下右前立柱装饰板。

8）拆下左前立柱装饰板。

9）断开乘客安全气囊插接器，如图 1-24 所示。

10）拆下仪表板总成。

11）拆下仪表板乘客安全气囊总成。拆下 2 个螺母和仪表板乘客安全气囊总成，如图 1-25所示。

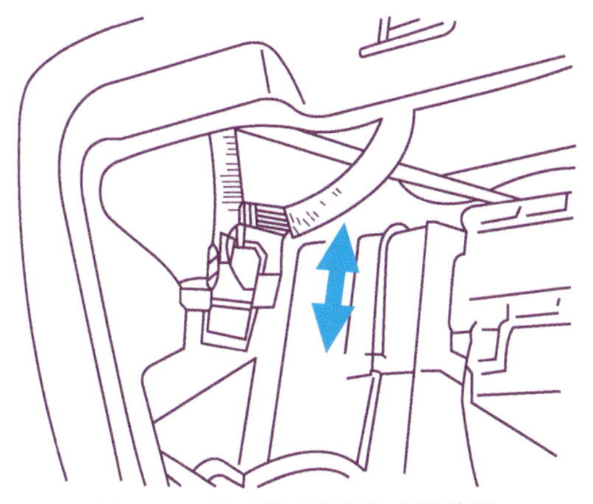

图 1-24　断开乘客安全气囊插接器

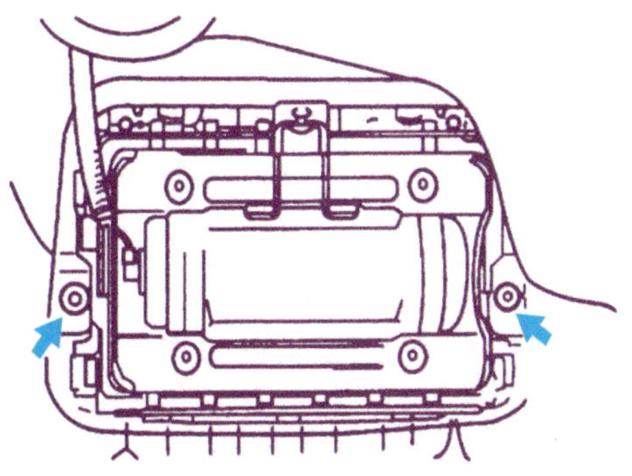

图 1-25　拆下仪表板乘客安全气囊总成

12）检查仪表板乘客安全气囊总成。

13）安装仪表板乘客安全气囊总成。

14）安装仪表板总成，拧紧力矩为 20N · m。

15）检查 SRS 警告灯。

（4）中央安全气囊传感器总成的拆装

1）遵守相关注意事项。

2）断开蓄电池负极端子。

3）拆下控制器嵌板。

4）拆下控制器孔盖。

5）拆下控制器地毯。

6）拆下控制器总成后部。

7）拆下中央安全气囊传感器总成，如图 1-26 所示。

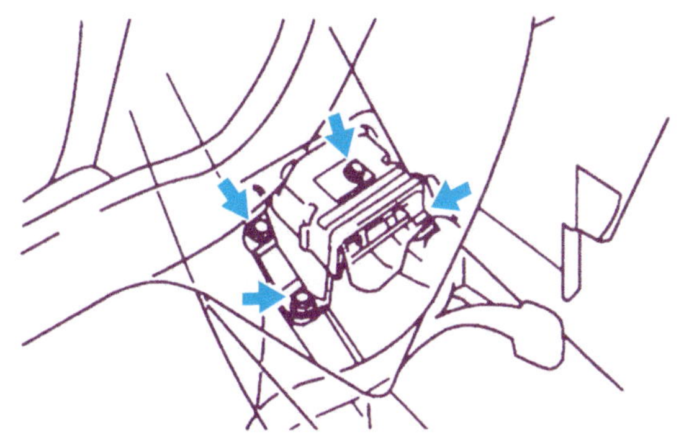

图 1-26　拆下中央安全气囊传感器总成

①从中央安全气囊传感器总成上断开 3 个插接器。

②从中央安全气囊传感器总成上拆下 4 个螺栓。

8）安装中央安全气囊传感器总成。

①确保点火开关旋转到 OFF 位置。

②确保蓄电池负极端子已经断开。注意：在拆下端子 90s 后进行操作。

③临时用 4 个螺栓安装中央安全气囊传感器总成。

④按照规定拧紧力矩拧紧 4 个螺栓，拧紧力矩为 17.5N · m。

⑤把插接器连接到中央安全气囊传感器总成。

⑥检查没有松动。

⑦检查防水片，正确设置。

9）检查中央安全气囊传感总成和安全气囊警告灯，应工作正常。

（5）右前安全气囊传感器的拆装

1）遵守相关的注意事项。

2）断开蓄电池负极端子。

3）拆下发动机下盖板。

4）拆下风扇和发电机V带。

5）拆下发电机总成。

6）拆下右前安全气囊传感器，如图1-27所示。

①从右前安全气囊传感器断开插接器。

②从右前安全气囊传感器上拆下2个螺栓。

7）安装右前安全气囊传感器。

①确保点火开关旋转到OFF位置。

②确保蓄电池负极端子已经断开。注意：在断开端子90s后进行操作。

③用2个螺栓安装右前安全气囊传感器，拧紧力矩为17.5N·m。

④把插接器连接到右前安全气囊传感器。

⑤检查没有松动。

8）检查右前安全气囊传感器。

9）检查驱动带有无缺陷和张紧力。

10）检查安全气囊警告灯。

（6）左前安全气囊传感器的拆装

1）遵守相关的注意事项。

2）断开蓄电池负极端子。

3）拆下发动机下盖。

4）拆下左前安全气囊传感器，如图1-28所示。

①从左前安全气囊传感器断开插接器。

②从左前安全气囊传感器上拆下2个螺栓。

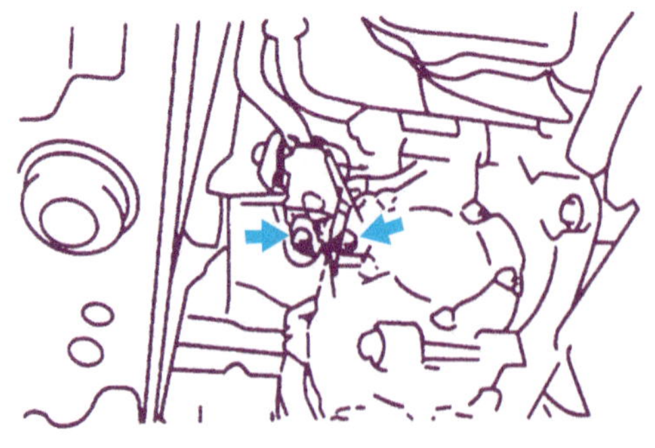

图1-27 拆下右前安全气囊传感器

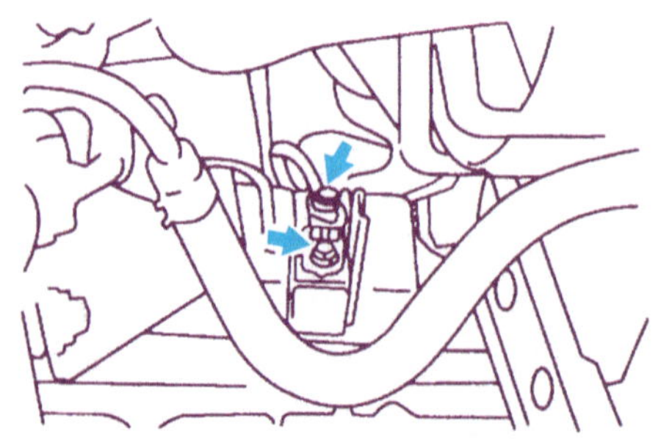

图1-28 拆下左前安全气囊传感器

5）安装左前安全气囊传感器。

①确保点火开关旋转到 OFF 位置。

②确保蓄电池负极端子已经断开。注意：在断开端子 90s 后进行操作。

③用 2 个螺栓安装左前安全气囊传感器，拧紧力矩为 17.5N · m。

④把插接器连接到左前安全气囊传感器。

⑤检查没有松动。

6）检查左前安全气囊传感器和安全气囊警告灯，应工作正常。

三、技能训练及相关实践知识

【训练任务】一辆威驰轿车正面发生碰撞，导致安全气囊全部打开，要求更换安全气囊零部件总成。

【训练建议】学生通过维修资料的查阅、课程网站和视频资料的学习以及教师的答疑，以小组讨论的方式，制订安全气囊各总成拆装的工作计划，也可参考以上任务实施的内容。

【评价建议】可用如下技能训练评价表对学生操作技能进行评价。

安全气囊系统各零部件总成的拆装考核表

学生姓名					
测评日期		测评地点			
测评内容	安全气囊系统各零部件总成的拆装				
考评标准	内　容	分值/分	自评	互评	师评
	工作着装、工作安全、卫生	15			
	正确选用工具，每错一项扣 5 分	30			
	按正确步骤更换安全气囊各总成，每错一项扣 5 分	30			
	整理工具、清理场地，每错一项扣 1 分	10			
	工作任务单的填写情况	15			
	时间性：每超时 1min 扣 5 分，超过 3min 终止考核				
合　计		100			
最终得分（自评 30% + 互评 30% + 师评 40%）					
说明：测评满分为 100 分，60 ~ 74 分为及格，75 ~ 84 分为良好，85 分以上为优秀。60 分以下的学生，需重新进行知识学习、任务训练，直到任务完成达到合格为止					

归纳总结

当车辆发生严重碰撞，安全气囊打开时，安全气囊零部件总成的拆装是必需的维修项目，由于安全气囊是一种被动安全装置，其使用和维修工作具有很多特点，所以必须熟知各注意事项才可以进行操作。

通过本任务内容的学习，作为维修技术人员对安全气囊零部件的拆装有了一定的了解。安全气囊的组成、工作原理、控制过程及布置位置，维修资料的查阅，工具的合理选用，拆装的注意事项是本任务完成的重点，但是要真正掌握这些知识和操作技能，还要不断地思考与总结，并且加强技能训练，只有这样，才能掌握这些内容，真正为己所用。下面提供一组思考问题，请客观地作答，并结合本任务内容，对自己的学习工作进行反思。

思考题

1. 简述汽车安全气囊系统的组成及工作原理。
2. 简述滚球式碰撞传感器的工作原理。
3. 简述拆装带安全气囊喇叭按钮总成的注意事项。
4. 简述雷克萨斯轿车安全气囊的拆装方法。

任务二 安全气囊指示灯常亮的检修

知识点：安全气囊的控制电路；安全气囊检修的注意事项；安全气囊检修方法。

能力点：能够正确使用各种检测维修工具和设备；掌握使用专用仪器对汽车安全气囊系统故障进行诊断；掌握汽车安全气囊系统各部件的检测内容和所需工具。

任务情境

某客户驾驶的威驰轿车在行驶中出现仪表板上的安全气囊系统（SRS）指示灯亮，要求给予维修。

任务分析

安全气囊系统主要由传感器、气囊组件、安全气囊ECU、安全气囊线束及SRS指示灯等组成。控制单元可以自动检测到安全气囊系统的故障并存入安全气囊ECU存储器内，由瞬间电路插头接触不良而导致的偶然故障也会被存储起来，但这些故障将作为暂时性故障并以“SP”显示。SRS指示灯位于仪表板上，用来监测安全气囊系统是否正常。当接通点火开关时，安全气囊ECU对系统进行自检，若指示灯闪烁约6s后熄灭，表示安全气囊正常，否则应对安全气囊系统进行检测。本车SRS指示灯亮，说明安全气囊电控系统有故障。

完成本任务需要掌握安全气囊的控制电路，明确安全气囊系统故障诊断方法及注意事项。

任务实施的相关专业知识

一、电控安全气囊系统的控制原理

安全气囊系统控制原理如图1-29所示。图1-29a所示为安全气囊ECU与传感器及点火器（引爆管）控制原理图；图1-29b所示为安全气囊ECU与传感器及点火器（引爆管）的控制原理等效电路图。

由图看到，前碰撞传感器、安全传感器与点火器都是串联的，安全传感器控制点火器的电源侧电路，前碰撞传感器控制点火器的搭铁侧电路，点火器引爆气囊的条件是前碰撞传感器与安全气囊ECU内的安全传感器必须同时接通。当汽车发生碰撞时，前碰撞传感器、安全传感器送给安全气囊ECU一个闭合信号，这时安全气囊ECU再综合中央传感器、SRS侦测电路，最后发出点火指令。通过点火驱动电路控制点火器的最终搭铁，点火器中电热丝迅速通电，引爆炸药，产生高温，使充气剂受热分解产生大量氮气，充入气囊。

二、安全气囊系统故障诊断的注意事项

安全气囊系统均有故障自诊断功能，系统一旦出现故障，可通过诊断系统进行故障诊断。在维修、检测安全气囊系统时，要严格按正确顺序进行操作，否则会使安全气囊系统在检修过程中意外展开而造成严重事故，或致使安全气囊系统不能正常运作，因此，在排除故障之前，一定要注意以下几点：

1）由于安全气囊系统的故障症状难以确诊，所以故障码就成为故障排除时最重要的信息来源，因此在排除故障时，脱开蓄电池负极电缆之前，一定要检查故障码。

2）检修工作必须在将点火开关转到LOCK位置并拆下蓄电池搭铁线30s或更长一些时间才能开始。这是因为安全气囊系统配有备用电源，如果维修工作在蓄电池拆下负极电缆30s内进行，则安全气囊有可能膨开。

当蓄电池拆下负极电缆线之后，时钟和音响系统的存储将会取消。所以，在工作开始之前，应将音响系统的内容记录下来。在工作结束之后，重新设置音响系统并调准时钟。当车辆装有电动倾斜和伸缩转向系统、电动座椅、电动车外后视镜及电动肩带系统装置时，这些装置均具有存储功能，不可能将全部内容都记录下来，所以在维修工作完成之后，应将这一情况告诉用户，千万不可使用车外备用电源。

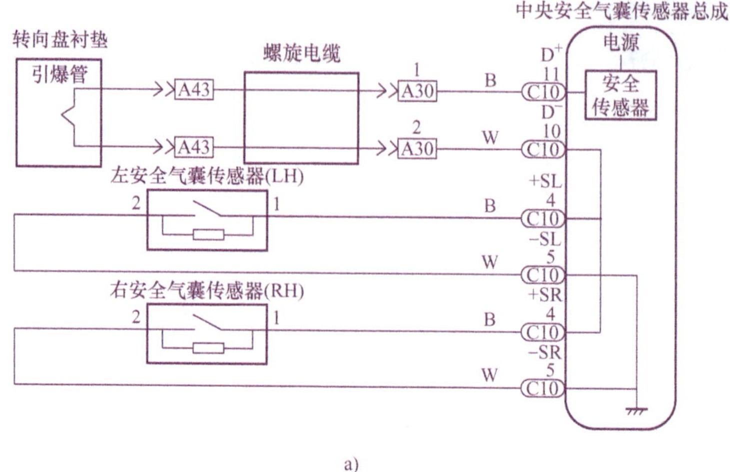

a)

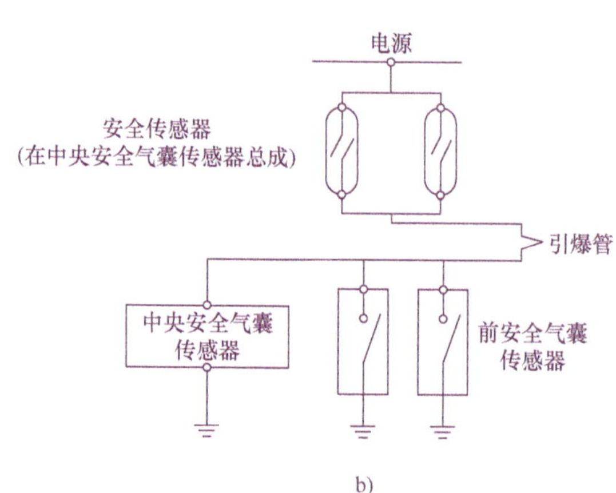

b)

图 1-29 安全气囊系统控制原理
a）原理图 b）等效图

3）即使只发生轻微碰撞而安全气囊未打开，也要对前气囊传感器和气囊组件进行检查，但绝对不可使用其他车辆上的安全气囊组件。如需更换，务必使用新零件。在检修过程中，如有可能对气囊传感器产生冲击，那么在修理之前应将气囊传感器拆下。

4）中心安全气囊传感器总成含有水银，更换之后，应拆下气囊中心传感器总成并作为有害废弃物处置。

决不要拆卸和修理前安全气囊传感器、中央安全气囊传感器总成或转向盘衬垫以供重新使用。如果前安全气囊传感器、中央安全气囊传感器总成或转向盘衬垫跌落过，或在壳体、托架或插接器上有裂纹、凹陷或其他缺陷，应更换新件。不要将前安全气囊传感器、中央安全气囊传感器总成或转向盘衬垫直接暴露在热空气和火焰前。

5）绝不要试图拆卸和修理前气囊传感器、气囊中心传感器总成或气囊组件以供重新使用。如果前气囊传感器、气囊中心传感器总成或气囊组件跌落过，或在壳体、托架或插接器上有裂纹、凹陷或其他缺陷，应更换新件。不要将前气囊传感器、气囊中心传感器总成或气囊组件直接暴露在热空气和火焰面前。

6）使用高阻抗（至少 10kΩ/V）万用表来诊断电路系统的故障。

7）手持安全气囊时，不要使气囊和盖指向身体，放置于工作台或其他表面时，要使装合面朝上，如图 1-30 所示；展开安全气囊时，需要戴手套和安全眼镜。因为安全气囊内表面可能残留有氢氧化钠，若接触到皮肤，可以用冷水冲洗。

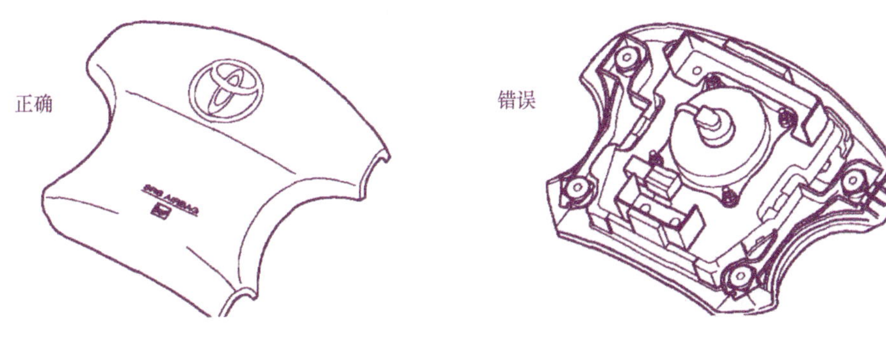

图 1-30　安全气囊的放置方法

8）所有与安全气囊系统有关的检修工作必须在安全气囊系统正确拆除后进行。安装安全气囊时，不要试探任何连接处。如果在车上检修安全气囊系统，在气囊组件安全拆除前，不要坐在气囊附近。

9）传感器定向是气囊系统发挥正常功能的关键，应将其恢复到原来位置。配线作业要十分小心，在作业前必须使气囊组件安全拆除。

10）检修完成后，不要急于将气囊组件接入电路，应先进行电气检查，确认无误时，再将气囊组件接入。

在安全气囊零部件的外表面上有说明标牌，必须遵照这些注意事项。安全气囊系统维修工作完成后，进行安全气囊系统警告灯的检查。

三、故障诊断方法

安全气囊系统的故障诊断一般有三种方法，即保养提示灯法、参数测量法和扫描法。老一点的车型多采用前两种方法，随着电子技术的飞速发展，现在几乎所有车型都采用扫描仪法，诊断中充分利用计算机提供的故障码，使故障诊断的难度大为减少。

1. 从安全气囊提示灯读取（保养提示灯法）

（1）故障显示　当发动机起动后，仪表板上的安全气囊（或 AIR-BAG）警告灯不熄灭时，应进行安全气囊系统的自我诊断。

（2）用户故障分析　利用用户故障分析对照表作为参考，向用户尽可能地进行详细的故障查询。

（3）警告灯的检查　检查安全气囊警告灯，如果灯一直亮，则说明在安全气囊中央传感器中存有一个故障码，进行下一步动作。如果灯不亮，则说明该警告灯有故障，系统会显示故障码，进行相应故障码的检查。

如果安全气囊系统出现断路，气囊警告灯也不会亮，在修理好故障前，故障码不显示。

（4）故障码的检查及记录　检查并记录输出的故障码。如果输出正常故障码，则说明电源电路曾经有不正常现象，因此应进行电源电压的诊断检查。

（5）清除故障码并再次进行故障码的检查及记录　上一步中有故障码输出只能说明与该故障码有关的电路曾经发生过故障，并不表明现在故障仍然存在或已消失。因此，有必要

清除故障码后再重新进行故障码检查，以找出故障的现在情况。如果忽略这一步骤，而仅用上一步证实的故障码进行故障诊断，则会使寻找故障的部件更加困难且容易误诊。

（6）故障模拟　在重复进行点火开关开与关（开等待20s，关等待20s）5次后，检查故障码。通过故障码是否输出，决定安全气囊系统是否有故障。如果有故障码输出，则说明故障仍然存在，应查故障码表进行检查。对已出现故障码的有关电路，应逐步用模拟的方法进行故障模拟，如出现故障，应查表查出相应的故障，如果没有，应进行证实试验。

（7）选择代码表　根据上述步骤中发现的故障码，进行电路检查，排除故障。

2. 参数测量法

有的汽车的安全气囊系统配有供故障诊断的测试接口，在进行故障诊断时，只需测出各接口之间的电压，与手册中的正常电压相比较，若某管脚的电压与正常电压不符，对照表即可查与故障状态异常电压值相对应的可能原因，进而排除故障。

3. 扫描仪法

扫描仪诊断法的一般程序是先由故障指示灯知道有了故障，然后用扫描仪取出故障码，再按手册的指导进行具体的检查。开机时，如果故障指示灯发亮或是闪烁约6s（闪6下）后自动熄灭，表示安全气囊系统正常。如果故障指示灯闪6s后不熄灭，则说明存在故障；如果故障提示灯不亮，则说明故障指示灯电路中有故障。

扫描仪检查程序为：

1）将点火开关置于OFF（断开）位置。

2）将扫描仪电源线插到点烟器插座上。

3）接通点火开关。

4）用扫描仪检查自诊断故障码。

5）断开点火开关排除故障，之后再接通点火开关，用扫描仪消去所存的故障码。

四、丰田汽车安全气囊系统故障诊断

1. 读取故障码

丰田汽车安全气囊系统的故障码，可用一根跨接线跨接诊断插接器上的TC、CG两个端子，通过仪表板上的SRS指示灯闪烁规律读取。

1）检查SRS指示灯。将点火开关转到ON位置或ACC位置，如果SRS指示灯亮6s后熄灭，则说明SRS指示灯及其电路正常，可以读取故障码。若SRS指示灯不亮，则说明指示灯或其线路有故障，应检修后才能读取故障码。

2）将点火开关转到ON位置或ACC位置，并等待20s以上。

3）用跨接线将TDCL诊断插接器的TC、E1两个端子短接。

4）根据仪表板上的SRS指示灯闪烁规律读取故障码，故障码的闪烁规律如图1-31所示。

若安全气囊系统功能正常，则仪表板上的SRS指示灯每秒钟将闪烁2次，每次灯亮与灯灭时间均为0.25s，高电平时灯亮，低电平时灯灭；若安全气囊系统有故障，SRS指示灯闪烁显示故障码，故障码为两位数字，SRS指示灯先显示十位数字，后显示个位数字，同一数字灯亮与灯灭时间均为0.5s，十位数字与个位数字之间间隔为1.5s。若有多个故障码，则故障码与故障码之间间隔2.5s，并按由小到大的顺序显示故障码。故障码全部输出后，间隔4s再重复显示。

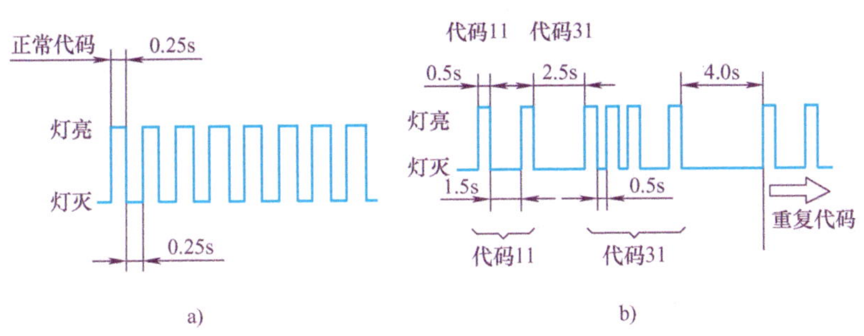

图 1-31　故障码的闪烁规律

a）正常代码　b）故障码

当点火开关接通 ON 位置或 ACC 位置后，SRS 指示灯一直亮，读取故障码时显示代码又正常，说明蓄电池电压过低或 SRS ECU 的备用电源电压过低，SRS ECU 设计时未将此故障编成代码存入存储器。当电源电压恢复正常后约 10s，SRS 指示灯自动熄灭。

当 SRS 指示灯线路断路时不能显示故障码，所以在断路故障排除之前，SRS 指示灯无法显示故障码。

当安全气囊系统发生故障时，安全气囊 ECU 将故障编成代码 11 至 31 存入存储器中。如果安全气囊指示灯显示出表 1-2 以外的代码，说明安全气囊 ECU 有故障。当排除故障码 11～31 代表的故障并清除故障码后，安全气囊 ECU 将把代码 41 存入存储器，安全气囊指示灯将一直发亮，直到代码 41 被清除为止。

表 1-2　丰田车系安全气囊系统故障码

故障码	故障原因	故障部位	指示灯状态
正常	安全气囊系统正常		OFF
	安全气囊系统电源电压过低	1. 蓄电池 2. 安全气囊 ECU	ON
11	1. 气囊点火器电路搭铁 2. 前碰撞传感器电路搭铁	1. 气囊组件 2. 螺旋弹簧 3. 前碰撞传感器 4. 安全气囊 ECU	ON
12	1. 气囊点火器引线与电源线搭接 2. 前碰撞传感器引线与电源线搭接 3. 前碰撞传感器引线断路 4. 螺旋线束与电源线搭接	1. 气囊组件 2. 螺旋线束 3. 传感器线路 4. 安全气囊 ECU	ON
13	气囊点火器电路断路	1. 气囊点火器 2. 螺旋线束 3. 安全气囊 ECU	ON
14	气囊点火器电路短路	1. 气囊点火器 2. 螺旋线束 3. 安全气囊 ECU	ON

（续）

故障码	故障原因	故障部位	指示灯状态
15	前碰撞传感器电路断路	1. 前碰撞传感器 2. 安全气囊 ECU 3. 安全气囊系统线束	ON
22	安全气囊指示灯电路断路	1. 安全气囊指示灯 2. 安全气囊 ECU 3. 安全气囊系统线束	ON
31	1. 安全气囊备用计算机失效 2. 安全气囊 ECU 故障	安全气囊 ECU	ON
41	安全气囊 ECU 曾记忆过故障码	安全气囊 ECU	ON

2. 清除故障码

安全气囊指示灯只有在存储器中的故障码全部清除后，才能恢复正常显示。读取故障码时，如果安全气囊指示灯显示有故障码，说明安全气囊发生过故障，但是无法显示故障是发生在现在还是过去。因此，每当排除故障后，必须清除故障码，并在清除故障码之后，再次读取故障码，以确认故障码已经全部清除。

安全气囊系统故障码的清除方法与其他电控系统故障码的清除方法有所不同。由于故障码 11～31 代表的故障被排除并清除故障码之后，安全气囊 ECU 将把代码 41 存入存储器中，使安全气囊指示灯一直发亮，直到代码 41 清除后，安全气囊指示灯才能恢复正常显示状态。因此，清除安全气囊系统的故障码需要分成两步进行，第一步是清除代码 41 以外的故障码，第二步是清除代码 41。

（1）清除代码 41 以外的故障

①将点火开关转到断开（OFF）位置。

②拔下熔断器盒（No. 1 熔断器盒）内的 ECU－B 熔断器（15A）或拆下蓄电池负极电缆端子 10s 或更长时间后，代码 41 以外的故障码即可被清除。

③将点火开关转到锁止（LOCK）位置。

④插上 ECU－B 熔断器或接上蓄电池负极电缆端子。

（2）清除代码 41

①取两根跨接线，将其分别与 TDCL 诊断插座的 TC、AB 端子连接。

②将点火开关转到 ON 位置或 ACC 位置并等待 6s 以上。

③首先将连接 TC 端子的跨接线端子（以下简称 TC 端子）搭铁 1.0±0.5s。

④在将 AB 端子离开搭铁部位之前 0.2s 之内，将 TC 端子第二次搭铁 1.0±0.5s。

⑤在将 TC 端子第二次离开搭铁部位之后 0.2s 之内，将 AB 端子第二次搭铁 1.0±0.5s。

⑥在将 AB 端子第二次离开搭铁之前 0.2s 之内，将 TC 端子第三次搭铁。

⑦在将 TC 端子第三次搭铁 0.2s 之内将 AB 端子离开搭铁部位，并将 TC 端子保持搭铁、AB 端子保持离开搭铁部位，直到数秒之后，安全气囊指示灯以发亮 64ms、熄灭 64ms（COROLLA 轿车发亮 50ms、熄灭 50ms）的闪烁周期闪烁时，代码 41 即被清除，此时再将 TC 端子离开搭铁部位。

任务实施

一、任务实施的环境

由于安全气囊系统是一个独立系统，与汽车上的其他系统都没有关系，所以若系统中存在故障，只需按照故障码所指示的内容进行诊断，找出故障是在元件还是在导线或插接器。因为各充气装置的点火器不允许测量其电阻，点火器的断路或短路的判断必须利用自我诊断系统来进行。这是安全气囊系统故障诊断的特殊性。

二、任务实施的步骤

丰田汽车安全气囊控制电路大同小异，下面就以威驰轿车为例介绍安全气囊的故障诊断。

1. 安全气囊故障码的读取与清除

(1) 安全气囊故障码的读取

1) 使用跨接线方式读取故障码。

这种方法在知识准备中已介绍，这里不再重复。

2) 使用手持式测试仪读取故障码。

①连接手持式测试仪到 DLC3 上。

②按照测试仪上的提示读取故障码（详细操作请参考手持式测试仪操作手册）。

(2) 安全气囊故障码的清除

1) 使用跨接线清除故障码。

这种方法在知识准备中已介绍，这里不再重复。

2) 使用手持式测试仪清除故障码。

①连接手持式测试仪到 DLC3 上。

②按照测试仪上的提示读取故障码（详细操作请参考手持式测试仪操作手册）。

2. 安全气囊维修资料查询

(1) 安全气囊 ECU 端子　安全气囊 ECU 端子的排列如图 1-32 所示，含义见表 1-3。

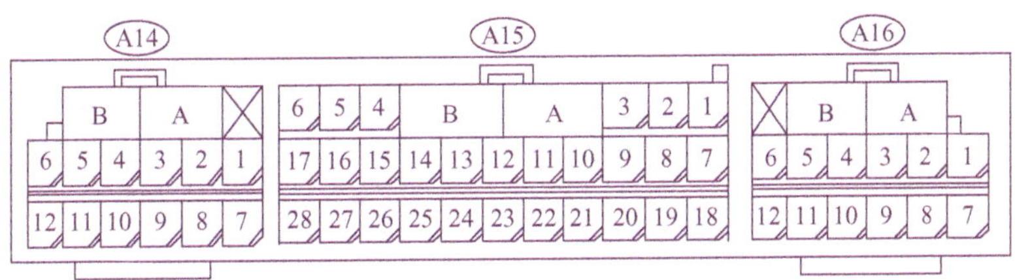

图 1-32　安全气囊 ECU 端子的排列

表 1-3　安全气囊 ECU 端子的含义

号　码	符　号	端　子　名
A	—	电气插接器检测机构
B	—	电气插接器检测机构
A15-3	LA	SRS 警告灯

（续）

号　码	符　号	端 子 名
A15-5	IG2	电源
A15-9	+ SR	前安全气囊传感器（右侧）
A15-10	SIL	诊断
A15-11	P +	引爆器（乘客）
A15-12	P −	引爆器（乘客）
A15-13	D −	引爆器（驾驶人）
A15-14	D +	引爆器（驾驶人）
A15-15	+ SL	前安全气囊传感器（左侧）
A15-19	TC	诊断
A15-20	− SR	前安全气囊传感器（右侧）
A15-26	− SL	前安全气囊传感器（左侧）
A15-27	E1	搭铁
A15-28	E2	搭铁
A14-1	PL −	引爆器（乘客，左侧）
A14-2	PL +	引爆器（乘客，左侧）
A16-5	PR +	引爆器（乘客，左侧）
A16-5	PR −	引爆器（乘客，左侧）

（2）故障码的含义　安全气囊故障码表见表 1-4。

表 1-4　安全气囊故障码表

故障码	检测项目	故障区域	SRS 警告灯
B0100/13	D 引爆器电路短路	1）喇叭按钮总成（引爆器） 2）螺旋电缆总成 3）中央安全气囊传感器总成 4）仪表板线束	亮
B0101/14	D 引爆器电路断路	1）喇叭按钮总成（引爆器） 2）螺旋电缆总成 3）中央安全气囊传感器总成 4）仪表板线束	亮
B0103/12	D 引爆器电路短路（到搭铁）	1）喇叭按钮总成（引爆器） 2）螺旋电缆总成 3）中央安全气囊传感器总成 4）仪表板线束	亮

（续）

故障码	检测项目	故障区域	SRS 警告灯
B0103/12	D 引爆器电路短路（到 B+）	1）喇叭按钮总成（引爆器） 2）螺旋电缆总成 3）中央安全气囊传感器总成 4）仪表板线束	亮
B0105/53（*1）	P 引爆器电路短路	1）前排乘客空气囊总成（引爆器） 2）中央安全气囊传感器总成 3）仪表板线束	亮
B0106/54（*1）	P 引爆器电路短路	1）前排乘客空气囊总成（引爆器） 2）中央安全气囊传感器总成 3）仪表板线束	亮
B0107/51（*1）	P 引爆器电路短路	1）前排乘客空气囊总成（引爆器） 2）中央安全气囊传感器总成 3）仪表板线束	亮
B0108/52（*1）	P 引爆器电路短路	1）前排乘客空气囊总成（引爆器） 2）中央安全气囊传感器总成 3）仪表板线束	亮
B0130/63	P/T 引爆器（右侧）短路	1）右侧座椅安全带收紧器（引爆器） 2）中央安全气囊传感器总成 3）地板线束	闪烁
B0131/64	P/T 引爆器（右侧）断路	1）右侧座椅安全带收紧器（引爆器） 2）中央安全气囊传感器总成 3）地板线束	闪烁
B0132/61	P/T 引爆器（右侧）短路（到搭铁）	1）右侧座椅安全带收紧器（引爆器） 2）中央安全气囊传感器总成 3）地板线束	闪烁
B0133/62	P/T 引爆器（右侧）短路（到 B+）	1）右侧座椅安全带收紧器（引爆器） 2）中央安全气囊传感器总成 3）地板线束	闪烁
B0135/73	P/T 引爆器（左侧）短路	1）左侧座椅安全带收紧器（引爆器） 2）中央安全气囊传感器总成 3）地板线束	闪烁
B0136/74	P/T 引爆器（左侧）断路	1）左侧座椅安全带收紧器（引爆器） 2）中央安全气囊传感器总成 3）地板线束	闪烁
B0137/71	P/T 引爆器（左侧）短路（到搭铁）	1）左侧座椅安全带收紧器（引爆器） 2）中央安全气囊传感器总成 3）地板线束	闪烁
B0138/72	P/T 引爆器（左侧）短路（到 B+）	1）左侧座椅安全带收紧器（引爆器） 2）中央安全气囊传感器总成 3）地板线束	闪烁
B1100/31	中央安全气囊传感器总成故障	中央安全气囊传感器总成	亮
正常	系统正常	—	熄灭
	电源电压降低	1）蓄电池 2）中央安全气囊传感器总成	亮

注：*1 表示带前排乘客气囊。

注意：当SRS警告灯点亮并且显示正常代码时，电源电压有可能降低。如果电源电压恢复到正常，则该故障不被存入中央安全气囊传感器的存储器中，SRS警告灯会自动熄灭；当显示2个或更多的故障码时，数值小的代码首先显示；如果显示代码不是故障码表中列出的，则说明中央安全气囊传感器失效；由于引爆器电路断路、搭铁或正极（B+）短路引起的多个故障，可能检测不到其他故障，在这样的情况下，先解决当前显示的故障，并再一次进行故障诊断，其他的故障码就会被检测到。

3. 安全气囊指示灯常亮的诊断与检查

（1）故障诊断　能导致安全气囊指示灯常亮的原因如下：

1）中央安全气囊传感器总成故障。

2）D引爆器电路故障。

3）P引爆器电路短路。

4）电源电压降低故障。

5）SRS警告灯电路故障。

6）安全气囊传感器故障。

（2）故障检查

1）中央安全气囊传感器总成故障的检查。中央安全气囊传感器总成电路由安全气囊传感器、安全传感器、驱动电器、诊断电路和点火控制等部分组成，它接收来自安全气囊传感器的信号，判断是否激活SRS并检测诊断系统故障。当检测到中央安全气囊传感器总成故障时，故障码B1100/31被存储。

注意：当同时显示除故障码B1100/31以外的多个故障码时，首先修理除故障码B1100/31以外的其他故障。

①检查中央安全气囊传感器总成。

◆断开蓄电池负极（-）端子的导线，至少等待90s。

◆断开中央安全气囊传感器总成插接器。

◆连接蓄电池负极（-）端子的导线，点火开关转至ON位置。

◆测量中央安全气囊传感器总成插接器的E1（E2）和IG2之间的电压，如图1-33所示。正常电压为10~14V。

如果不正常，检查蓄电池和充电系统的故障；如果正常，进行下一步检查。

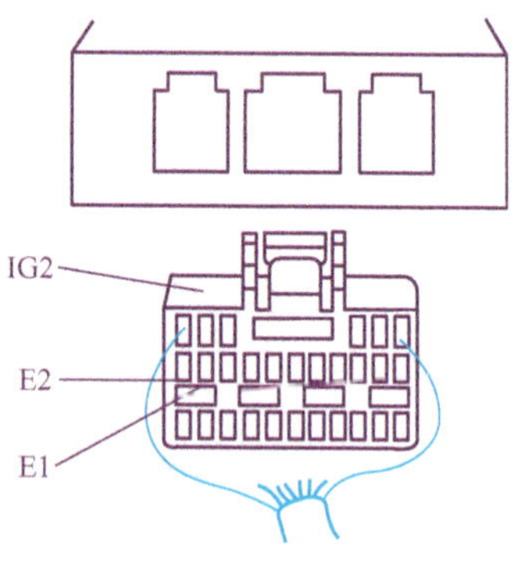

图1-33　测量中央安全气囊传感器总成插接器电压

②检查中央安全气囊传感器总成。

◆断开蓄电池负极（-）端子的导线，至少等待90s。

◆连接所有SRS组件的插接器。

◆连接蓄电池负极（-）端子的导线，至少等待2s。

◆清除存储器中的故障码。

◆把点火开关转至LOCK位置，至少等待10s。

◆把点火开关转至ON位置，至少等待10s。

◆重复操作此处的步骤①和步骤②至少5次。

◆检查故障码。正常：不输出故障码B1100/31。注意：此时可能输出除故障码B1100/31

之外的其他故障码，它们与这项检查无关。

如果不正常，更换中央安全气囊传感器总成；如果正常，使用模拟方法检查。

2）D引爆器电路故障的检查。D引爆器电路图如图1-34所示。

D引爆器电路由中央安全气囊传感器总成、螺旋电缆总成和转向盘衬垫总成组成。当安全气囊起爆条件满足时，使安全气囊张开。当检测到D引爆器电路出现短路、断路、短路（到搭铁）、短路（到B+）故障时，故障码B0100/13、B0101/14、B0102/11、B0103/12被存储。

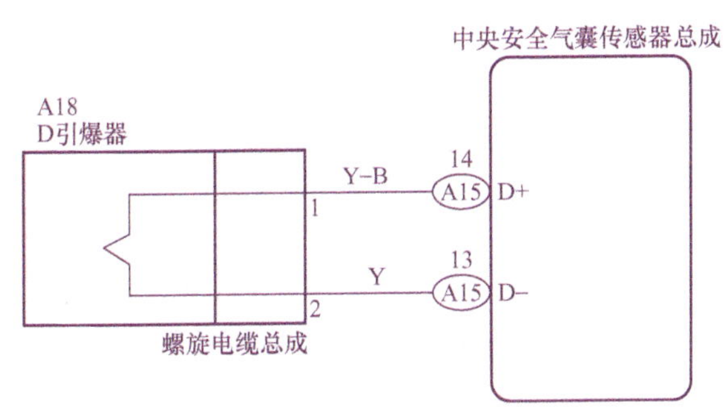

图1-34 D引爆器电路图

①检查D引爆器电路（中央安全气囊传感器总成—转向盘衬垫总成）。

◆断开蓄电池负极（-）端子的导线，至少等待90s。

◆断开中央安全气囊传感器总成和转向盘衬垫总成之间的插接器。

◆释放在插接器中的安全气囊激活防止装置，它位于中央安全气囊传感器总成和螺旋电缆总成之间的中央安全气囊传感器总成一侧。

◆测量插接器的D+和D-之间的电阻（它位于中央安全气囊传感器总成和转向盘衬垫总成之间的转向盘衬垫总成一侧），正常电阻为1MΩ或更高。

如果不正常，转到步骤④；如果正常，进行下一步检查。

②检查中央安全气囊传感器总成。

检查方法已介绍，这里不再重复。正常时应不输出相关的故障码。如果输出相关的故障码，则更换中央安全气囊传感器总成；如果正常，进行下一步检查。

③检查D引爆器。

◆把点火开关转至LOCK位置。

◆断开蓄电池负极（-）端子的导线，至少等待90s。

◆连接转向盘衬垫总成。

◆连接蓄电池负极（-）端子的导线，至少等待2s。

◆把点火开关转至ON位置，等待至少10s。

◆清除存储器中的故障码。

◆把点火开关转至LOCK位置，至少等待10s。

◆把点火开关转至ON位置，至少等待10s。

◆检查故障码。正常：不输出相关的故障码。如果不正常，更换喇叭按钮总成；如果正常，使用模拟方法检查。

④检查仪表板线束。

◆从仪表板线束断开螺旋电缆总成插接器。

◆释放在螺旋电缆总成中的气囊激活防止装置，它位于中央安全气囊传感器总成和螺旋电缆总成之间的中央安全气囊传感器总成一侧。

◆测量转向盘衬垫总成一侧的仪表板线束插接器的 D + 和 D – 之间的电阻。正常电阻：1MΩ 或更高。

如果不正常，则修理或更换仪表板线束；如果正常，则进行下一步检查。

⑤检查螺旋电缆总成。

◆释放在螺旋电缆总成中的安全气囊激活防止装置，它位于中央安全气囊传感器总成和螺旋电缆总成之间的中央气囊安全气囊传感器总成一侧。

◆测量螺旋电缆总成插接器的 D + 和 D – 之间的电阻，它位于转向盘衬垫总成一侧。正常电阻：1MΩ 或更高。

如果不正常，更换螺旋电缆总成；如果正常，使用模拟方法检查。

3）P 引爆器电路故障的检查。P 引爆器电路如图 1-35 所示。

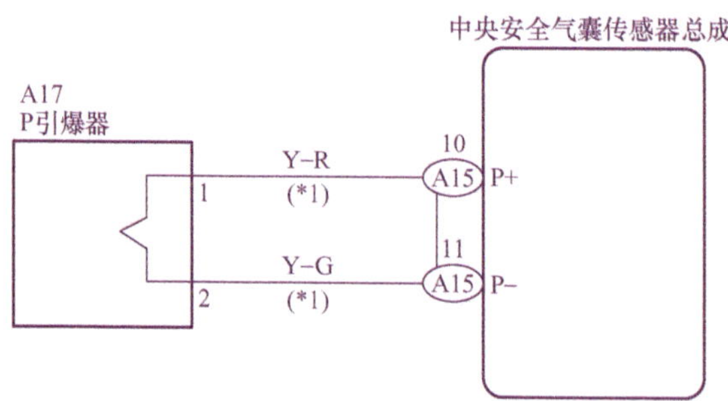

图 1-35　P 引爆器电路

P 引爆器电路由中央安全气囊传感器总成和前排乘客安全气囊总成组成。当安全气囊起爆条件满足时，使安全气囊张开。当检测到 P 引爆器电路短路、断路、短路（搭铁）、短路（B +）故障时，故障码 130105/53、130106/54、B0107/51、B0108/52 被存储。

P 引爆器电路故障的检查过程如下：

①检查仪表板线束（P 引爆器电路）。

◆断开蓄电池负极（ – ）端子的导线，至少等待 90s。

◆断开中央安全气囊传感器总成和前排乘客安全气囊之间的仪表板线束插接器。

◆释放在仪表板线束插接器中的安全气囊激活防止装置，它位于中央安全气囊传感器总成一侧。

◆测量仪表板线束插接器中的 P + 和 P – 之间的电阻（它位于前排乘客安全气囊一侧），正常电阻为 1MΩ 或更高。

如果不正常，修理或更换仪表板线束；如果正常，进行下一步检查。

②检查中央安全气囊传感器总成。

检查方法已介绍，这里不再重复。正常时应不输出相关的故障码。如果输出相关的故障码，则更换中央安全气囊传感器总成；如果正常，进行下一步检查。

③检查 P 引爆器。

◆把点火开关转至 LOCK 位置。

◆断开蓄电池负极（-）端子的导线，至少等待 90s。

◆连接前排乘客安全气囊总成插接器。

◆连接蓄电池负极（-）端子的导线，至少等待 2s。

◆把点火开关转至 ON 位置，至少等待 10s。

◆清除存储器中的故障码。

◆把点火开关转至 LOCK 位置，至少等待 10s。

◆把点火开关转至 ON 位置，至少等待 10s。

◆检查故障码。正常：不输出相关故障码。

如果不正常，更换前排乘客安全气囊总成；如果正常，使用模拟方法检查。

4）电源电压降低故障的检查。电源电压降低电路图如图 1-36 所示。

SRS 在中央安全气囊传感器总成内装备一个升压电路（DC-DC 转换器），以防止电源电压降低。当蓄电池电压降低时，升压电路（DC-DC 转换器）提高电压以保证 SRS 正常供电。对于这个电路故障诊断系统的显示，不同于其他电路，当 SRS 警告灯点亮而显示正常代码时，表明电源电压降低。这个电路的故障不存入中央安全气囊传感器总成的存储器中，并且电源恢复正常后，SRS 警告灯自动熄灭。

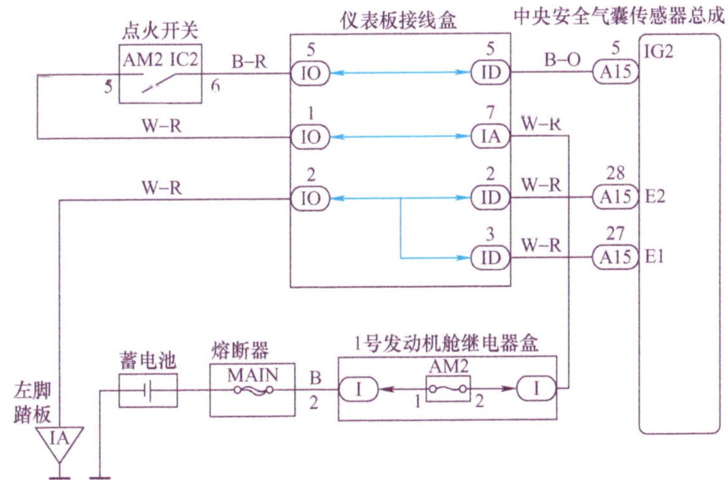

图 1-36　电源电压降低电路图

①检查准备。

◆断开蓄电池负极（-）端子的导线，至少等待 90s。

◆拆下喇叭按钮总成。

◆断开前排乘客安全气囊总成插接器。

◆断开右侧和左侧座椅安全带收紧器插接器。

◆断开中央安全气囊传感器总成插接器。

◆断开右侧和左侧前安全气囊传感器插接器。注意：喇叭按钮总成和前排乘客安全气囊总成前表面朝上摆放。

②检查电源电压。

◆连接蓄电池负极（-）端子的导线，把点火开关转至ON位置，至少等待10s。

◆测量中央安全气囊传感器总成E1（E2）和IG2之间的电压，同时操作电气装置（除雾器、刮水器、前照灯、暖风装置鼓风机等），如图1-37所示。正常电压为10~14V。

如果不正常，修理或更换蓄电池和中央安全气囊传感器总成以及充电系统之间的线束；如果正常，进行下一步检查。

③检查SRS警告灯。

◆把点火开关转到LOCK位置。

◆断开蓄电池负极（-）端子的导线，至少等待90s。

◆连接喇叭按钮总成插接器。

◆连接前排乘客安全气囊总成插接器。

◆连接座椅安全带收紧器插接器。

◆连接中央安全气囊传感器总成插接器。

◆连接前安全气囊传感器插接器。

◆连接蓄电池负极（-）端子的导线。

◆把点火开关转至ON位置，至少等待10s。

◆操作电气装置（除雾器、刮水器、前照灯、暖风机装置鼓风等），并检查SRS警告灯熄灭。正常：SRS警告灯不点亮。

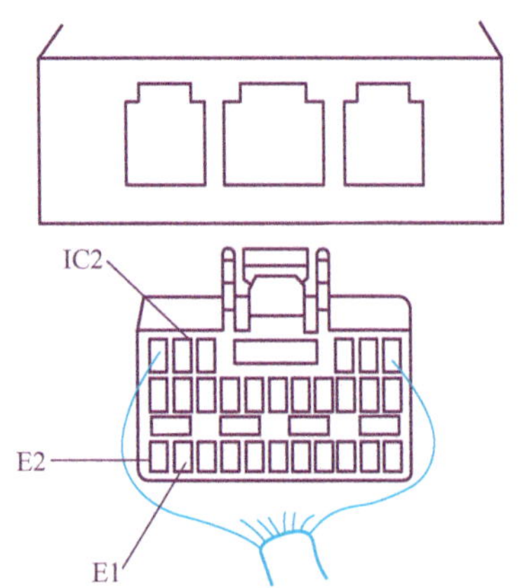

图1-37 测量中央安全气囊传感器总成E1（E2）和IG2之间的电压

如果不正常，修理或更换蓄电池和中央安全气囊传感器总成以及充电系统之间的线束；如果正常，进行下一步检查。

④检查中央安全气囊传感器总成。

检查方法已介绍，这里不再重复。正常时，应不输出相关的故障码。如果输出相关的故障码，则更换中央安全气囊传感器总成；如果正常，进行下一步检查。

5）SRS警告灯电路故障（当点火开关位于LOCK位置时常亮）的检查。SRS警告灯电路图如图1-38所示。

SRS警告灯安装在组合仪表上。当SRS正常时，点火开关从LOCK转至ON位置，SRS警告灯点亮约6s后自动熄灭。如果SRS有故障，SRS警告灯常亮以通知驾驶人系统不正常。当连接DLC3的TC和CG端子时，通过SRS警告灯闪烁显示故障码。

①检查插接器。

◆把点火开关转至LOCK位置。

◆断开蓄电池负极（-）端子的导线，至少等待90s。

◆断开中央安全气囊传感器总成的插接器。

◆连接蓄电池负极（-）端子的导线。

◆检查SRS警告灯的状态。正常：插接器连通。

如果不正常，连接插接器；如果正常，进行下一步检查。

②检查组合仪表总成。

◆断开组合仪表总成插接器。

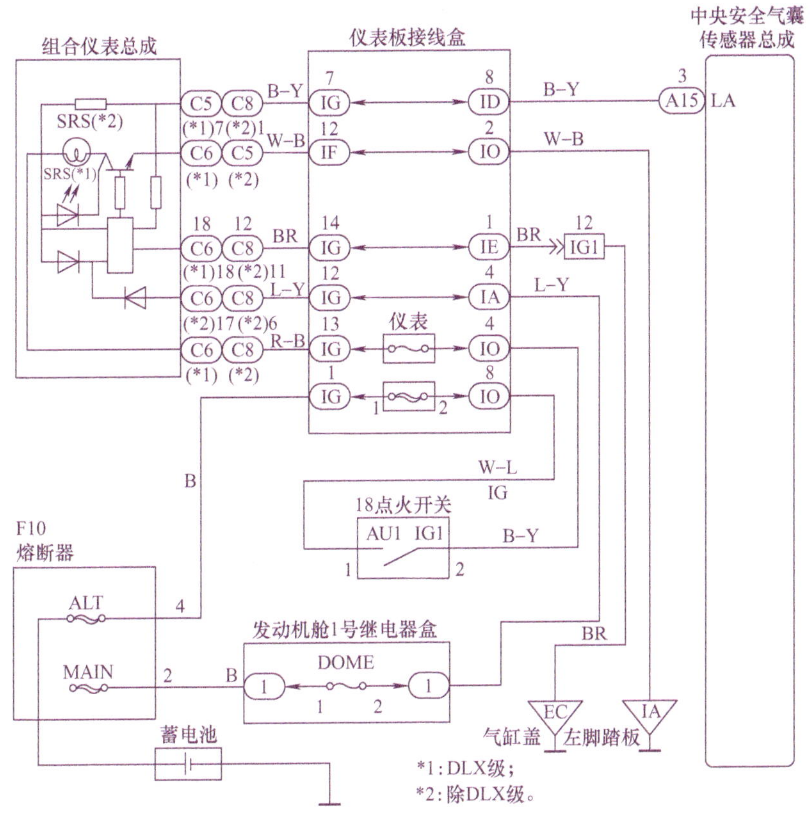

图 1-38　SRS 警告灯电路图

◆连接蓄电池负极（－）端子的导线，把点火开关转至 ON 位置。

◆DLX 级：测量搭铁和中央安全气囊传感器总成连接的组合仪表总成插接器的 C6－17 端子之间的电压。

◆GLX 级：测量搭铁和中央安全气囊传感器总成连接的组合仪表总成插接器的 C5－6 端子之间的电压。

正常电压：8V 或更高。

如果不正常，更换组合仪表总成；如果正常，更换中央安全气囊传感器总成。

6）安全气囊传感器故障的检查。由于右前与左前安全气囊传感器的检查方法相同，下面就以右前安全气囊传感器为例进行介绍。

右前安全气囊传感器电路图如图 1-39 所示。

右前安全气囊传感器电路由中央安全气囊传感器总成和右前安全气囊传感器组成。当检测到右前安全气囊传感器故障时，故障码 B1156/15、B1157/15 被存储。

①检查右前安全气囊传感器电路（B＋）（中央安全气囊传感器总成—右前安全气囊传感器）。

◆断开蓄电池负极（－）端子的导线，至少等待 90s。

◆断开中央安全气囊传感器总成和右前安全气囊传感器之间的插接器。

◆连接蓄电池负极（－）端子的导线，点火开关转至 ON 位置。

◆测量搭铁和右前安全气囊传感器和中央安全气囊传感器总成之间、中央安全气囊传感器总成一侧插接器的 + SR 和 - SR 之间的电压，如图 1-40所示。正常电压：低于 1V。

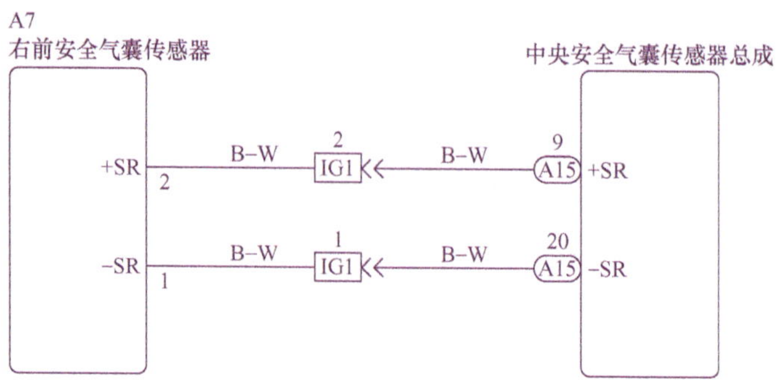

图 1-39 右前安全气囊传感器电路图

如果不正常，转到步骤⑦；如果正常，进行下一步检查。

②检查右前安全气囊传感器电路（搭铁）（中央安全气囊传感器总成—右前安全气囊传感器）（图 1-40）。

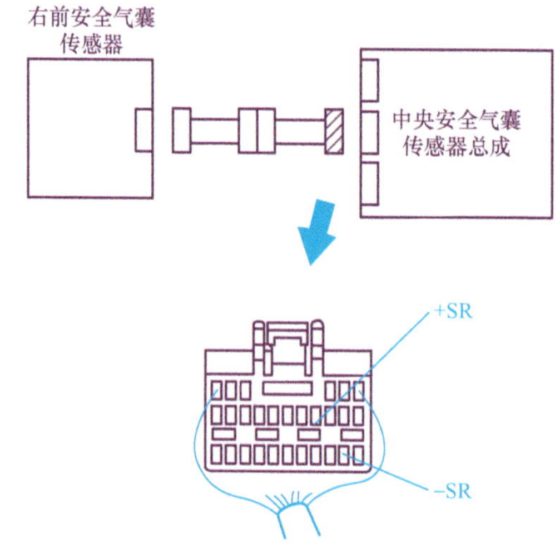

图 1-40 检查右前安全气囊传感器电路（B + ）电压

◆断开蓄电池负极（ - ）端子的导线，至少等待 90s。

◆测量搭铁和右前安全气囊传感器和中央安全气囊传感器总成之间、中央安全气囊传感器总成一侧插接器的 + SR 和 - SR 之间的电阻。正常电阻：1MΩ 或更高。

如果不正常，转到步骤⑧；如果正常，进行下一步检查。

③检查右前安全气囊传感器电路（中央安全气囊传感器总成—右前安全气囊传感器）。测量右前安全气囊传感器和中央安全气囊传感器总成之间、中央安全气囊传感器一侧插接器的 + SR 和 - SR 之间的电阻。正常电阻：1MΩ 或更高。

如果不正常，转到步骤⑨；如果正常，进行下一步检查。

④检查右前安全气囊传感器电路（开路）（中央安全气囊传感器总成—右前安全气囊传

感器），如图 1-41 所示。

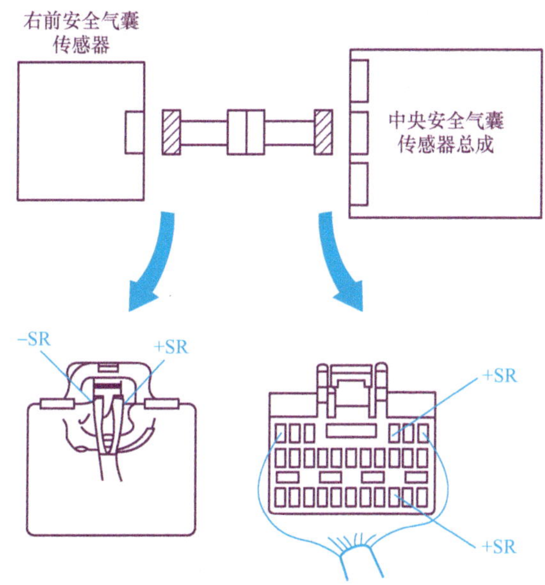

图 1-41　检查右前安全气囊传感器电路（开路）电压

◆使用维修导线，连接右前安全气囊传感器和中央安全气囊传感器总成之间、右前安全气囊传感器一侧插接器的 + SR 和 - SR。

◆测量右前安全气囊传感器和中央安全气囊传感器总成之间、中央空气爆传感器总成一侧插接器的 + SR 和 - SR 之间的电阻。正常电阻：低于 1Ω。

如果不正常，转到步骤⑩；如果正常，进行下一步检查。

⑤检查右前安全气囊传感器。测量右前安全气囊传感器的 + SR 和 - SR 之间的电阻。正常电阻：810Ω。

如果不正常，更换右前安全气囊传感器；如果正常，进行下一步检查。

⑥检查中央安全气囊传感器总成。

◆把点火开关转至 LOCK 位置。

◆断开蓄电池负极（ - ）端子的导线，至少等待 90s。

◆连接右前安全气囊传感器和中央安全气囊传感器总成的插接器。

◆连接蓄电池负极（ - ）端子的导线，至少等待 2s。

◆把点火开关转至 ON 位置，至少等待 10s。

◆清除存储器中的故障码。

◆把点火开关转至 LOCK 位置，至少等待 10s。

◆把点火开关转至 ON 位置，至少等待 10s。

◆检查故障码。正常：不输出故障码 B1156/15、B1157/15。注意：此时可能输出除故障码 B1156/15、B1157/15 之外的其他故障码，它们与这项检查无关。

如果不正常，更换中央安全气囊传感器总成；如果正常，使用模拟方法检查。

⑦检查发动机舱主线束（B + ），如图 1-42 所示。

◆断开蓄电池负极（-）端子的导线，至少等待90s。

◆断开来自仪表板线束发动机舱主线束插接器。

◆连接蓄电池负极（-）端子的导线。

◆把点火开关转至ON位置，至少等待10s。

◆测量搭铁和发动机舱主线束与仪表板线束连接一侧的插接器的+SR和-SR之间的电压。正常电压：低于1V。

如果不正常，修理或更换发动机舱主线束；如果正常，修理或更换仪表板线束。

⑧检查发动机舱主线束（搭铁）（图1-42）。

◆断开发动机舱主线束与仪表板线束的插接器。

◆测量搭铁和发动机舱主线束与仪表板线束连接一侧插接器的+SR和-SR之间的电阻。正常电阻：1MΩ或更高。

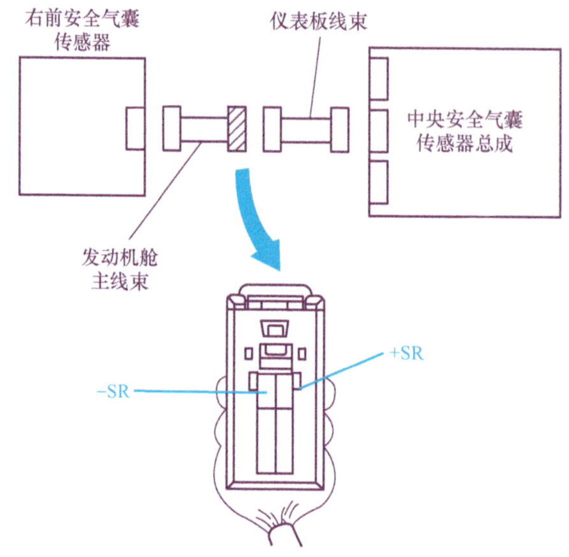

图1-42　检查发动机舱主线束（B+）电压

如果不正常，修理或更换发动机舱主线束；如果正常，修理或更换仪表板线束。

⑨检查发动机舱主线束（短路）（图1-42）。

◆断开发动机舱主线索与仪表板线束的插接器。

◆测量发动机舱主线束与仪表板线束连接一侧插接器的+SR和-SR之间的电阻。正常电阻：低于1Ω。

如果不正常，修理或更换发动机舱主线束；如果正常，修理或更换仪表板线束。

⑩检查发动机舱主线束（开路）。

◆断开发动机舱主线束与仪表板线束的插接器。

◆使用维修导线，连接发动机舱主线束插接器右前安全气囊传感器一侧插接器的+SR和-SR。

◆测量发动机舱主线束与仪表板线束连接一侧插接器的+SR和-SR之间的电阻。正常电阻：低于1Ω。

如果不正常，修理或更换发动机舱主线束；如果正常，修理或更换仪表板线束。

三、技能训练

【训练任务】某客户驾驶的威驰轿车在行驶中出现仪表板上的安全气囊系统（SRS）指示灯亮，要求给予维修。

【训练建议】学生通过维修资料的查阅、课程网站、视频资料的学习以及教师的答疑，以小组讨论的方式，制订本训练任务的诊断流程，下面提供一种故障诊断流程图参考样式，如图1-43所示。

【评价建议】可用如下技能训练评价表对学生操作技能进行评价。

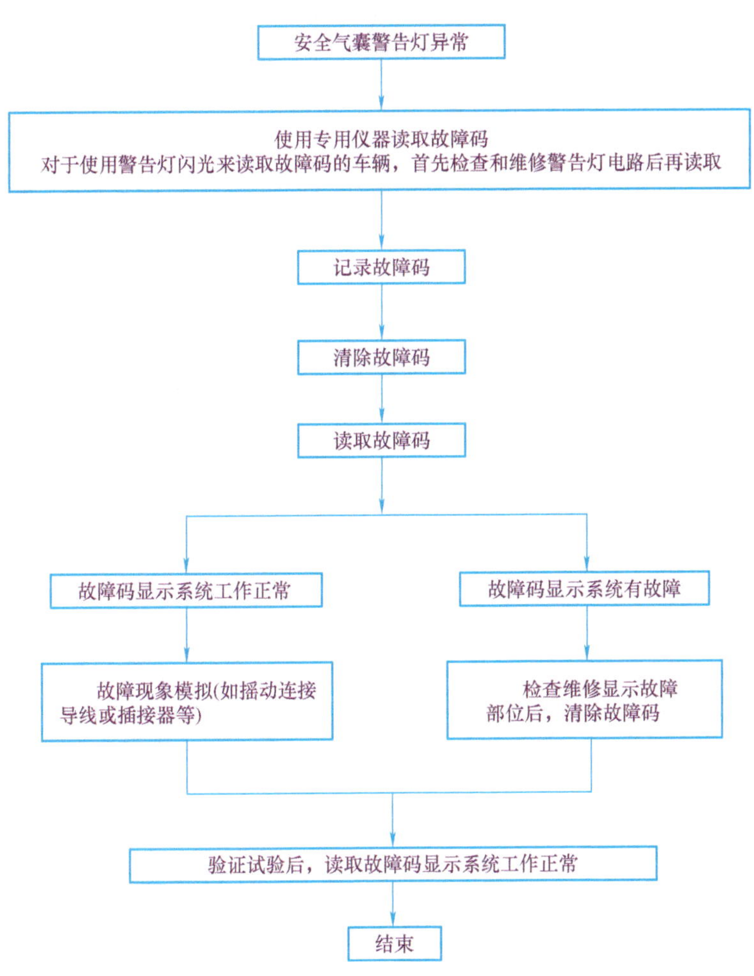

图1-43　安全气囊系统故障诊断流程图

安全气囊指示灯亮的检修考核表

学生姓名					
测评日期		测评地点			
测评内容	安全气囊系统各部件总成的拆装				
考评标准	内　　容	分值/分	自评	互评	师评
	工作着装、工作安全、卫生	10			
	解码器的连接和使用，每错一项扣 1 分	20			
	正确检测安全气囊的故障，每错一项扣 5 分	30			
	分析安全气囊的故障并排除，每错一项扣 5 分	10			
	正确地运用、掌握安全操作方法，每错一项扣 5 分	20			
	工作任务单的填写情况	10			
	时间性：每超时 1min 扣 5 分，超过 3min 终止考核				
合　　计		100			
最终得分（自评 30% + 互评 30% + 师评 40%）					
说明：测评满分为 100 分，60 ~ 74 分为及格，75 ~ 84 分为良好，85 分以上为优秀。60 分以下的学生，需重新进行知识学习、任务训练，直到任务完成达到合格为止					

归纳总结

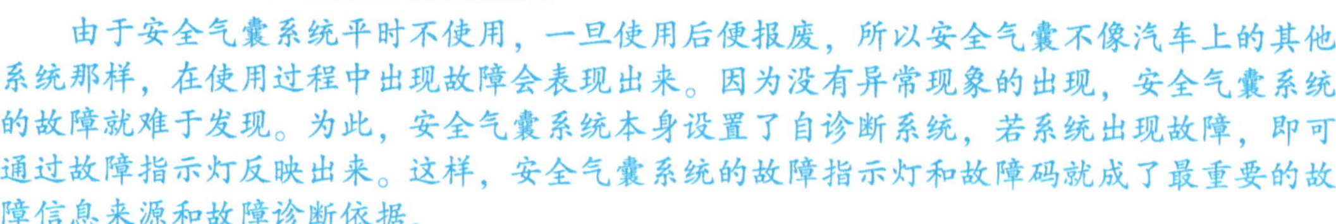

由于安全气囊系统平时不使用，一旦使用后便报废，所以安全气囊不像汽车上的其他系统那样，在使用过程中出现故障会表现出来。因为没有异常现象的出现，安全气囊系统的故障就难于发现。为此，安全气囊系统本身设置了自诊断系统，若系统出现故障，即可通过故障指示灯反映出来。这样，安全气囊系统的故障指示灯和故障码就成了最重要的故障信息来源和故障诊断依据。

通过本任务内容的学习，作为维修技术人员，应该掌握安全气囊系统故障诊断思路、方法以及诊断过程中的注意事项。但要掌握这些知识还需要不断地思考与总结，并积极参与生产一线实践。下面提供的思考问题，请作答，并结合本任务内容，对学习工作进行反思。

思考题

1. 简述安全气囊系统故障诊断的注意事项。

2. 简述如何读取威驰轿车安全气囊的故障码。

3. 简述安全气囊指示灯的作用、控制系统正常时指示灯的工作情况以及控制系统不正常时指示灯的工作情况。

4. 简述安全气囊指示灯电路故障（当点火开关位于LOCK位置时常亮）的检查。

5. 如何进行安全气囊系统的故障自诊断？

项目二

汽车中控门锁与防盗系统的故障诊断与修复

学习目标

通过本单元任务的学习，学生将具备汽车中控门锁与防盗系统的故障诊断与修复的能力。

能够：

- 掌握防盗系统的组成、结构及功能。
- 掌握中控门锁的分类、结构及工作原理。
- 使用专用仪器排除中控门锁或防盗系统故障。
- 能够根据相关资料确定电路各个部件的检测标准。
- 掌握防盗系统各部件检测内容和所需工具。
- 掌握中控门锁的检修内容和所需工具。
- 能够分析防盗器功能异常或中控门锁失效的原因并解释维修工作。
- 掌握各种检测维修工具和设备的使用。
- 能够使用专用仪器对汽车安全气囊系统故障进行诊断。

- 能够掌握汽车安全气囊系统各部件检测内容和所需工具。
- 能够分析工作中的不安全因素并采取措施保护环境。

工作任务

伴随轿车技术的发展和人们对车辆舒适性、安全性要求的不断提高，现在轿车已广泛应用中控门锁与防盗装置，技术含量越来越高，并向计算机控制多功能方向发展，这给汽车故障诊断与排除增加了一定难度。

本项目主要对汽车中控门锁与防盗系统的组成、结构及工作原理进行概述，使学生对汽车中控门锁和防盗系统有一个比较全面的了解和认识，同时要掌握中控门锁和防盗系统的检修。

任务一 中控门锁工作失效检测与修复

知识点：中控门锁的分类、功能；中控门锁的结构与工作原理。

能力点：中控门锁使用时的注意事项；中控门锁的检修。

任务情境

某客户抱怨他所驾驶的威驰轿车中控门锁工作失效，需要给予检修。

任务分析

完成此任务需要熟悉中控门锁的分类及功能，了解中控门锁的结构及工作原理，能够分析中控门锁控制电路，掌握中控门锁的检修。

任务实施的相关专业知识

一、汽车中央控制门锁的分类

汽车电子锁的分类方法有很多，既可以按照控制部分中主要元器件的异同进行分类，也可以按照编码方式的异同进行分类。在此按照输入密码方式的异同对汽车电子控制门锁进行分类。

1. 按键式电子锁

按键式电子锁采用键盘或组合按钮输入开锁密码，操作方便。内部控制电路常采用电子密码专用集成电路ASIC，如具有四位密码的LS7220和LS7225。这种产品包括按键式电子锁和按键式汽车点火锁。

2. 拨盘式电子锁

拨盘式电子锁采用机械拨盘开关输入开锁密码。很多按键式电子锁可以改造成拨盘式电子锁。20世纪80年代初，英国几种轿车采用过这类电子门锁。

3. 电子钥匙式电子锁

电子钥匙式电子锁使用电子钥匙输入或作为开锁密码。电子钥匙是构成控制电路的重要组成部分。它可以由元器件搭成的单元电路组成，做成小型手持单元GAE形式。它与主控电路的联系，可以是光、声、电或磁等多种形式。这种产品包括各种遥控汽车门锁、转向锁和点火锁以及电子密码点火钥匙。

4. 触摸式电子锁

触摸式电子锁采用触摸方式输入开锁密码，操作简单。相对于按键开关，使用寿命长，造价低，优化了电子控制门锁控制电路。装有这种门锁的车上没有一般的门把手，代之以电子锁和触摸传感器。

5. 生物特征式电子锁

生物特征式电子锁是将声音、指纹等人体生物特征作为密码输入，由计算机进行模式识别，控制开锁。因此，生物特征式电子锁的智能化程度相当高。

二、汽车中央控制门锁的功能

汽车中央控制门锁系统具有钥匙联动开闭车门和钥匙占用预防功能。根据不同车型、等级和使用地区，门锁装置具有不同的功能。一般中央控制电动门锁功能如下：

1. 中央控制

当驾驶人锁住其身边的车门时，其他车门均同时锁住；当打开车门时，驾驶人可通过门锁开关同时打开各个车门，也可单独打开某个车门。

2. 单独控制

除驾驶人身边车门以外，还在其他门设置单独的弹簧锁开关，可独立地控制一个车门的打开和锁住。

3. 速度控制

当车速达到一定时，能自动将所有的车门锁锁定（有的车型上无此功能）。

4. 两级开锁功能

在钥匙联动开锁功能中，一级开锁操作只能以机械方法开钥匙插入的门，两级开锁操作则同时打开其他车门。一般来说，所有车门可以通过前右或前左侧门上的钥匙来同时关闭和打开。

5. 钥匙占用预防功能

该功能可防止钥匙插入点火开关时，在车外没有钥匙而将车门锁住。若已经执行了锁门操作，而钥匙仍然插在点火开关内，则所有的车门会自动打开，以防止钥匙遗忘在汽车内。

6. 安全功能

当钥匙已经从点火开关中拔出而且车门也锁住时，车门都不能用门锁控制开关打开。

7. 电动车窗不用钥匙的动作功能

驾驶人和乘客的车门都关上，点火开关断开后，电动车窗仍可以动作约60s。

8. 自动功能

一些高级车辆中，在用钥匙或遥控器将门锁打开或锁上时，电动车窗会自动打开或关闭。

9. 寻车功能

按一下遥控器上的寻车按键，车上的喇叭会间断地鸣响，车内灯点亮，同时前照灯闪烁10s，以便车主发现，直到再次按压寻车按键，或者点火开关转到RUN位，上述报警才会停止。

三、汽车中央控制门锁的结构与工作原理

中央控制门锁系统有普通中央控制电动门锁、电子式电动门锁、车速感应式电动门锁及遥控电动门锁4种类型。目前应用较为广泛的是电子式电动门锁，下面以电子式电动门锁为例介绍汽车中央控制门锁系统的结构与工作原理。

汽车电子式中央控制门锁通常由控制部分和执行机构组成。

1. 结构

(1) 控制部分　控制部分包括输入器、存储器、鉴别器、编码器、驱动级、抗干扰电路、显示装置、保险装置和电源等部件。其中，编码器和鉴别器是整个控制部分的核心，而电源则是电子控制部件和执行机构都必不可少的部件。

1) 编码器。编码器实质上是人为设定的一组二进制数或十进制数的密码。设定的原则是所编的密码不易被别人识破。对密码电路的要求是容量大，换码率高，保密性、可靠性好，换码操作简单。

2) 输入器和存储器。它们的作用是经输入器输入一组密码，由存储器记忆后送到鉴别器。

3) 鉴别器。鉴别器的作用是对来自输入器和编码器的两组密码进行比较，仅当两组密码完全相同时，鉴别器才输出电信号，经抗干扰处理后送至驱动级和显示装置。若用户有特殊要求，鉴别器还可以输出报警和封锁行车所需的电信号。

4) 驱动级。由于鉴别器送出的电信号通常很微弱，为了能带动执行机构的电磁铁产生动作，故设置驱动级。

5) 抗干扰电路。为了抑制来自汽车内外的电磁波的干扰，保证电子门锁不会自行误动作而设置了抗干扰电路，由此提高汽车电子门锁的可靠性和安全性。通常采用延时、限幅和定相等手段来达到抗干扰的目的。

6) 显示器和报警器。该部分为电子门锁控制部分的附加电路，用于显示鉴别结果和报警，从而扩大了电子门锁的功能。

7) 保险装置。速度传感器和车门锁止器是汽车电子门锁的独特组成单元。当汽车运行超过一定时速时，车门锁止器根据来自速度传感器的信号将锁体锁止；若控制电路失灵，可通过紧急开启接口直接控制锁体的开启。

8) 电源。用以向电子门锁不断地供电。

(2) 执行机构　汽车电子门锁的执行机构一般采用电磁铁或微型电动机控制。

1) 电磁铁式车门锁。这种汽车电子控制门锁的开启和锁闭均由电磁铁驱动。它内设两个线圈，分别用来开启、锁闭门锁。门锁集中操作按钮平时处于中间位置，用手按压即可开启或锁闭车门。这种车门锁的优点是结构简单，内部摩擦力小，动作敏捷，操作方便；缺点

是耗电量大，电磁铁质量大且动作时有撞击声。

2）电动机式车门锁。该车门锁由可逆式电动机、传动装置及锁体总成构成。其工作原理为：由电动机带动齿轮 - 齿条副或螺杆 - 螺母副进而驱动锁体总成，以驱动车门闭锁或开启。这种锁的优点是体积小、耗电少以及动作较迅速；不足之处在于，打开或关闭车门之后，若因疏忽通了电，易把电动机烧损。

2. 工作原理

电控门锁的作用是通过电磁铁机构锁止或打开车门锁。它由门锁电磁铁及联动机构、门锁控制开关、门锁控制继电器等主要部分组成。按其功能不同，分为有自动门锁和无自动门锁两种，前者在可以手动控制门锁开闭的基础上，还可以根据汽车车速自动锁死车门。

电控门锁的布置如图 2-1 所示，其控制电路如图 2-2 所示。当门锁开关置于锁止（LOCK）位置时，门锁继电器线圈通电，触点闭合，门锁电磁铁中的门锁线圈通电，电磁铁心杆缩回，操纵门锁锁止车门；当门锁开关置于开启（UNLOCK）位置时，开启继电器线圈通电，触点闭合，门锁电磁铁中的开启线圈通电，电磁铁心杆伸出，操纵门锁开启。在带自动门锁的汽车上，设有速度传感器和电子控制电路，当汽车车速达到设定数值时，电子控制电路使门锁继电器线圈通电，而自动锁止车门。

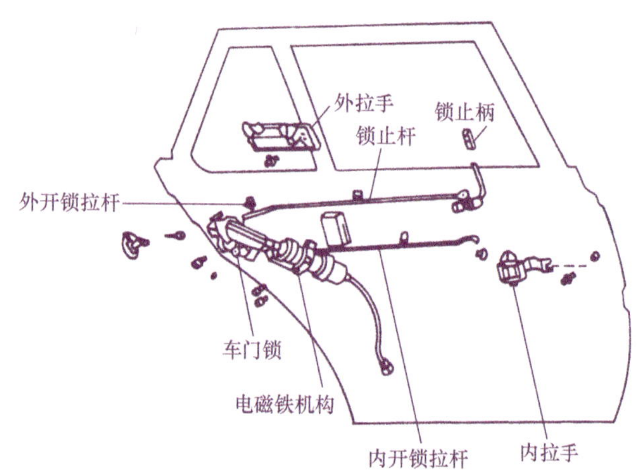

图 2-1　电控门锁布置

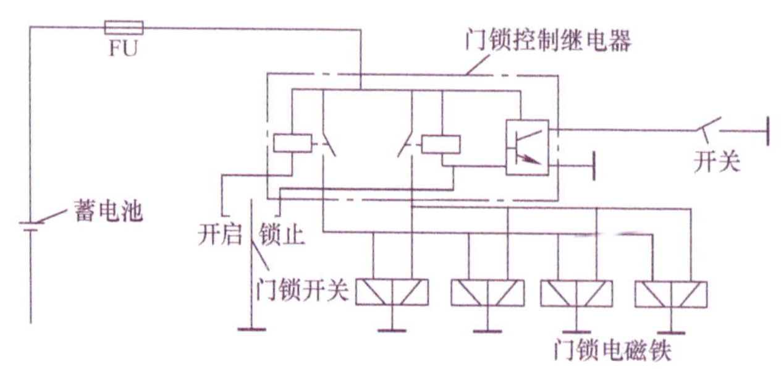

图 2-2　电控门锁的控制电路

门锁电磁铁的检查如图 2-3 所示，将电压为 12V 的蓄电池接入门锁电磁铁的电路，当在“锁”与搭铁接线柱之间加额定电压时，电磁铁心杆应缩回，其收缩值为 9mm；当在“开锁”与搭铁接线柱之间加额定电压时，电磁铁心杆应伸出。如果是磁铁心杆不能相应地伸出或缩回，表明电磁铁有损坏，应进行修理或更换。

在车门开启和闭锁的操纵机构中，通常采用动力车门锁定装置，即应用电动机或电磁线圈进行电气操作控制。为了能使用一次性开关控制车门的开启或闭锁，也可能增加其他多种功能。

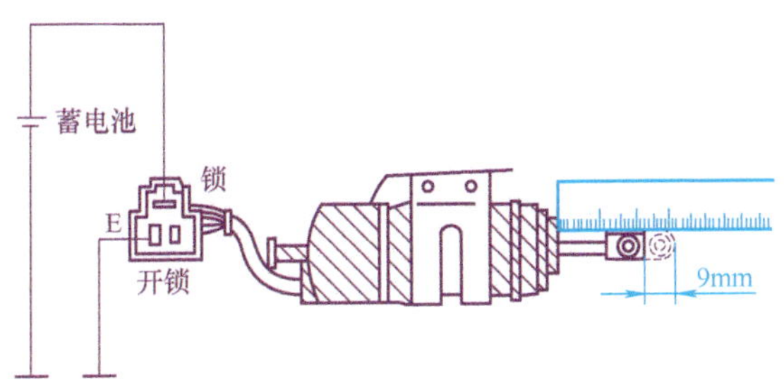

图 2-3　门锁电磁铁的检查

(1) 门锁机构　门锁的闭锁机构有多种设计方案，而且机构复杂。图 2-4a 所示为门锁机构的零部件构造图，图 2-4b 所示为门锁机构操作说明图。在门锁总成中（要装在车门侧）由锁止杆控制转动，决定门锁开或关状态。位置开关用于测定锁止杆是否进行门锁开与关；门锁开关则是用于检测锁止机构是否进行门锁的开与关。此外，锁止杆随着门锁电动机的通电，做正向或逆向旋转；或把车门钥匙插入锁孔中，用于操作。也可按车厢内的按钮进行多种操作。当门锁开关用于操作钥匙，使其向开启或关闭方向转动时，才能输出信号。

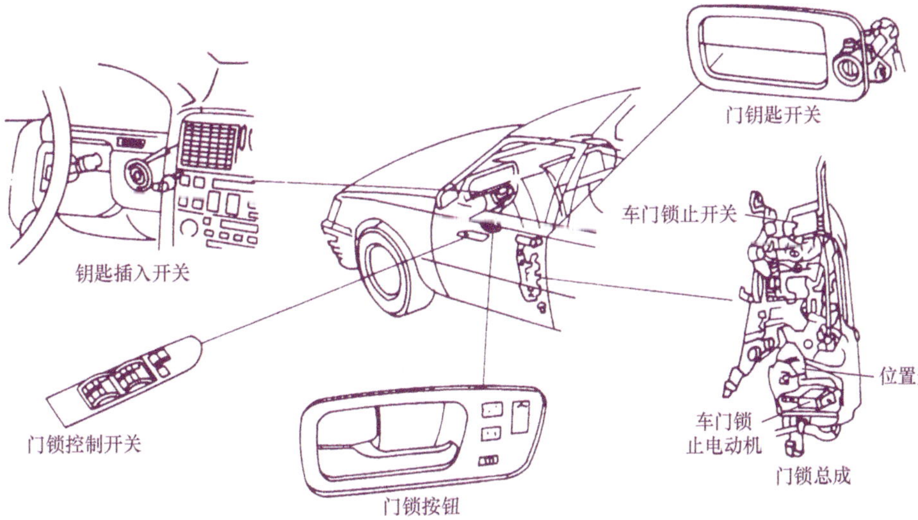

a)

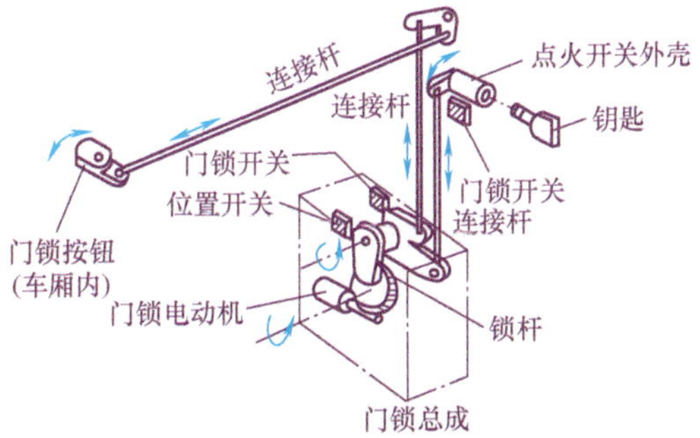

b)

图 2-4　门锁机构

a) 门锁机构的零部件构造图　b) 门锁机构操作说明图

各开关的工况如下：

1）门钥匙开关：当锁门或开门时分别给出ON信号，其他时间一概OFF。

2）门锁开关：当门打开时为ON信号，关闭时为OFF信号。作为检测车门开闭的开关，有直接检测车门开闭的车门开关，但是门锁开关更具有可靠性，能检测锁止的接合状态。

3）位置开关：锁止杆位于锁闭位置时为OFF信号，在开启位置时为ON信号。

4）钥匙插入开关：当钥匙插入发动机钥匙锁芯时为ON信号，如拔出钥匙则为OFF信号。

5）门锁控制开关：在车厢内利用手操作的开关，与车门钥匙开关具有相同的开关工况。

（2）闭/开锁动作　图2-5是门锁控制系统的控制电路图，进行门锁电动机正转与反转的交替控制。为避免电动机通电时间过长引起发热，利用定时器限制通电时间。

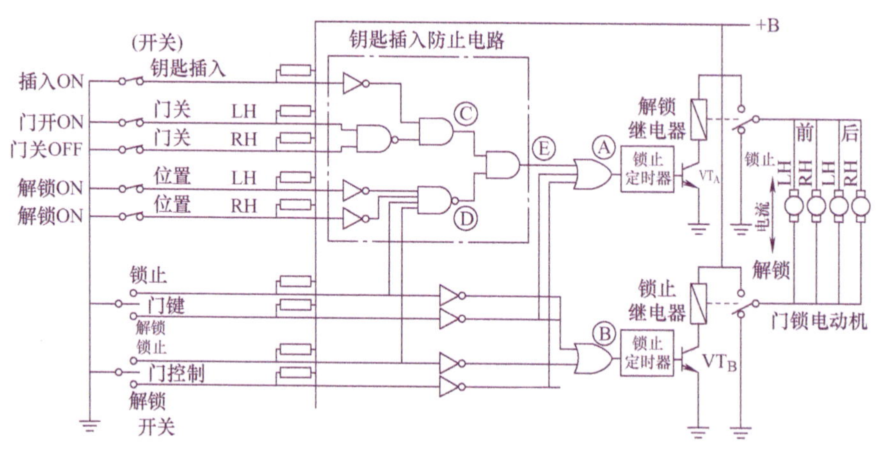

图2-5　门锁控制系统的控制电路图

利用门钥匙开关或门控制开关使触点位于开锁侧，则向“或”门（A）输出“Hi”，开锁定时器进行工作，约0.2s晶体管VT_A处于接通状态，所有门锁电动机电流如图2-5中所示向下方向流动，被开锁（处于脱开状态）。和门（E）的输出，只要不把钥匙插入发动机钥匙筒中，则处于LO位置，所以与或门的输出无关。

由于门钥匙开关或门控制开关的作用，进行闭锁操作，则向或门（B）输出“Hi”，锁闭定时器工作，约0.2s晶体管VT_B接通，所有门锁电动机电流如图2-5所示向上方向流动，处于闭锁状态。

（3）防止钥匙锁闭　钥匙插入发动机钥匙锁芯而忘了拔出，门继续开着。当关门时，由于门锁按钮或门控制开关的操作作用，门锁机构处于上锁状态，所以门关闭（即使不使用钥匙也是如此，但主要是为了开锁方便）。

图2-6中的虚线部分是钥匙插入防止电路。当钥匙插入发动机钥匙锁芯没有拔出时，驾驶座或副驾驶座的门开着，和门（C）输出“Hi”，这时，操作门锁按钮，使门锁机构处于上锁状态，则位置开关处于断开，D门输出“Hi”。此外，利用门控制开关即时操作上锁，开关的LO信号向D门输出，D成为“Hi”。所以，从E门输出“Hi”，使解锁定时器工作电动机向开锁一侧驱动，使其不形成闭锁状态。这时，驾驶人必须注意把钥匙从发动机钥匙锁芯中拔出。

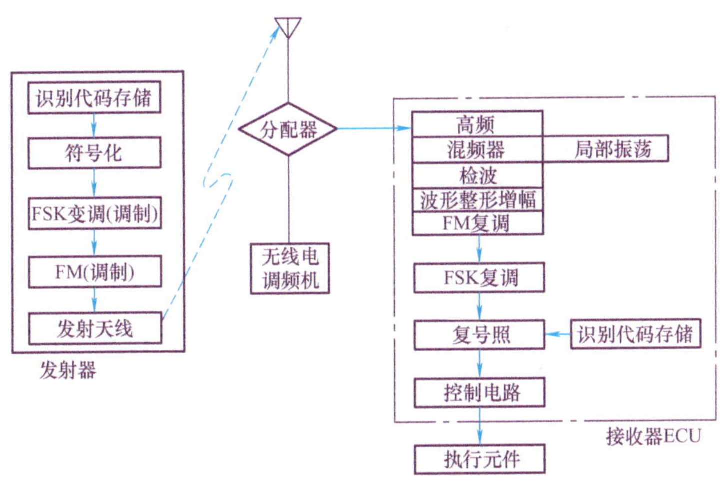

图 2-6　发射器和接收器动作框图

3. 遥控车门的闭锁与开锁

(1) 车门闭锁或开锁　不把钥匙插入钥匙锁芯进行远距离操纵系统。在夜间或黑暗中，不用探明车门钥匙孔，像在家中，一样可方便开门或关上车门。

(2) 工作原理　从身边发出的微弱电波，由车辆天线接收信号，ECU 识别代码，使闭锁/开锁的答应执行元件（电磁线圈或电动机）进行工作。

图 2-6 所示为发射器和接收器动作框图。从发射器利用次载体方式的 FM 调制发出识别代码。把次载体的频率，按照数字识别代码信号进行频率偏移调制（FSK），进行 FM 调制和发射，所以不易受到外来杂波的影响，FM 波由汽车无线电的 FM 天线进行接收，利用分配器进入接收器的 ECU 的 FM 高频增幅处理部进行调解。与被调解的识别代码互相对比，如果是正确的代码，就输入控制电路，并使执行元件工作。

(3) 发射器　如图 2-7 所示，在钥匙板上与信号电路组成一体。从识别代码存储回路到 FSK 调制回路，由于用单芯片集成电路而使体积小型化，在电路板的相反一侧装有一般市场上出售的钮形电池。应注意发射开关每按一次，就进行一次发送，在接收器一侧，就接收一次闭锁或开锁指令。发射频率按照使用国家的电波状况进行选择，可使用 27、40、62MHz 频带。电池以通常频率使用寿命可在 2 年以上。

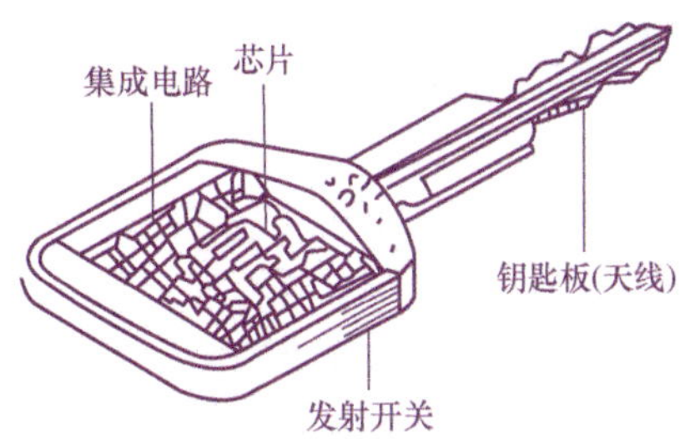

图 2-7　发射器（与钥匙板组成一体）

(4) 保险装置　对于误动作或防盗，可采取下述 1 ~ 4 项安全措施：

1) 采用次载波方式的 1N 调制，由于外来噪声、识别代码被模拟的概率极低。

2) 识别代码数，由数十位的串行代码构成，所以码数有千万种，出现同一代码的概率极低。

3) 对本车专用的代码以外的代码在一定的时间中接收数次以后，就不能再接收所有的代码，这时只有利用正确的手动操作开锁后，才能消除这种情况。

4) 操作发射开关进行开锁后，在一定时间内如不能打开车门，则又自动恢复到闭锁状态。

四、中央控制门锁系统的使用

1）如果按下遥控开关，30s 内未将车门打开，则车门会自动上锁。

2）遥控开关的操作距离约距车 6m，但是如果在靠近电视发射站、发电厂或电台的地方，则会影响遥控开关的操作范围，甚至遥控失效。

3）切勿将遥控开关放在阳光直接照射的地方，以免受热而发生故障。

4）遥控开关是精密的电子装置，不可随意分解，并且要保持其干燥，不可过分振动遥控开关。

5）平时应保持汽车蓄电池电压和遥控手柄内电池电压足够。否则电压过低会造成中控门锁无作用或动作缓慢。而当发现控制失灵或某一门锁无作用时，应检查各插头及连接线是否连接好。

6）电磁铁式中控门锁机构在动作时会发出撞击声，而且需要消耗大量的电流，所以尽量缩短其工作时间，在手动开闭门锁开关之后，要及时放松按键（即让门锁电动机断电），否则，门锁机构长时间通电，很容易烧毁可逆式电动机。

7）中控门锁冻结的使用。冬季下雪时，汽车停放在室外，融化的雪水很容易流入锁芯孔将锁芯冻住。此时可用除锈剂喷入锁芯孔，只要有一个车门能够打开，待汽车行驶后温度升高，门控锁系统会恢复正常的功能。而彻底的解决办法是更换老化的车门密封胶条，防止雨水再次进入。

8）不要随便为汽车加装遥控防盗报警器，因为加装防盗报警器必然改动门锁系统的控制电路，而门锁开关的好坏直接影响遥控防盗报警器的正常工作，当然也间接影响着发动机的正常工作，甚至会使发动机无法起动。

9）中控门锁系统断电后需要做基本设定。因为蓄电池长时间断电，遥控器电池的电量长时间不足或拔下了电动摇窗机的熔丝，门锁遥控功能就会消失。中控门锁系统的设定应按规定的程序进行。

任务实施

一、任务实施的环境

无论中控门锁系统出现什么故障，应先通过检查，使故障可能存在的部位缩小到一定范围以内，然后拆下车门内饰，露出门锁机构。最好先将拨动门锁开关后的情况列出图表，然后和维修手册中的故障诊断图表相对照，以便分析故障原因和部位。

在测试电路前，应结合故障诊断图表，先弄清电路图，然后试加蓄电池电压或用万用表电阻档测量。如果盲目地测试，就会损坏昂贵的电子元器件。

二、任务实施的步骤

1. 电动门锁电路的检测与修复

（1）电动门锁和无线（遥控）门锁零部件的布置位置　电动门锁和无线（遥控）门锁零部件的位置如图 2-8 所示。

（2）电动门锁控制继电器总成（ECU 端子）的检修　电动门锁控制继电器总成（ECU 端子）如图 2-9 所示。

1）断开门锁控制继电器插接器 D4，检查线束一侧插接器每个端子的电压和导通情况，其标准应符合表 2-1 中的要求。如果结果不符合标准，可能是线束一侧有故障。

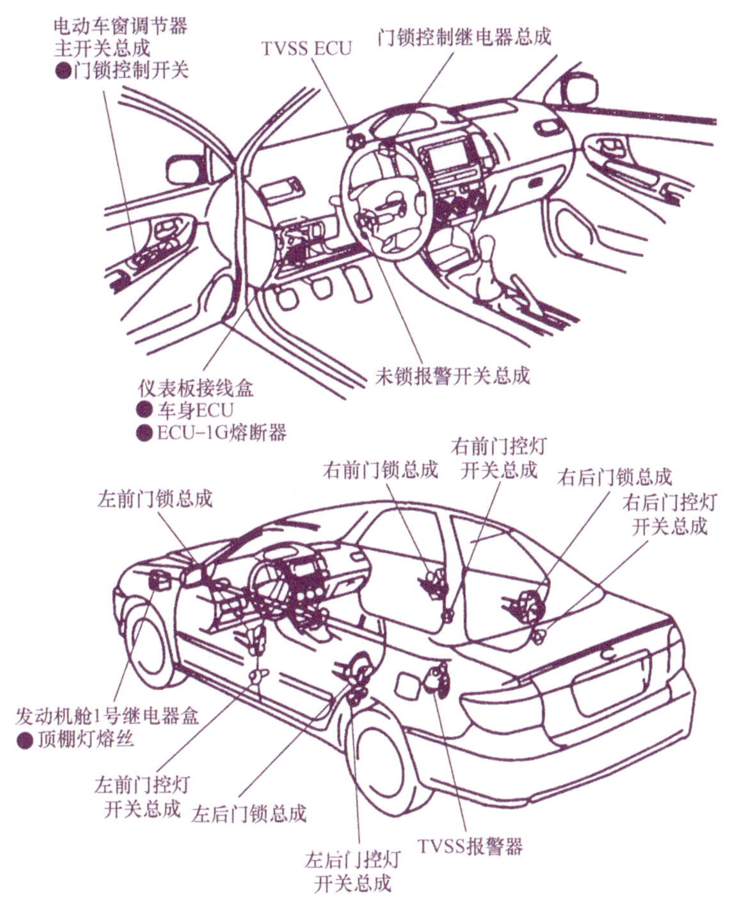

图 2-8 电动门锁和无线（遥控）门锁零部件的位置

2）重新连接门锁控制继电器插接器 D4，检查插接器每个端子的电压，其标准应符合表 2-2 中的要求，如果结果不符合标准，说明车辆有故障。此时，检查门锁控制继电器和蓄电池之间的线束、插接器和熔断线。如有必要，进行修理或更换。

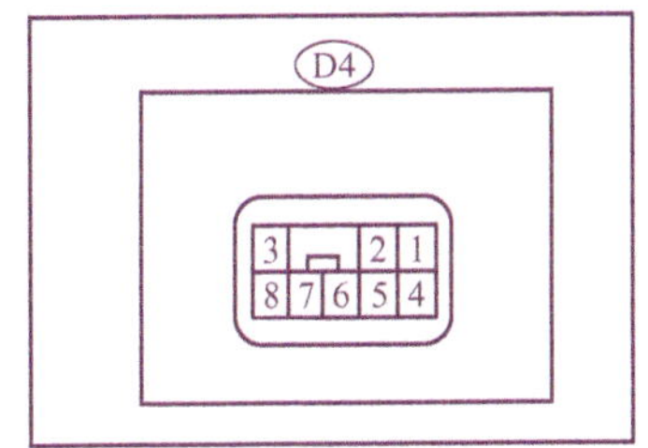

图 2-9 电动门锁控制继电器总成（ECU 端子）

（3）电动门锁主开关、驾驶人侧车锁不能控制所有车门的上锁和开锁故障的检查 电动门锁控制继电器接收来自主开关和驾驶人侧车门锁的信号，然后驱动门锁电动机。控制电路图如图 2-10 所示。

电动门锁主开关、驾驶人侧车锁不能控制所有车门的上锁和开锁的检查程序如下：

1）检查主开关或门锁操作。

如果用驾驶人侧车门锁不能进行手动上锁/开锁操作，转到步骤 4）；如果用主开关不能进行手动上锁/开锁操作，进行下一步检查。

2）检查电动车窗调节器主开关总成，如图 2-11 所示。

①拆下主开关。

表 2-1　检查门锁控制继电器插接器 D4 端子导通情况

符号（端子号）	导线颜色	工况	标准状态
B（D4-4）搭铁	L-O⇔—	任何工况	10 ~ 14V
E（D4-8）搭铁	W-B⇔—	任何工况	导通
L1（D4-6）搭铁	GR⇔—	门控开关（主开关）OFF→LOCK	不通→导通
UL1（4-7）搭铁	C-B⇔—	门控开关（主开关）OFF→UNLOCK	不通→导通

表 2-2　检查门锁继电器插接器 D4 端子电压

符号（端子号）	导线颜色	工况	标准状态
ACT＋（D4-1）搭铁	L-O⇔—	门锁开关（主开关）或门锁（驾驶人）OFF→LOCK	低于 1V→10 ~ 14V→低于 1V
ACT-（D4-3）搭铁	L-O⇔—	门锁开关（主开关）或门锁（驾驶人）OFF→LOCK	低于 1V→10 ~ 14V→低于 1V

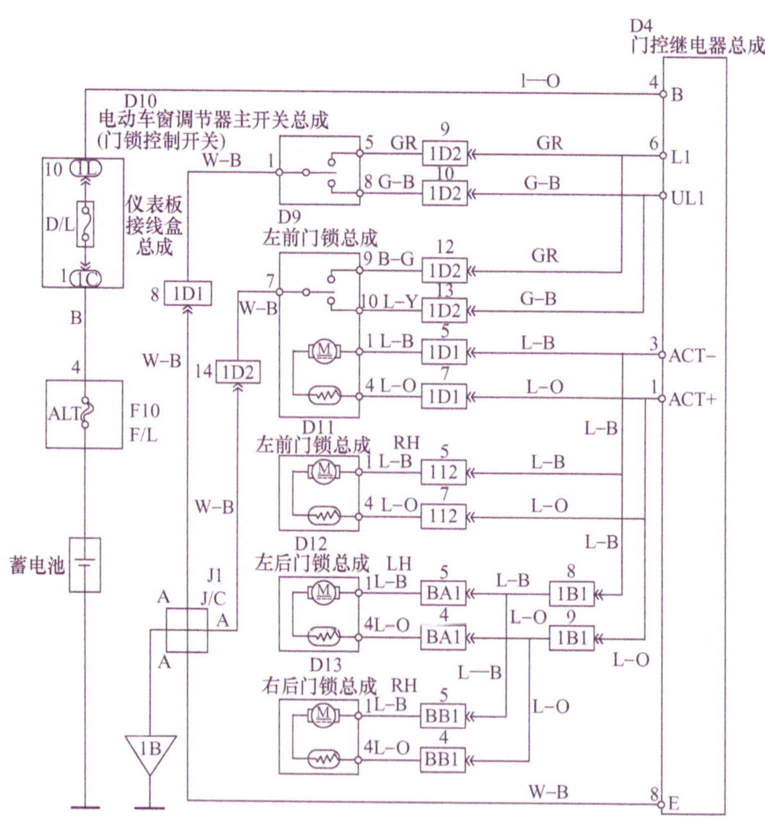

图 2-10　电动门锁控制电路图

②检查门锁控制开关导通性，其标准应符合表 2-3 中的要求。

如果不正常，更换电动车窗调节器主开关总成；如果正常，进行下一步检查。

3）检查线束（电动车窗调节器主开关总成门锁控制继电器总成），如图 2-12 所示。

①断开 D10 电动车窗主开关插接器。

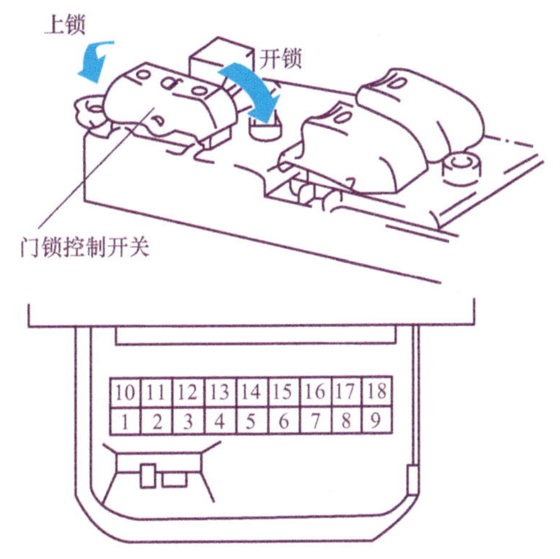

图 2-11　检查电动车窗调节器主开关总成

②断开 D4 门锁控制继电器插接器。

③检查线束一侧插接器的导通性，其标准应符合表 2-4 中的要求。

如果不正常，修理或更换线束和插接器；如果正常，更换门锁控制继电器总成。

表 2-3　门锁控制开关导通性的检查

端子号	开关位置	标准状态
1⇔5	LOCK	导通
—	OFF	不导通
1⇔8	UNLOCK	导通

线束侧

D10电动车窗调节器主开关总成

D4门锁控制继电器总成

图 2-12　检查线束

4）检查左侧前门锁总成。

①加蓄电池电压，检查门锁电动机的动作，如图 2-13 所示，其标准应符合表 2-5 中的要求。

表2-4　线束一侧插接器的导通性的检查

符号（端子号）	标准状态
L（D10-5）⇔L1（D4-6）	导通
L（D10-8）⇔UL1（D4-7）	导通

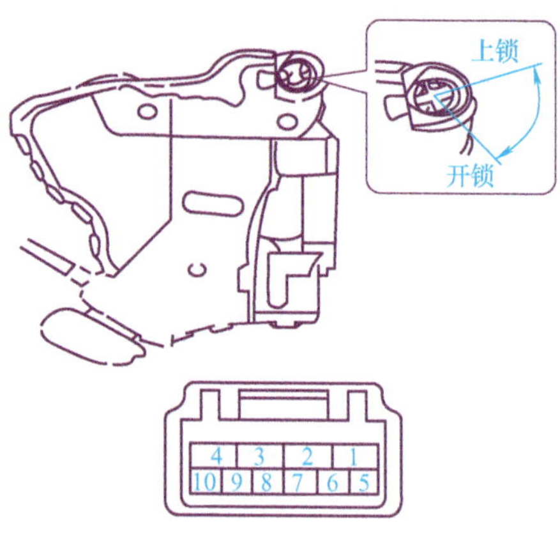

图2-13　检查门锁电动机的动作

表2-5　检查门锁电动机的动作

测量连接	标准状态
蓄电池正极（+）⇔端子4 蓄电池负极（-）⇔端子1	上锁
蓄电池负极（-）⇔端子1 蓄电池正极（+）⇔端子4	开锁

②检查车上锁和开锁开关的导通性，如图2-14所示，其标准应符合表2-6中的要求。

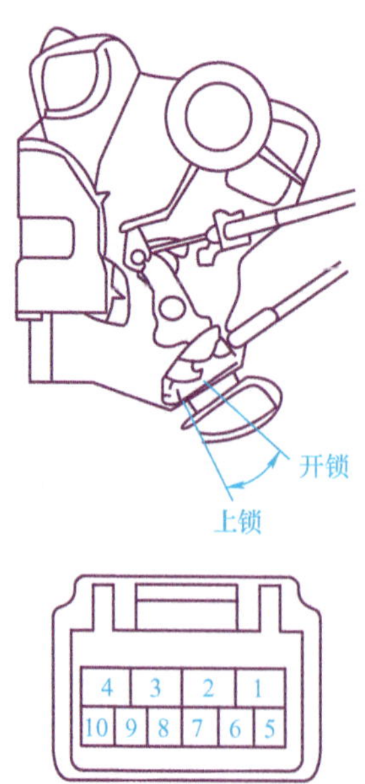

图2-14　检查车上锁和开锁开关的导通性

表 2-6　上锁和开锁开关的导通性标准

端子号	开关位置	标准状态
7⇔9	LOCK	导通
—	OFF	—
7⇔10	UNLOCK	导通

③检查位置开关的导通性，其标准应符合表 2-7 中的要求。

表 2-7　位置开关导通性的标准

端子号	开关位置	标准状态
7⇔8	LOCK	不通
	UNLOCK	导通

如果不正常，更换左侧前门锁总成；如果正常，进行下一步检查。

5）检查线束（左侧前门锁总成⇔门锁控制继电器总成），如图 2-15 所示。

线束侧

D9左前门锁总成

D4门控继电器总成

图 2-15　检查线束

①断开 D9 门锁（驾驶人侧）插接器。

②断开 D4 门锁控制继电器插接器。

③检查线束一侧插接器的导通性，其标准应符合表 2-8 中的要求。

表 2-8　线束一侧插接器的导通性标准

符号（端子号）	标准状态
–（D9-4）⇔ACT +（D4-1）	导通
–（D9-1）⇔ACT +（D4-3）	导通

如果不正常，修理或更换线束或插接器；如果正常，更换门锁控制继电器总成。

（4）无线门锁 TVSSECU（ECU 端子）的检查

1）断开插接器 T7，检查线束一侧插接器每个端子的电压和导通情况，如图 2-16 所示，其标准应符合表 2-9 中的要求。如果结果不符合标准，可能是线束一侧有故障。

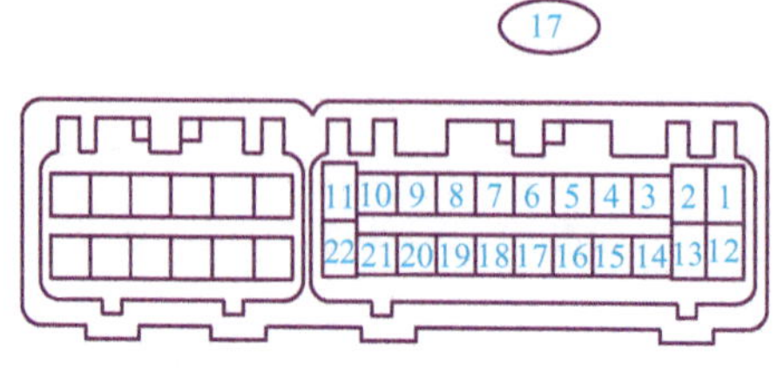

图 2-16　无线门锁 TVSS ECU 端子

2）重新连接插接器 T7，检查插接器每个端子的电压，其标准符合表 2-10 中的要求。如果结果不符合标准，ECU 可能有故障。

表 2-9　无线门锁 TVSS ECU 端子标准

符号（端子号）	导线颜色	工况	标准状态
F（T7-22）⇔搭铁	W-B⇔—	任何工况	导通
SR（T7-11）⇔搭铁	Y⇔—	钥匙未插入→钥匙插入	不导通→导通
L1（T7-20）⇔搭铁	CR⇔—	使用钥匙，驾驶人侧门锁 LOCK→其他位置	导通→不导通
UL1（T7-21）⇔搭铁	G-B⇔—	使用钥匙，驾驶人侧门锁 UNLOCK→其他位置	
IG（T7-15）⇔搭铁	L⇔—	点火开关 LOCK→ON	0V→10～14V
顶棚灯（T7-16）⇔搭铁	R-W⇔—	内室灯开关 DOOR	10～14V→0V
		驾驶人侧门全关→开	
		前乘客侧门全关→开	
		右后门全关→开	
		左后门全关→开	

表 2-10　T7 插接器端子电压标准

符号（端子号）	导线颜色	工况	标准状态
HAZ（T7-4）⇔搭铁	G-O⇔W-B	不响应－后备状态→响应－后备状态	脉冲

（5）无线门锁控制功能不工作故障的检查　TVSS ECU 接收来自发射器的信号并把这个信号发送给门锁控制继电器总成，门锁控制继电器总成向每个门锁电动机发出上锁/开锁信号实现控制。

无线门锁控制系统电路图如图 2-17 所示。

无线门锁控制功能不工作的检查程序如下：

注意：以下说明的是一种发射信号的开关，它位于门控发射器内。

1）置车辆于初始状态。

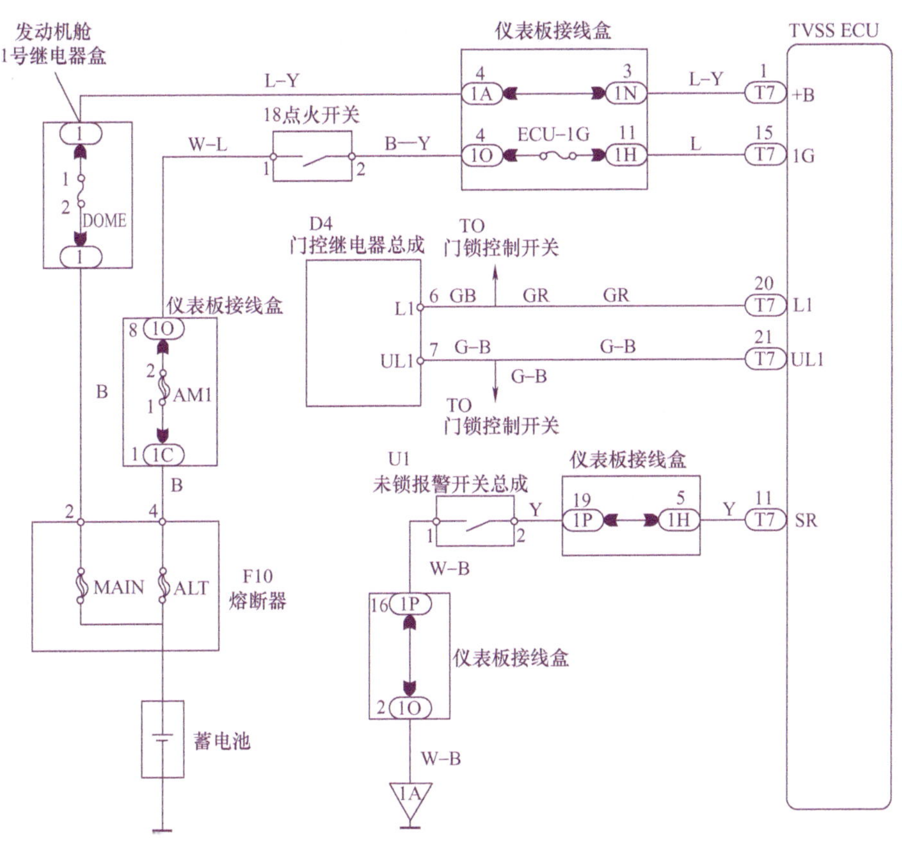

图 2-17　无线门锁控制系统电路图

2）检查发射器发光二极管是否闪亮。按 3 次开关，检查发射器发光二极管是否亮 3 次。

如果正常，转到步骤 4）；如果不正常，进行下一步检查。

3）简单检查发射器电池。更换新的或完好的发射器电池后，按 3 次开关，检查发射器发光二极管是否亮 3 次。

如果不正常，更换门控发射器；如果正常，更换发射器电池。

4）检查 DOME、ECU-IG 熔断丝。从仪表板接线盒上拆下熔丝，检查是否导通，标准：导通。

如果不正常，更换熔断丝；如果正常，进行下一步检查。

5）检查无线门锁功能。用标准操作检查能否开锁—上锁。注意：这里所说的标准操作指是按发射器开关 1s，发射器正对驾驶人一侧的车门外侧把手，距离车辆 1000mm。

如果正常，无线门锁故障；如果不正常，进行下一步检查。

6）检查未锁报警开关总成的导通性，如图 2-18所示，应符合表 2-11 中的要求。

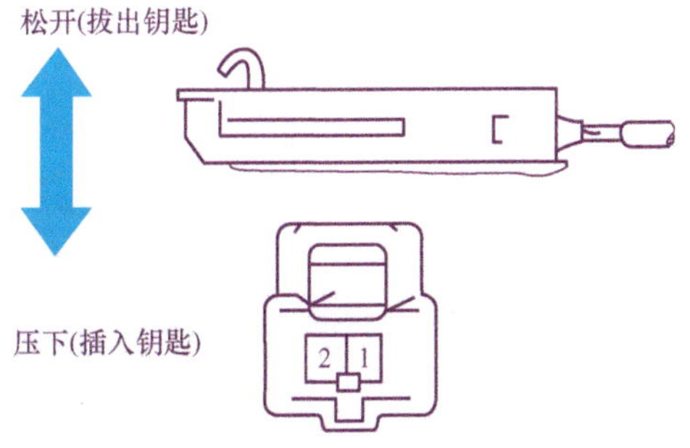

图 2-18　检查未锁报警开关总成的导通性

表 2-11　未锁报警开关总成的导通性标准

端子号	操作	标准状态
1⇔2	开关松开（拔出钥匙）	不通
	开关压下（钥匙插入）	导通

如果不正常，更换未锁报警开关总成；如果正常，进行下一步检查。

7）检查线束：未锁报警开关⇔TVSS ECU，未锁警告开关⇔搭铁，如图 2-19 所示。

①断开 U1 开关插接器。

②断开 T7 ECU 插接器。

③检查线束侧插接器的导通性，U1-2⇔T7-11 在标准状态下应导通。

④检查 U1 开关插接器和搭铁之间的导通性，U1-1⇔搭铁在标准状态下应导通。

如果不正常，修理或更换线束或插接器；如果正常，进行下一步检查。

8）注册识别码。检查是否允许注册。如果正常，无故障（执行功能检查）；如果不正常，进行下一步检查。

9）检查线束（门控继电器总成⇔TVSS ECU），如图 2-20 所示。

线束侧

U1未锁报警开关

1　2

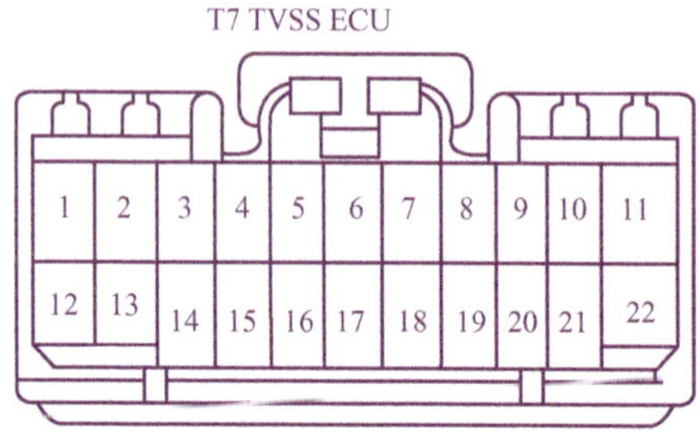

图 2-19　检查未锁报警开关线束

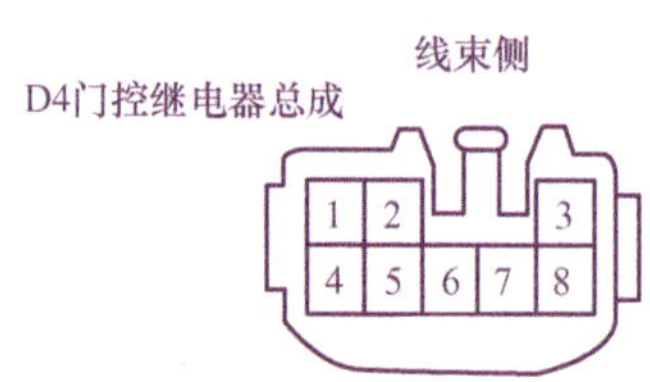

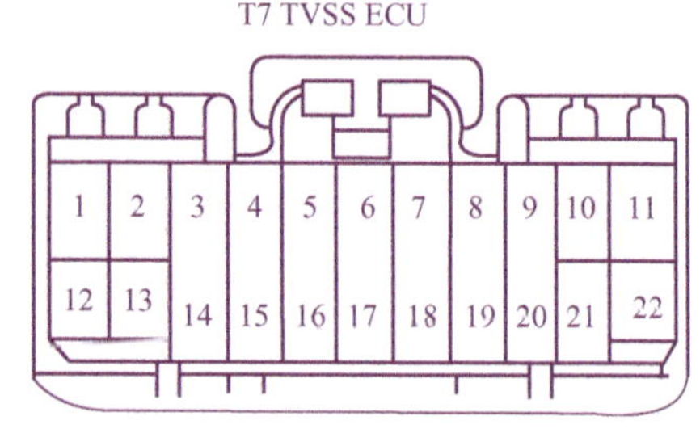

图 2-20　检查门控继电器线束

①断开 D4 继电器插接器。

②断开 T7ECU 插接器。

③检查线束一侧插接器之间的导通性，应符合表 2-12 中的要求。

表 2-12　线束一侧插接器之间的导通性标准

符号（端子号）	标准状态
L1（D4-6）⇔L1（T7-20）	导通
UL1（D4-7）⇔UL1（T7-21）	导通

如果不正常，修理或更换线束或插接器；如果正常，更换 TVSS ECU。

三、无线门锁控制系统零部件的检修

（1）检查时的注意事项

1）无线门锁的遥控控制功能只有在以下 3 种条件都满足的情况下，才能起作用。

①所有的车门都关闭，否则任何一扇车门打开着，其他车门就无法上锁。

②点火开关钥匙孔里没有插入钥匙。

③电动门锁系统工作正常。

2）根据不同的情况，无线门锁的遥控控制区域不同。

①根据操作者和发射器所持的方式，控制区域不同。

②在某些地方，控制区域会因为汽车车身和周围环境的影响而缩小，或者遥控控制功能只有部分起作用。

③由于发射器采用的是微量的电磁波，强烈的电磁波或者相同频率的噪声会减小控制的区域，或者遥控控制功能不起作用。

④遥控电池缺电时，控制的区域会减小，或者遥控控制功能不起作用。注意：如果车门控制发射器被放置在阳光直接照射的地方，比如仪表板上，也会造成电池缺电或者其他故障。

（2）车上检查（检查无线门锁的控制功能）。

注意：这里所讲的开关是指发射信号的开关（LOCK 开关、UNLOCK 开关，PANIC 开关），它是置于车门控制发射器里的。

1）把汽车放置在无线控制功能能够起作用的地方。

2）检查基本功能。

①当钥匙上的任何开关按 3 次时，检查 LED 灯是否闪烁 3 次。注意：如果按压不小于 3 次后，LED 灯没有闪烁，则是缺电。

②在遥控区域按压开关，检查所有的车门是否上锁或者开锁（然而，当钥匙在点火开关钥匙孔里或者有车门打开时，就不会发生此种情形）。注意：UNLOCK 功能在任一车门打开时也能起作用。

3）检查自动门锁功能。

①按压开关，打开所有车门门锁后约 30s，如果没有一扇车门被打开或者点火开关没有转到 ON 位置，检查所有的车门应自动上锁。

②按压开关，打开所有车门门锁后约 30s，当任意一扇车门被打开或者点火开关转到 ON 位置，检查自动上锁功能应不工作。

4）检查开关操作失效保护功能。当钥匙插在点火开关钥匙孔里，检查车门是否能用开锁或者上锁。

5）当任意一扇车门打开或者没有完全关闭时，检查操作终止功能。当任意一扇车门打开或者没有完全关闭时，检查车门不能通过遥控开关上锁。

6）检查警告灯的闪烁和警报器鸣叫功能（响应）。

①当按下 LOCK 开关时，检查警告灯应闪烁 1 次，同时伴有所有车门上锁的动作。

②当按下 UNLOCK 开关时，检查警告灯应闪烁 2 次，同时伴有打开所有车门开锁的动作。

7）检查遥控功能。当按下PANIC开关不少于1.5s时，检查TVSS警报器应有鸣叫，警告灯开始闪烁。一旦按下UNLOCK开关或者再按1次PANIC开关时，鸣叫声音和闪烁应停止。

8）检查搜索功能。注意：在灯光昏暗的夜晚和大量停车的停车场，能够利用声音和闪光指示较容易地找到汽车。

当车门锁住时，按LOCK开关1次，检查警告灯应闪烁15s。

（3）遥控器的检修。

1）更换遥控器电池。

注意：操作时要格外小心，因为这些元件是精密的电子元件。

①用螺钉旋具撬开遥控器壳。注意：不要过于用力。

②拆下2节电池（锂电池）。

注意：不要用手指按电极弹片；向上撬动电池（锂电池），用力过大会导致变形；手不要接触电池，水分会造成生锈；不要触摸或移动发射器里的任何元件，否则会影响操作。

③装入2节新电池（锂电池），正极（+）朝上。注意：确保发射器电池的正极与负极的朝向正确；小心不要弯曲发射器电池里的极片；小心不要让灰尘和油污沾染发射器盒。

④检查橡胶盖是否扭曲或者滑落，安装遥控器壳。注意：任何的损坏会造成电池（锂电池）和极片之间的接触不良。

2）门控遥控器登记识别码。如果更换了门控遥控器或者TVSS　ECU，就要登记识别码。登记识别码的方法如下：

①在汽车处于非警戒状态时，进行以下工作。

打开驾驶人侧车门，把钥匙插入点火开关钥匙孔；在10s内把点火开关从ON位置转到OFF位置5次；使安全指示器LED灯亮。

②安全指示器LED灯亮时，在步骤①以后，于16s内按压任意遥控器的开关1次，这样会使LED灯熄灭。再次按压同样的开关1次会使LED灯闪烁1次，然后保持常亮，遥控器识别码的登记就完成了。

③为了登记其他的遥控器（识别码），在先前的登记工作完成后16s内重复步骤2。

注意：一次能登记4个识别码。如果试图登记5个遥控器（识别码），最早登记在TVSSECU中的识别码将被清除。

④当任何一扇车门关上，点火开关转到ON位置或者遥控在登记后的16s内没有信号发出，则LED灯全熄灭，识别码的登记就结束了。

四、技能训练

【训练任务】一辆威驰轿车的中控门锁系统工作异常，请根据客户提供信息确认故障现象，并且进行检测与修复。

【训练建议】个人独立完成。学生可通过自己确认的故障现象制订诊断流程，然后按诊断流程逐项检测。下面提供几种中控门锁故障的检修思路参考样式：

1. 操作门锁控制开关，所有门锁均不动作

这种故障一般发生在电源电路中。首先检查熔断器是否熔断，如果熔断，应予以更

换。若更换熔断器后又立即熔断，说明电源与门锁执行器之间的电路有搭铁或短路故障，用万用表查找出搭铁部位，即可排除。

若熔断器良好，检查电路插头是否松脱、搭铁是否可靠、导线是否折断。可在门锁控制开关电源接线柱和定时器或门锁继电器电源接线柱上测量该处的电压，判断输入电动门锁系统的电源电路是否良好。

2. 操作门锁控制开关，不能开门（或锁门）

这种故障是由于开门（或锁门）继电器、门锁控制开关损坏所致，可能是继电器线圈烧断、触点接触不良、开关触点烧坏或导线插头松脱。

3. 操作门锁控制开关，个别车门锁不能动作

这种故障仅出在相应的车门上，可能是连接电路断路或松脱、门锁电动机（或电磁铁式执行器）损坏、门锁连杆操纵机构损坏等。

4. 速度控制失灵

当车速高于规定时，门锁不能自动锁定。故障原因是车速传感器损坏或车速控制电路出现故障。首先应检查电路中各插头是否接触良好，搭铁是否良好，电源电路是否有故障，然后检查车速传感器。车速传感器的检查可采用试验的方法进行：也可采用代换法，即以新传感器代换被检传感器。采用代换法时若故障消除，则说明旧传感器损坏；若故障仍存在，则应进一步检查速度控制电路中各个元器件是否损坏。

【评价建议】可用如下技能训练评价表对学生操作技能进行评价。

中控门锁工作失效的检测与修复表

学生姓名					
测评日期		测评地点			
测评内容	中控门锁工作失效的检测与修复				
考评标准	内　容	分值/分	自评	互评	师评
	工作着装、工作安全、卫生	10			
	无线门锁控制系统零部件的检修，每错一项扣2分	20			
	电动门锁电路的检测，每错一项扣4分	30			
	分析故障并排除，每错一项扣2分	20			
	工具正确使用	10			
	工作任务单的填写情况	10			
	时间性：每超时1min扣5分，超过3min终止考核				
合　计		100			
最终得分（自评30% + 互评30% + 师评40%）					
说明：测评满分为100分，60~74分为及格，75~84分为良好，85分以上为优秀。60分以下的学生，需重新进行知识学习、任务训练，直到任务完成达到合格为止					

归纳总结

目前，绝大部分汽车的防盗系统主要由中控电动门锁、防盗控制系统和汽车零部件防盗等组成。但不同车型的防盗系统的结构及原理存在较大的差异。因此，在检修之前应查阅制造厂家的维修手册，准确找到故障部位和产生故障的原因，然后进行必要的修理。

通过本任务内容的学习，作为维修技术人员，应该对中控门锁的功能、结构及工作原理、检修方法及检修流程有一定的了解。但是，要真正掌握这些知识和操作技能，还要不断地思考与总结，并付诸行动训练，只有这样，才能掌握这些内容，真正为己所用。下面提供一组思考问题，请客观地作答，并结合本任务内容，对自己的学习工作进行反思。

思考题

1. 简述汽车中控门锁的分类。
2. 简述汽车中控门锁的结构与工作原理。
3. 简述电动中控门锁故障的检修思路。
4. 简述无线门锁控制功能不工作故障的检查过程。

任务二 汽车防盗系统功能异常的检修

知识点： 防盗系统的分类；防盗系统的基本组成及功能；汽车防盗系统的结构及工作原理。

能力点： 汽车防盗系统故障的检查；检测工具的使用。

任务情境

某客户抱怨他所驾驶的威驰轿车防盗系统功能异常，需要给予检修。

任务分析

完成此任务需要熟悉防盗系统的分类及功能，了解防盗系统的结构及工作原理，能够分析防盗系统控制电路，掌握防盗系统的检修。

任务实施的相关专业知识

一、汽车防盗系统的分类

汽车防盗装置经历了机械式、电子式、芯片式和网络式四个发展阶段。由于世界各地经济、生产力发展不平衡，发达国家汽车防盗技术已相当成熟，目前主要采用电子式，并正逐步向网络式过渡；而欠发达国家基本上还处于起步阶段，广泛采用机械式。

1. 机械式防盗系统

机械式防盗装置是比较常见而又古老的装置，它主要是利用简单的机械式原理锁住汽车上的某一机构，使其不能有效发挥应有的作用，以达到防盗的目的。目前，国内常见的机械式防盗装置有：

（1）转向盘锁　即常见的拐杖锁，主要是将转向盘与制动踏板连接在一起，使其不能作大角度转向或制动，有的可直接使转向盘不能正常使用。

（2）变速器手柄锁　在变速手柄附近安装变速器手柄锁，将转向盘和变速杆锁在一起，可使变速器无法换档。通常在停车后，把变速杆推到P（驻车）位或N（空）位，加上变速器手柄锁，可使汽车无法换档。

（3）车轮锁　车轮锁可锁在车轮外面，目标明显，既可防盗，又可防止车辆被拖走。但由于它太笨重，而且锁车也较麻烦，所以采用车轮锁防盗的人较少。

2. 电子式防盗系统

随着电子技术在汽车上的应用，各种电子防盗报警器应运而生。它克服了机械锁只能防盗不能报警的缺点，主要靠锁定点火或起动来达到防盗的目的，同时具有声音报警等功能。电子防盗装置设计先进、结构复杂，包括起动控制、遥控车门和报警三部分，主要由防盗控制单元识读线圈、警告灯、汽车钥匙等元件组成。点火钥匙和信号发生器制成一体，当钥匙处于接通位置时，防起动装置向钥匙接收器发出电信号，信号接收器随即通过防起动装置向控制单元发送密码信号以供识读。车门控制和报警系统制成一体，报警系统在关闭点火开关、拔下钥匙并锁定车门和行李箱等后自动进入警戒状态，若车门或发动机舱盖被强行打开，报警系统将自动报警。

汽车电子防盗器一般都具有遥控功能，安装隐蔽，操作简便。缺点是容易误报，不能从根本上解决车辆丢失问题。随着科技的发展，汽车电子防盗器增加了许多方便、实用的附加功能。现在市场上出现了具有双向功能的电子防盗器，它不仅能由车主遥控车辆，车辆还能将自身状态传送给车主。

3. 芯片式防盗装置

目前，在汽车防盗领域位居重点的当属芯片式数码防盗器。它通过锁住汽车电动机、电路和油路达到防盗目的，若没有芯片，钥匙便无法起动车辆。数字化的密码重码率极低，而

且要用密码钥匙接触车上的密码锁才能开锁，杜绝了被扫描的可能。

由于特点突出且使用方便，大多数轿车均采用它作为原配防盗器。目前进口的很多高档车及国产大众、广州本田、派力奥等车型已装用原厂的芯片防盗系统。芯片式防盗已发展到第四代，除了比电子防盗系统更有效的防盗作用外，它还具有特殊诊断功能。例如：独特的射频识别技术可保证系统在任何情况下都能正确识别驾驶人，当驾驶人接近或远离车辆时可自动识别其身份，打开或关闭车锁；无论在车内还是车外，独创的 TMS37211 能够探测到电子钥匙的位置。

4. 网络式防盗系统

网络式防盗系统通过网络实现车门的开关和车辆的起动、截停、定位，以及根据车主要求提供远程车况报告等功能。目前主要使用的网络有无线网络（BB 机网络）和 GPS（卫星定位系统），其中 GPS 应用最为广泛。GPS 主要靠锁定点火或起动发动机达到防盗的目的。采用 GPS 技术的汽车反劫防盗系统由安装在指挥中心的中央控制系统、安装在车辆上的移动 GPS 终端及 GSM 通信网络组成，接收全球定位卫星发出的定位信息，计算移动目标的经纬度、速度和方向，并利用 GSM 网络的短信息平台作为通信媒介实现定位信息的传输，具有传统 GPS 通信方案无法比拟的优势。一旦汽车被盗或出现异常，指挥中心可立即通过 GPS 接收终端设备信号，确定汽车实时地理位置和多方面信息，配合各方面力量及网络优势追回汽车，同时能熄灭发动机，使汽车不能行驶。

网络式防盗突破了距离的限制，覆盖范围广，可用于被盗汽车的追踪侦查，可全天候应用，破案速度快，监测定位精度高。GPS 防盗技术可以说是一场技术革命，它一改传统防盗器的被动、孤立无助的被动式服务，能为车主提供全方位的主动式服务，是目前其他类型汽车防盗系统所不能比拟的。但由于 GPS 防盗技术存在信号盲区、报警迟缓，其防盗性能无法有效保障车辆。

二、汽车防盗系统的基本组成与功能

汽车防盗系统利用门锁控制系统的有关部件和其他零部件，当有人不用钥匙强行进入汽车或强行打开发动机舱盖与行李箱门时，该系统便接通警报电路，喇叭发出响声，前照灯和尾灯同时闪亮约30s 或1min，以示警报。与此同时，所有的车门都被锁上，起动机的电源也被切断。

1. 防盗器的功能

汽车防盗器的功能如下：

1）防盗的设定与解除。作用是警戒车辆，以防盗或防止受侵害。

2）全自动设防。报警器自动进入防盗警戒状态。

3）静音的设防与解除。静音设防与解除功能主要在夜间、医院及其他特殊的环境要求下使用。

4）二次设防。设防解除后，如果在30s 内未开车门，主机就自动进入防盗状态。

5）寻车。可在停车场内帮助寻找汽车。

6）求救。在紧急事件发生时能进行紧急呼救。

7）振动传感器暂时关闭。在恶劣天气下，汽车如果在安全环境中，可减少误报和噪声。

8）设定维修。汽车维修时，遥控器不交给维修厂，既安全又方便。

9）行车自动控制。点火后车门自动落锁，熄火后车门自动开锁，使用方便又安全。

10）密码防扫描。电脑自动识别密码，并过滤扫描信号，杜绝扫描密码，可防止盗贼通过扫描器扫描报警密码来盗车。

11）跳码防拷贝。设防和解除警戒时，主机和遥控器都同时更改密码，防止盗贼用无线电解码器解码盗车。

12）BP 机联机呼叫。主机呼叫输出可与防盗寻呼机连接，用 BP 机判断是不是自己的汽车受到侵害。

13）遥控发动机起动。可减少暖车时间。

2. 汽车防盗系统的基本组成及作用

汽车遥控防盗系统一般由主机、感应传感器、门控开关、报警和遥控器等组成。

汽车防盗系统与门锁控制系统共同使用一个电子控制器，称为防盗与门锁控制 ECU。防盗系统的其他装置如图 2-21 所示，主要包括门控开关（发动机舱盖开关、行李箱开关和车门控制开关）、继电器（前照灯与尾灯控制继电器、警报继电器和起动继电器等）、警报装置（防盗喇叭和汽车电喇叭）及指示灯。防盗系统的控制电路图如图 2-22 所示。

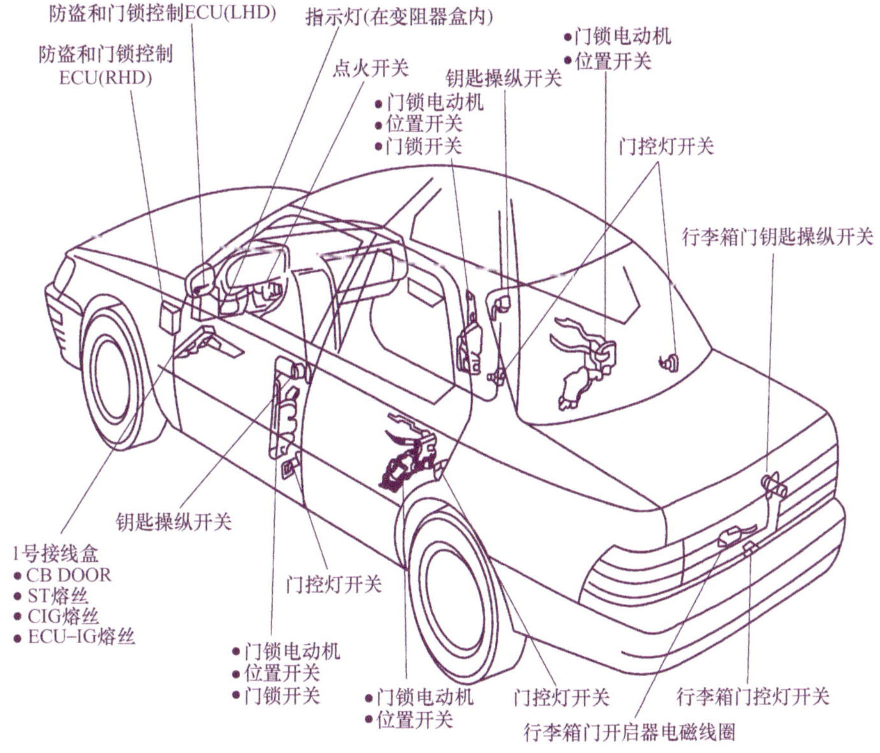

图 2-21　防盗装置位置图

（1）主机部分　即遥控防盗系统控制单元，它是防盗系统的核心和控制中心。它的功能是防盗 ECU 接收各种传感器（防盗传感器、车速传感器、各种门的开关以及电动机的位置等传感器）发送的信号，根据 ECU 中预先存储的数据和编制的程序，通过数学计算和逻辑判断，确定车门是否锁定、车辆是否被非法移动或被盗，以便控制各个执行器（门锁电动机、发动机 ECU、起动继电器、喇叭、灯光等），从而使汽车处于报警状态。防盗 ECU 除

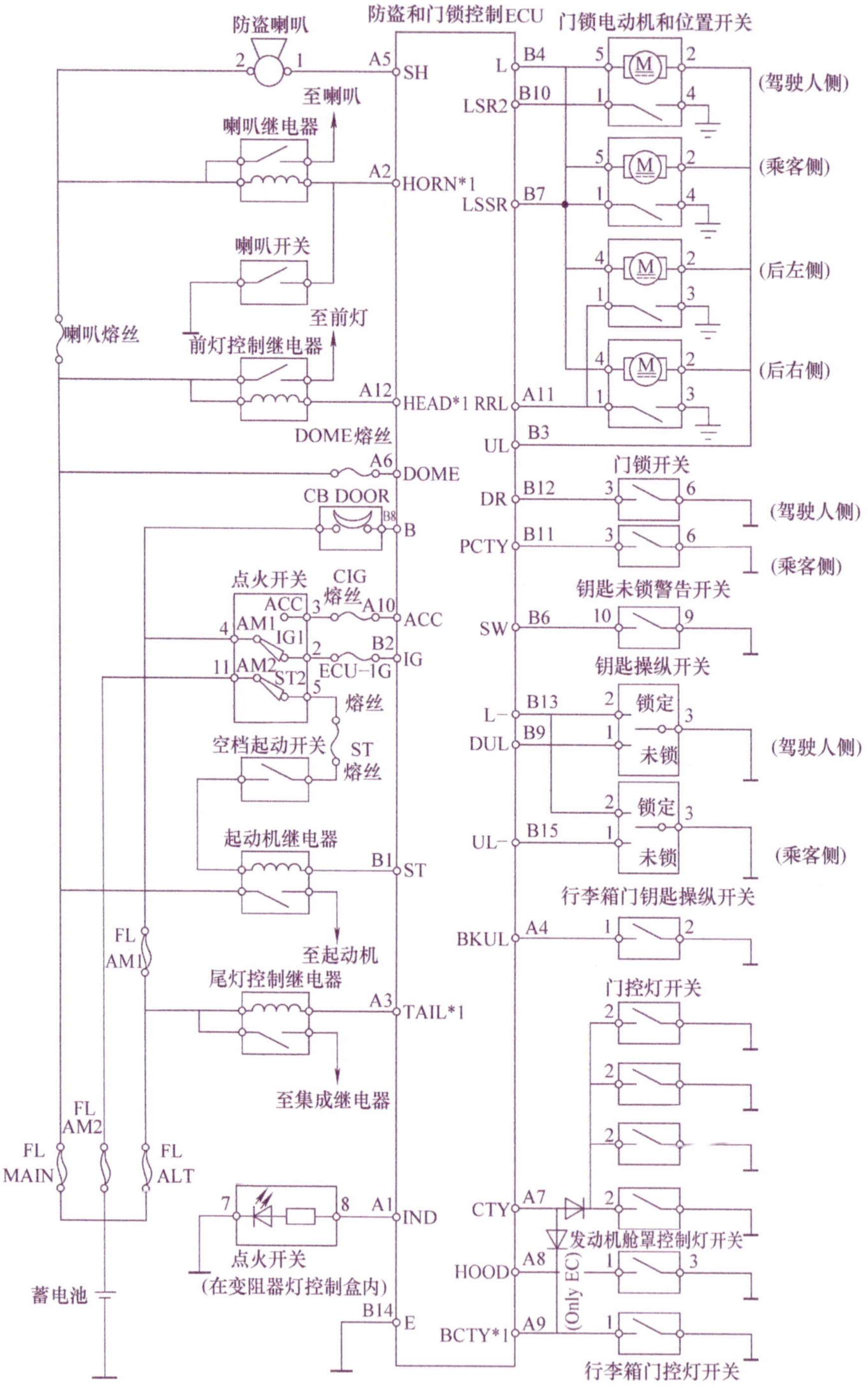

*1：除欧洲外

图2-22　防盗系统的控制电路图

了具有控制功能外，有的还具有故障自诊断功能。

（2）感应传感器部分　它由传感器或探头组成，目前普遍使用的是振荡传感器，微波

及红外探头应用较少。它的功能是当防盗系统工作时，传感器检测汽车有无异常情况发生。当汽车被移动或车门被打开时，传感器将检测到的信号传送给防盗 ECU，防盗 ECU 根据其内部存储的数据进行比较，判断汽车是否正在被盗。如果汽车被盗，防盗 ECU 就会输出信号，控制报警装置发出声光报警信号，阻止汽车起动，切断燃油供给。

（3）门控开关部分　包括发动机舱罩开关、门开关及行李箱开关等。它的功能是当所有的车门、发动机底部及行李箱关闭时，车主通过报警调置/解除装置使所有的车门锁止，汽车防盗系统进入预警状态。当汽车防盗系统起动时，设在车内可见位置的工作显示灯开始工作，以保证防盗系统正确无误地开始工作。

（4）报警部分　喇叭在防盗系统被触发或动作（开、闭锁）时发出警报。报警方法通常采用喇叭鸣叫和灯光闪亮的方式，也有采用专用喇叭与普通喇叭进行组合的报警方法。此外，还设有专用警笛或者向车主用电波报警的方式，利用电波在电子地图上显示被盗车位置并向警方报警的追踪装置也开始普及。

（5）遥控器部分　包括按键和指示灯。

（6）其他部分　包括配线、继电器和熔断器等。

汽车遥控防盗系统的遥控器与主机系统之间除了要有相同的发射和接收频率之外，还要有密码才能相互识别。

当以非正常的手续解除报警功能时，若发生侵入车厢事件及起动发动机，这时传感器便能检测到这种信息，把信号传到控制电路，控制系统进行判断，当其认为异常时，一方面会发出报警，另一方面会阻止发动机运转。

汽车遥控防盗系统的使用功能均由随身携带的钥匙扣式发射器（遥控器）遥控操作，控制距离一般为 30～50m，有的甚至更远。其一般包括以下功能：有声防盗设定、静音防盗设定、声光寻车、自动防盗、二次防盗、状态记忆、报警暂停、中央门锁控制、车门未关提示、防抢（反劫持）、紧急呼救、开门报警、点火报警、振动报警、车内有物体移动报警、开启前机盖和行李箱报警等功能，有些防盗系统还具有振动记录、行车自动落锁、遥控调整灵敏度、双向报警提示等诸多功能。

3. 防盗系统主要部件的作用

（1）防盗传感器　它用于检测汽车是否被盗，主要有热释电式红外线传感器、超声波传感器、振动传感器、玻璃破碎传感器 4 种类型。

1）热释电式红外线传感器（又称为红外探头）。它一般安装在汽车内驾驶人位置附近，通过红外辐射的变化来探测是否有人侵入车内。热释电式红外线传感器上有 3 根导线，一根为电源线，用英文字母 D 表示；另一根为信号线，用英文字母 S 表示；最后一根为搭铁线，用英文字母 E 表示。

2）超声波传感器。超声波是频率在人耳可听音频范围以上（约 20kHz 以上）的声波。超声波传感器就是检测这种超声波的传感器。

3）振动传感器。振动传感器的作用是检测汽车受到的冲击。当汽车受到冲击，其振动达到一定强度时，防盗 ECU 输出信号，控制报警装置报警。

振动传感器主要有压电振动传感器、压阻式振动传感器、磁致伸缩式振动传感器 3 种类型。

4）玻璃破碎传感器。玻璃破碎传感器用来接收玻璃受撞击和破碎时产生的振动波，然后转换成电信号输出，并将此信号输送给防盗 ECU。它与防盗 ECU 一般有 2 根线连接，一根是传感器的搭铁线（黑色），另一根是信号线（白色）。

（2）遥控发射器与接收器　遥控装置已在汽车上广泛运用，它利用手持遥控发射器将密码发送给遥控接收器，可以在黑夜中不必用钥匙找到钥匙孔位置，或者在雨天也不需用钥匙开启车门，即使手中提着物品也能方便地开启车门。

遥控装置不仅能替代车门钥匙，而且也可用于防盗系统、行李箱开锁、车窗或滑动天窗的开闭。遥控信号一般采用红外线、无线电波以及超声波发送等，其中以红外线与无线电波 2 种方式为主。

无线遥控装置就是对汽车车门开闭装置的执行器进行无线遥控的装置，在远离车辆的地方进行车门的打开或关闭。它主要由遥控发射器（简称遥控器）和遥控接收器（简称接收器）组成。

1）汽车遥控防盗系统用遥控发射器由密码信号发生器、键盘输入电路、无线发射电路等组成，工作频率为 256～320MHz，典型值为 315～318MHz，工作电源为 +12V（由一节 PG23A 或一节 PG27A 电池供电），遥控距离为 30～50m。为了便于携带，其普遍采用微型钥匙扣式设计。当遥控操作开关接通时，存储在存储器中的功能代码和身份鉴定代码（固定代码 + 可变代码）被读出，经信号调制处理后，转换为红外线或无线电波的遥控信号，并向外输出（红外线方式中，经脉冲调制后驱动发光二极管；而在无线电波方式中，信号经高频调制后向发射天线供电）。

2）汽车遥控防盗报警器的遥控接收部分由接收天线、输入选频回路、高频放大电路、超再升电路、脉冲信号放大整形电路组成，其功能是将遥控器发出的高频载波信号进行选频、放大、解调，输出符合解码电路要求的脉宽数据信号。遥控器接收器的供电电压为 +5V，直接从防盗主机 +5V 获得，工作频率在 256～360MHz，多数接收器工作在 315～318MHz。

3）汽车防盗系统用的天线分为发射天线和接收天线两种。

发射天线不必设置专用天线，可把车门钥匙兼作天线之用。接收天线的作用是接收遥控器输出信号。一般有采用遥控专用天线、与收音机共用一根天线、采用镶嵌在汽车后风窗玻璃内的加热电阻线作为天线等多种形式。

与收音机共用一根天线的遥控装置在接收天线接收信号后，由分配器将信号分检出遥控信号和收音机接收信号。

4. 盗车检测方法

传感器主要通过以下方式检测汽车是否被盗：

1）车门开启操作不正常，开锁式车门开启，撬开车门主活塞缸并拔出。

2）行李箱盖、油箱盖或发动机舱盖非法打开。

3）汽车非法移动而产生振动、车辆倾斜。

4）窗玻璃被打破。

5）采用超声波检测入侵车厢、音响装置、轮胎脱离车辆时的报警方法。

三、汽车防盗系统的结构与工作原理

1. 遥控式防盗系统的结构及工作原理

遥控式防盗系统的组成如图 2-23 所示，它由手控发射器（遥控器）、接收器、继电器开

关、点火控制电路、喇叭报警电路、门锁开关控制电路、灯光报警电路等组成。

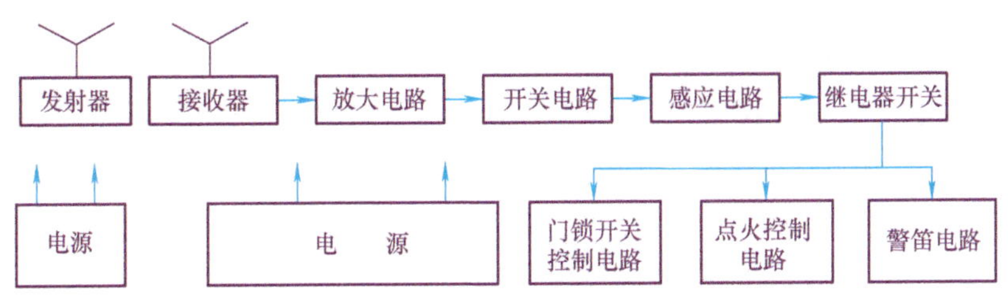

图 2-23　遥控式防盗系统的组成

发射器实际上是一个小小的无线发射电台，它能把普通电流调制成无线电波，把电波发射出去。防盗装置主机首先是一个无线电波接收器，当按下发射器的防盗设定开关后，发射器发出“设定”信号电波，汽车上的防盗系统主机收到“设定”信号后，立即使继电器通电，继电器触点被吸下，开关闭合，接通了点火控制电路、门锁开关控制电路以及喇叭、灯光报警电路的电源，使整机进入警戒状态和关闭门锁。这时如果有人撬动门锁或有人推车，防盗装置主机上的感应器就会感应到信号，这个信号通过电路的调制，接通继电器触点，这时报警电路开始工作，发出警报声和闪光，同时锁住点火电路，使汽车无法发动。

2. 多功能遥控式防盗系统结构及工作原理

如图 2-24 所示，多功能遥控式防盗系统分为发射器部分和接收器部分，发射器部分由几个不同作用的指令开关电路组成，它们是防盗设定电路、防盗设定解除电路、寻车与超车信号电路、遥控起动电路，然后是汇总的放大电路、音频信号电路、高频振荡电路。其中音频信号部分负责产生防盗设定、解除等不同内容的不同信号，然后通过放大电路进行放大后，由高频振荡电路调制成高频信号，再由发射天线发射出去。接收器部分又分为两部分，一部分根据接收信号内容分别有防盗设定开关电路、寻车与超车信号开关电路、遥控起动开关电路、防盗解除（熄灭）开关电路，这些电路对所接收的信号进行处理，然后通过控制

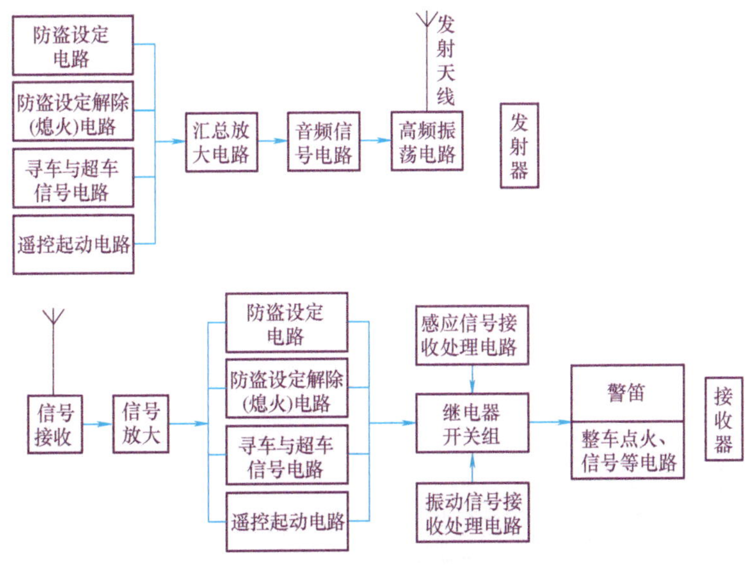

图 2-24　多功能遥控式防盗系统组成

电路的继电器开关对有关电路进行控制，使之进入工作状态；另一部分有感应信号处理电路与振动信号处理电路以对各种内容信号进行接收和处理，然后它们带动继电器工作，由继电器带动警笛并对点火电路加锁。

（1）防盗设定与解除电路

1）防盗设定电路。它主要由发射器部分和接收器部分共同完成，发射器部分有防盗设定开关、低频放大电路、低频调制电路、高频振荡电路等。接收器部分有信号接收电路、信号处理电路、信号放大电路、开关控制电路和断电器等，如图 2-25 所示。

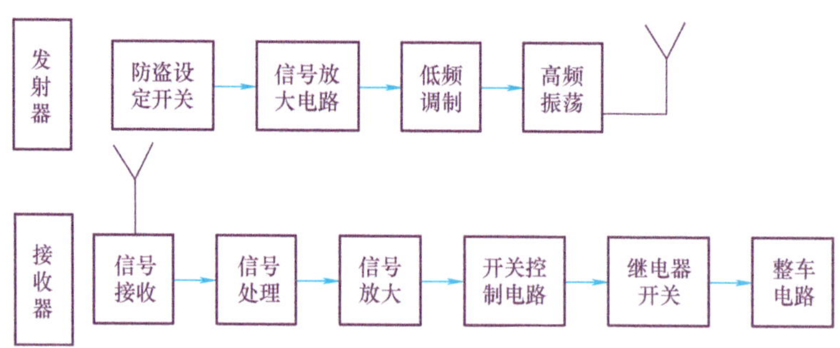

图 2-25　防盗设定电路组成

当防盗开关按下时，带动了防盗设定电路工作，经放大、低频调制、高频调制电路后，对外发射电波，发送防盗设定指令。接收器的接收电路收到指令后，信号进入信号处理、放大电路进行处理、放大，然后由控制电路带动继电器开关动作，接通门锁开关控制电路、警戒电路（感应和振动信号）附属电路的电源，使之进入工作状态。当有人撬门窗或触动汽车时，应带动警笛发出声响并对点火电路加锁。

2）防盗解除电路。如图 2-26 所示，防盗指令的解除电路由发射器的防盗解除信号开关、信号放大、低频调制、高频振荡电路等组成。接收器由解除信号接收、处理放大、开关控制电路及继电器组成。当发射器解除按钮按下时，防盗解除装置电路就开始工作，电路的低频信号调制部分调制出相应的信号，经放大后进行高频振荡，对外发射出指令的电波。当接收器接收到解除信号时，就将这个信号进行处理，然后由控制电路带动继电器，关断防盗系统电源，使之停止工作。

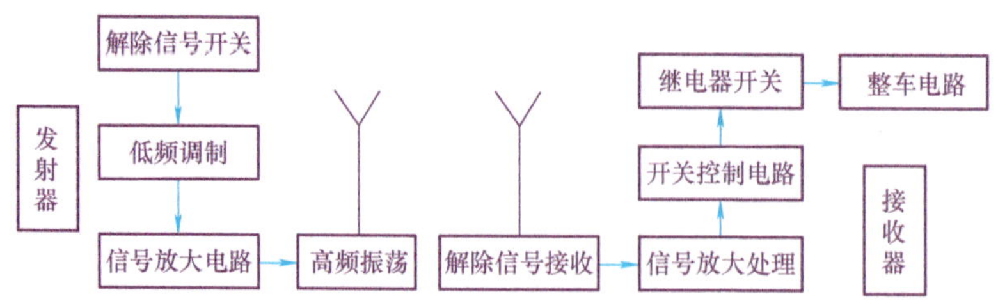

图 2-26　解除设定电路组成

（2）寻车与超车起动电路

1）寻车与超车电路。当发射器的寻车与超车按钮按下时，带动了寻车与超车电路工作，其发出的超车信号经低频调制、放大后，进入高频振荡电路，调制为高频电波对外发射。接收器收到这个信号时，将信号进行处理、放大后，进入控制电路，带动继电器工作，

由继电器带动警笛和灯光工作，通过声响灯光的作用，对其他车辆进行超车提示，或提示该车所处位置让车主及时发现自己的汽车。

2）遥控电起动电路。其电路组成如图2-27所示，它包括发射器的遥控起动信号调制、放大及高频振荡电路，接收器的信号接收、处理与放大、控制电路及继电器等。当发射器遥控起动按钮按下时，低频调制部分先调制出相应的信号，然后低频电路对其进行放大后进入高频振荡电路，变成变频电波发射出去。接收器收到这个信号后，经过信号处理、放大，将它送到控制电路，由控制电路带动继电器触点开关接通汽车起动电路，将发动机发动。当遥控起动按钮松开时，发射器的信号中止发送，接收器输入端因无信号而中止工作，电起动电路中断。

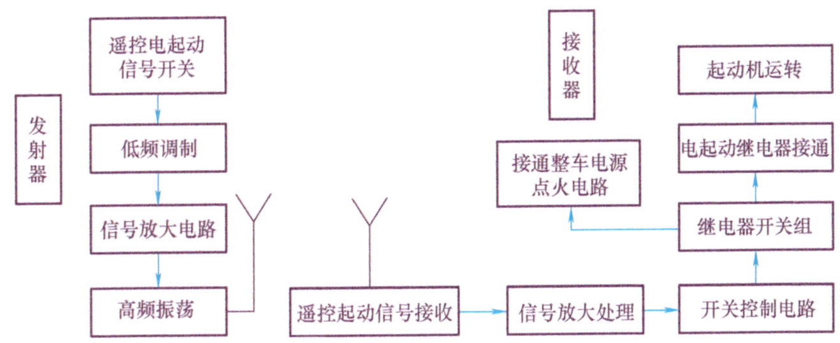

图2-27　遥控电起动电路的组成

3. 熄火、点火锁住电路

（1）遥控熄火电路　它由发射器的熄火开关、信号放大与调制、高频振荡电路和接收器的信号接收、处理、放大、控制电路及继电器等组成。当按下发射器的熄灭按钮后，发射器低频调制部分将其调制成相应的信号，信号进行放大后，经高频振荡成高频电波向外发射熄灭指令。接收器收到信号后，立即对其进行处理、放大后，由控制电路对继电器进行控制，继电器触点开关将点火电路进行短路（或断路），从而达到熄火的目的。

（2）熄灭、锁住点火、接通报警电路　它实际上由防盗设定电路兼任，如图2-28所示。在100m范围内按下防盗设定按钮，发射器发出的信号被接收器收到时，接收器先接通警戒电路进入警戒状态。由于车辆发动中的振动和人体的感应作用，又使警戒电路工作，锁住点火电路，并使警声大作。

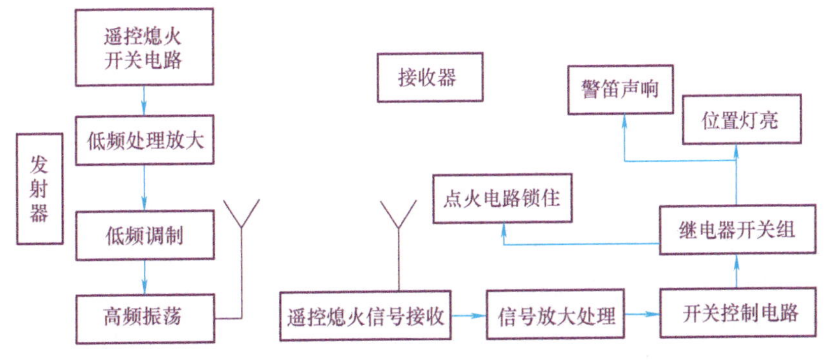

图2-28　遥控熄火电路组成

4. 警戒电路

多功能遥控式防盗系统警戒电路由接收器的相应部分担任，其组成如图2-29所示。当接收器的防盗设定电路将警戒电路电源接通后，警戒电路就进入警戒状态。它由感应警戒和振动警戒两部分组成，感应警戒部分利用人体感应的电容破坏原电路中的电容电桥平衡，引起电路振荡，这个振荡信号经放大处理后对控制电路进行触发使其工作，带动继电器使警笛发出声响，同时使点火电路短路（或断路）。振动警戒部分则利用振动破坏原有电阻电桥平衡，引起电流输出，这个电流经放大处理后对控制电路进行触发，带动了控制电路工作，再由控制电路带动继电器，使警笛发出声响，对点火电路加锁。

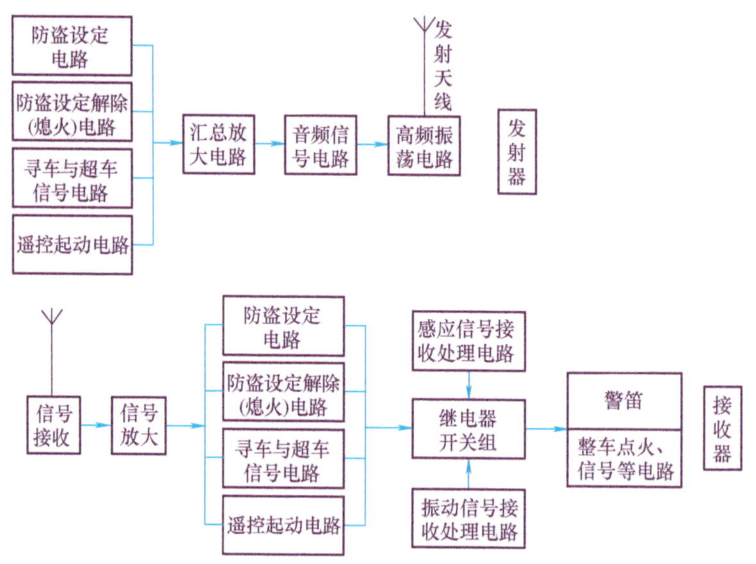

图2-29 警戒电路的组成

四、汽车防盗系统故障的检查

1. 掌握汽车防盗系统电路原理图

尽管不同厂家、不同型号的汽车防盗报警器选用的元器件不一样，电路形式和软件功能也略有差别，但其基本电路的结构却是一样的。熟记电路原理框图，对分析、理解汽车防盗系统的原理图，以及迅速判断故障的大致范围有很大帮助。

在检修时，首先根据故障现象判断出故障大概由哪一部分或哪几部分引起，然后检查引起故障的部分，以电源供电为起点、以信号流程或控制流程为线索，对故障部位进行检修。

2. 防盗器各部分电路故障的规律

电子防盗系统的故障以电气方面为主，对其检查的难度比较大，一般采用分方块（分部分）的检查方法，可分为电源部分、感应电路（或接收部分）、开关电路部分、继电器部分等，遥控式的还要加上发射器部分。

（1）电源部分的故障　一般表现为通电后无任何反应，指示灯不亮不闪，继电器无任何动作，系统处于“死”状态一样。检修时，+5V电压是故障的检查重点，若+5V电压正常，说明电源电压基本正常，否则说明电源电路不正常。

（2）遥控接收电路（接收器）的故障 表现为遥控不起作用，遥控距离近。遥控器接收器电路的故障差别重点是接收器的信号输出端，通过观察信号输出端的杂波反应和发射信号时低频脉冲信号的有无来判别接收电路正常与否。

（3）解码电路的故障 表现为遥控不起作用。解码电路的故障检查点是解码电路输出端有无信号，如果解码电路输入端有脉冲数据信号输入，而解码输出端的电平无变化，说明解码电路有故障。

（4）CPU 电路的故障 一般表现为通电后无反应，系统控制功能紊乱，系统局部或全部控制功能失效。检查 CPU 电路是否正常的快速方法之一是将防盗系统的车门检测端口接低电平，听机内继电器有无吸合声，如无任何反应，说明 CPU 电路有故障。

（5）驱动电路的故障 如果各路驱动负载均无输出（如中控门锁、危险报警闪光灯、报警扬声器等），说明负载驱动电路有故障，而且很可能是驱动芯片本身损坏；如果只是某一路负载不工作，应重点检查这一路控制电路。

（6）报警检测输入端口和功能执行控制输出端口的故障 表现为某一检测功能（或控制功能）不起作用或总是执行某一控制功能。可以通过检查该输入（或输出）端口的电平状态（常态与动态的变化情况）来判断故障部位是由 CPU 的内部电路损坏引起还是由外部电路引起。

3. 分清是系统主机内部还是系统附件故障

汽车防盗报警器的附件较多，检修时先排除附件故障，然后拆卸主机。由机外引起的故障排除方法如下：

（1）系统无任何反应 应检查系统电源是否正常，检查 12V 进线熔断器是否熔断，熔断器座是否接触良好，系统搭铁是否良好。

（2）报警扬声器不响 应检查报警扬声器搭铁本身是否正常，报警扬声器正端直接接电平正极，如果报警扬声器不响，说明扬声器有问题。

（3）汽车危险报警闪光灯不亮 应检查输出熔断器是否熔断，外附二极管是否损坏。

（4）进入防盗状态就报警 应检查车门开关、发动机舱罩开关是否损坏，探测传感器是否有故障。

（5）在防盗状态经常误报情况 应检查探测传感器调整得是否太灵敏，重新调整探测灵敏度或将传感器的插头拔下检验。

五、防盗系统常用的方法

明确了故障部位或故障原件以后，就可以采用适当的方法进行检查、验证。和检修其他电器一样，最行之有效的总体方法，是从外到内、先易后难、先动脑后动手，先一般后特殊的检修规则。常用的检修方法有直观检查法、电压测试法、信号注入法、信号寻迹法等。

（1）直观检查法 直观检查法就是利用人的感觉器官，眼看、耳听、鼻闻、手接触等行为，来查找故障部位、原件，直观检查一般都是硬故障。

（2）通电前直观检查 通电前检查 12V 进线熔丝是否熔断，插接器是否牢固，电路板有无烧痕，是否有进水、油浸现象，是否有开焊、断线之处，稳压 IC、集成电路、晶体管有无炸裂情况，电解电容有无漏液、鼓起现象，继电器外壳有无烧痕。

（3）通电后直观检查 如果通电前直观检查未发现问题，再通电进行检查。首先观察整机电流是否过大，然后方可长时间通电进行检修。通电时注意观察有无异味、冒烟现象，手摸稳压 IC、集成电路、晶体管是否有烫手感觉。

(4) 电压测试法　电压测试（量）法通常是指直流电压的检查测量方法。最有效的方法是检测机内集成电路、晶体管的各引脚电压，与正常值对照，从而作为判断故障的依据。但作为一些基本的常规电路的电压，心中应做到大致有数。

(5) 电流测试法　电流测试（量）法通常是指直流测量法。电流测量主要是测系统主机或附件的总电流，或者是某集成电路的总电流，解码 IC、PIC 系列 CPU 均采用 CMOS 工艺，静态电流微安级，如果测得电流在几个毫安或更大，应考虑集成电路是否损坏。

(6) 电阻测试法　电阻测量法是最基本、最广泛的检测方法之一。一般采取先在路测量，而后再独立测量的方法。在路测量电阻的阻值时，由于被测元件受其他关联回路的影响，阻值偏低时，不见得该元件损坏，这时就要将其从电路板上取下单独测量。电阻、二极管等可以断开一端引脚进行测量。如果在路测量的电阻比实际标称值大，一般可以认定该元件已经损坏。

(7) 信号注入法　信号注入法最常用的是利用人体杂波信号检查放大器的交流通路是否畅通，是一种行之有效的方法。但应当注意，此方法对选频回路、谐振电路的失谐情况无能为力。信号注入法必须有终端显示器件才能使用。在检修电子传感器时，从后级往前级注入人体杂波信号，观察 LED 指示灯的状态，可以迅速查找故障部位。

(8) 信号寻迹法　信号寻迹法通常和信号注入法配合使用，按照信号的流通顺序，对接收、放大电路进行追踪。如检查遥控接收头时，可以用高频信号发生器作为信号源，用示波器从高放管的集电极接至接收头的信号输出端，在各级电路的输入、输出端都应当观察到相当的波形。

(9) 并联试验法　并联试验法就是怀疑电路中有元件损坏时，可以采取在可疑的元件上并联相同规格的元件进行验证。并联试验法只适合开路或失效的阻容等元件，对短路或漏电的元件无效，而且对集成电路或晶体管不宜采取此方法，以免造成器件损坏。

(10) 元件代换法　元件代换法是用好元件替换怀疑有故障的元件来验证该元件是否损坏。元件替换法是没有办法的办法，检修汽车防盗报警器时，通常利用代换法的元件有存储器、晶体振荡器、声表面谐振器、谐振回路与振荡电路的贴片电容等。

(11) 脱离检查法　脱离检查法就是将某部分电路或某个元件从整个电路中脱开，来判断其是否有故障。此方法用来检查负载电流大故障最有效。如 +5V 负载有过电流故障时，可以分别取下退耦滤波电容或供电限流电阻或集成电路的供电引脚，甚至切断电路板的某部分供电，如果故障消除，则过电流故障就在刚刚脱开的电路部分。

(12) 敲击振动法　敲击振动法就是通过对某些元件或电路板敲击振动使故障现象消失或再现，从而找到故障部位。此方法适用于虚焊、接触不良等时好时坏的故障现象。再有比较常见的是继电器的触点被烧蚀而接触不良，用此方法会很快找到故障。

六、汽车防盗钥匙

1. 防盗钥匙的结构原理

汽车防盗钥匙不是普通的机械钥匙，而是柄部带有芯片（该芯片具有特定的密码或者电阻）的特殊钥匙。防盗钥匙是输出密码的载体，是电子防盗系统的重要组成部分，它通过磁、电等形式与主控电路联系。防盗控制模块通过点火钥匙验明持有者的身份，若合法，

就输出许可信号，允许发动机起动。

电子防盗钥匙大致分为以下两大类：

（1）电阻式点火钥匙　这种钥匙内置了特殊的电阻片，而在点火锁芯上加有弹簧的接触片。当钥匙插入并转动点火开关时，两者产生实体接触，点火锁芯上的触点能够读出钥匙芯片的电阻值，并与预先设定在防盗控制模块内的电阻值比较，只有两个电阻值相吻合，才能起动发动机。但是这种固定的电阻值是有限的，所以它的安全性能较差。

上海通用别克君威轿车采用 PASS-KEY Ⅲ 电子防盗系统，其特点是以点火钥匙柄部镶嵌的固定电阻晶片（电阻值 380 ~ 12300Ω）作为防盗识别标志。该钥匙插入点火开关时，防盗控制模块将此电阻与其内存记忆的电阻值比较，确认数值相符后，便触发一定频率的脉冲方波，解除 PCM 的断油程序，否则会自动切断起动继电器线圈的搭铁回路，使起动机无法起动，同时 PCU 不控制喷油。

（2）转发器式防盗钥匙　以大众车系桑塔纳 2000GSi 时代超人轿车装备的第二代电子防盗系统（IMMO Ⅱ）为例，该系统由带有脉冲转发器（它可以拆卸）的点火钥匙、识读线圈、防盗控制模块、发动机 ECU 及防盗警告灯等组成。转发器式防盗钥匙的外观虽然与普通的机械钥匙相似，但是在其塑胶柄部内置有转发器，带有特定的密码，脉冲转发器不需要干电池的驱动（所以又称为无源发射器），而是依靠镶嵌在点火开关锁芯外面的识读线圈能量的感应，便可执行变码处理。当钥匙插入点火开关并转至 ON 位置时，防盗控制模块通过识读线圈（其电阻为 21Ω 左右）采用感应的方式把能量传送给脉冲转发器，脉冲转发器接收感应能量后被激活。

2. 防盗钥匙的合理使用

1）在正常情况下，使用合法的钥匙插入点火开关，防盗指示灯会点亮约 2s 后熄灭；如果使用不合法的钥匙，防盗控制模块未接收到或者未识别密码，则防盗指示灯在点亮约 2s 后持续闪烁，直至点火开关转至 OFF 位置。

2）有的轿车（如 03 款广州本田雅阁）在使用主钥匙起动发动机并行驶一定里程后，主钥匙会发热，这是正常现象，对车辆没有损害。

3）正确使用识别卡。新款奔驰轿车采用 Keyless go 卡代替点火钥匙，注意不要将这种卡片放在盲区（中央扶手的杂物箱内、仪表板的上面），以免 Keyless go 天线无法激活卡片；卡片不能与金属（如硬币）、电话、MP3 等物件放置在一起，因为这些物件会影响卡片的电磁兼容性；不要把 2 张卡片同时放在车内，使用卡片时确保只使用 1 张，不可以 2 张卡片同时使用，否则会导致 HASH CODE 的反馈记忆错误，卡片无法识别，无法对中控门锁进行开锁和上锁操作，Keyless go 控制模块死机，系统失效，并且在仪表板的多功能显示屏上出现“CARD NOT RECOGNIZED”字样。

4）同一车辆的钥匙不能用错。

3. 防盗钥匙的常见故障

1）防盗钥匙上的电阻球与点火开关锁芯上的两个感应触点接触不良。

2）防盗钥匙在使用过程中受到敲击、强力碰撞或跌落在坚硬的地面上，造成防盗钥匙中的电阻断裂或者被消磁。

3）防盗钥匙芯片本身受潮或脏污，造成断路或短路，从而导致发动机不能起动。

任务实施

一、任务实施的环境

当客户抱怨其驾驶的汽车防盗系统工作异常时，维修技术人员接到这个工作任务后，需要确认故障现象，可利用该车辆的电路图等资料制定诊断流程，合理地选用检测工具对防盗系统进行故障诊断和修复。

二、任务实施的步骤

1. 威驰轿车防盗系统部件的布置位置

防盗系统部件位置如图 2-30 所示。当安全系统（又称为防盗系统）（Toyota Vehicle Security System，TVSS）检测到轿车被侵犯的信号时，系统警报器即会发出声音，且警告灯闪烁。

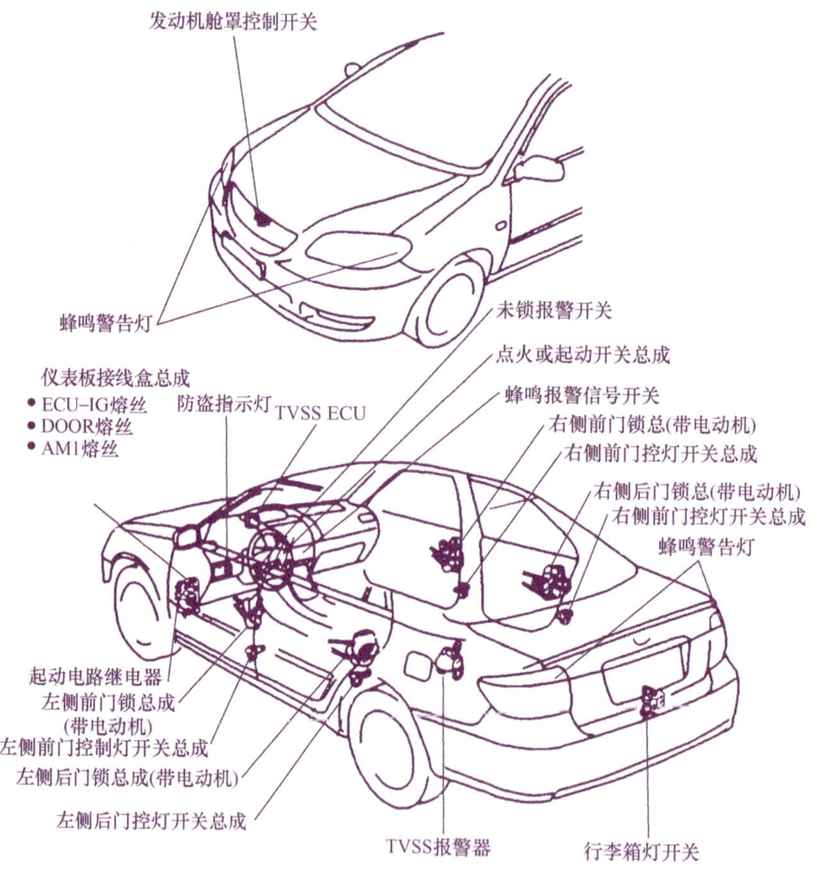

图 2-30　防盗系统部件位置

2. 防盗系统故障诊断

对于威驰轿车防盗系统故障可参考表 2-13 所示，查找故障点。

注意：在电动门锁控制系统和无线门锁控制系统工作正常的基础上，进行 TVSS 的故障诊断。因此，在诊断 TVSS 故障之前，首先确认电动门锁控制系统和无线门锁控制系统工作正常。

表 2-13　防盗系统故障症状表

症状	可疑区域
不能设置 TVSS	1）指示灯电路 2）ECU 电源电路 3）钥匙未锁警告开关电路 4）车门钥匙上锁和开锁开关电路 5）门控开关电路 6）发动机舱罩控制开关电路
设置 TVSS 时指示灯不闪	指示灯电路
在 15s 内点火开关开闭 10 次，报警声不消失	1）点火开关电路 2）钥匙未锁警告开关电路
在 TVSS 在报警状态时，报警器不响	TVSS 报警器电路
在 TVSS 在报警状态时，危险警告灯不闪	危险报警开关电路
即使车门都被打开，也能设置 TVSS	门控开关电路
即使没有设置 TVSS，危险警告灯一直亮	危险报警开关电路
发动机不起动	起动机断电继电器电路

3. 防盗系统电路检查

（1）TVSS ECU（ECU 端子）的检查

1）断开防盗系统的 T7 ECU 插接器，检查线束一侧插接器每个端子的电压和导通情况，如图 2-31 所示，其标准应符合表 2-14 中的要求。如果检查结果不符合标准，可能是线束一侧有故障。

图 2-31　防盗系统插接器端子

表 2-14　防盗系统插接器（断开时）端子标准值

符号（端子号）	导线颜色	工况	标准状态
F（T7-22）⇔搭铁	W-B⇔—	任何工况	导通
CTYB（T7-10）⇔搭铁	R-L⇔—	行李箱门全关→开	不通→导通
HDCY（T7-8）⇔搭铁	V⇔—	发动机舱罩全关→开	
SR（T7-11）⇔搭铁	Y⇔—	钥匙未插入→钥匙插入	
L1（T7-21）⇔搭铁	GR⇔—	使用钥匙，驾驶人侧门锁 LOCK→其他位置	导通→不通
UL1（T7-21）⇔搭铁	G-B⇔—	使用钥匙，驾驶人侧门锁 UNLOCK→其他位置	
+B（T7-1）⇔搭铁	L-Y⇔—	任何工况	10～14V
IG（T7-15）⇔搭铁	L⇔—	点火开关 LOCK→ON	0V→10～14V
VLI（T7-5）⇔搭铁	B-L⇔—	点火开关 LOCK→ON	0V→10～14V
DOME（T7-16）⇔搭铁	R-W⇔—	驾驶人侧门全关→开	10～14V→10V
		前乘客侧门全关→开	
		右后门全关→开	
		左后门全关→开	

2）重新连接插接器 T7 ECU，检查插接器每个端子的电压，其标准应符合表 2-15 中的要求。如果结果不符合标准，TVSS ECU 可能有故障。

表 2-15　防盗系统插接器（连接时）端子标准值

符号（端子号）	导线颜色	工况	标准状态
HAZ（T7-14）E⇔（Y7-22）	G-O⇔W-B	警备状态→报警发声状态	脉冲（波形）
IND（T7-4）⇔E（T7-22）	W-R⇔W-B	设置准备期间	3～5V（波形）
SLIN（T7-2）⇔CE（T7-22）	G-R⇔W-B	TVSS 警报器发声（TVSS 在报警状态）	10～14V

（2）防盗指示灯电路故障的检查

1）电路说明。在选择功能模式或发射钥匙添加模式期间，TVSS ECU 导致防盗指示灯亮或闪烁。

2）电路图。防盗指示灯电路如图 2-32 所示。

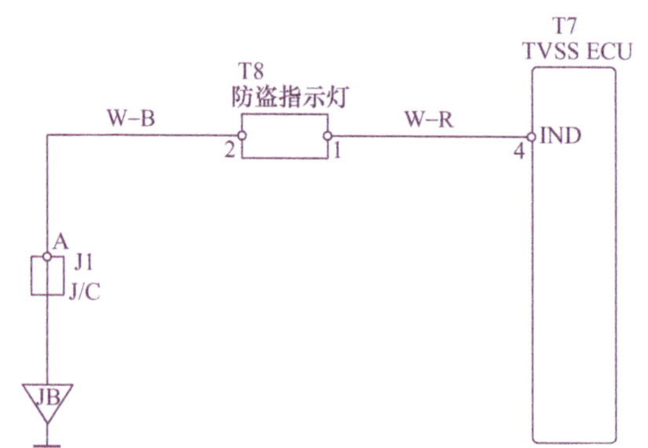

图 2-32　防盗指示灯电路

3）检查程序。

①检查防盗指示灯。

◆串联 3 节 1.5V 的干电池。

◆给防盗指示灯插接器端子之间加 4.5V 的正电压，检查防盗指示灯是否闪亮。标准：指示灯亮。注意：如果正极（+）导线和负极（-）导线连接不正确，则防盗指示灯不亮；电压高于 4.5V，将损坏防盗指示灯；如果电压太低，防盗指示灯不亮。

如果不正常，更换防盗指示灯；如果正常，进行下一步检查。

②检查线束（TVSS ECU 防盗指示灯），如图 2-33 所示。

◆断开 T7 ECU 插接器。

◆断开 T8 指示灯开关插接器。

◆检查线束一侧插接器之间的导通性。端子 IND（T7-4）⇔（T8-1）在标准状态下应导通。

如果不正常，修理或更换线束和插接器；如果正常，进行下一步检查。

③检查线束（防盗指示灯⇔搭铁）。断开 T8 插接器，检查线束一侧插接器和搭铁之间的导通性。端子 T8-2⇔搭铁在标准状态下应导通。

如果不正常，修理或更换线束和插接器；如果正常，检查或更换 TVSS ECU。

（3）TVSS ECU 电源电路故障的检查

1）电路说明。这部分电路为 TVSS ECU 提供工作电压。

2）电路图。TVSS ECU 电源电路如图 2-34 所示。

3）检查程序。

①从发动机舱接线盒上拆下 DOME 熔丝，检查熔丝，标准：导通。

如果不正常，更换熔丝；如果正常，进行下一步检查。

②检查 TVSS ECU（电源）。断开 T7 ECU 插接器，检查线束一侧插接器和搭铁之间的电压。端子 +B（T7-1）搭铁在标准状态下为 1～14V。

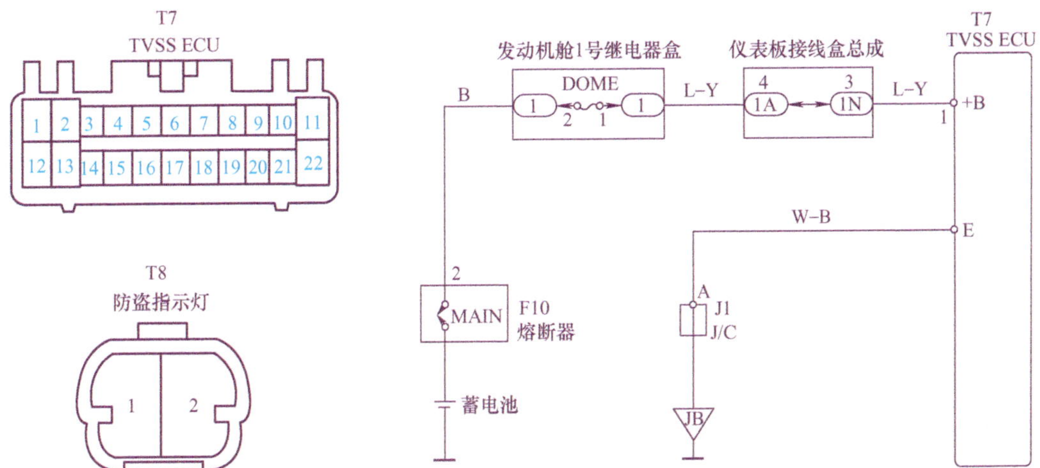

图 2-33 TVSS ECU 防盗指示灯线束　　图 2-34 TVSS ECU 电源电路

如果不正常，修理或更换线束和插接器；如果正常，进行下一步检查。

③检查 TVSS ECU（搭铁）。断开 T7 ECU 插接器，检查线束一侧插接器和搭铁之间的导通性。端子 E（T7-22）⇔搭铁在标准状态下应导通。

如果不正常，修理或更换线束和插接器；如果正常，检查和更换 TVSS ECU。

（4）点火开关电路故障的检查

1）电路说明。打开点火开关后，蓄电池正极电压加到 TVSS ECU 的端子 IG 上。

2）电路图。点火开关电路如图 2-35 所示。

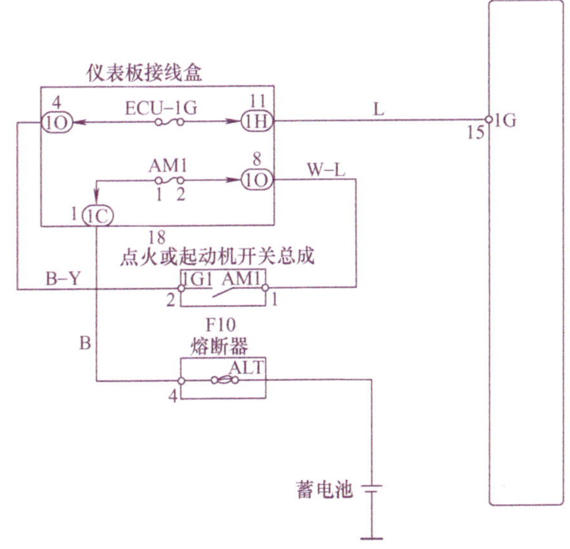

图 2-35 点火开关电路

3）检查程序。

①从发动机舱接线盒上拆下 ECU-IG 熔丝，检查熔丝，标准：导通。

如果不正常，更换熔丝；如果正常，进行下一步检查。

②检查点火或起动开关总成，如图 2-36 所示，其标准应符合表 2-16 所示的要求。

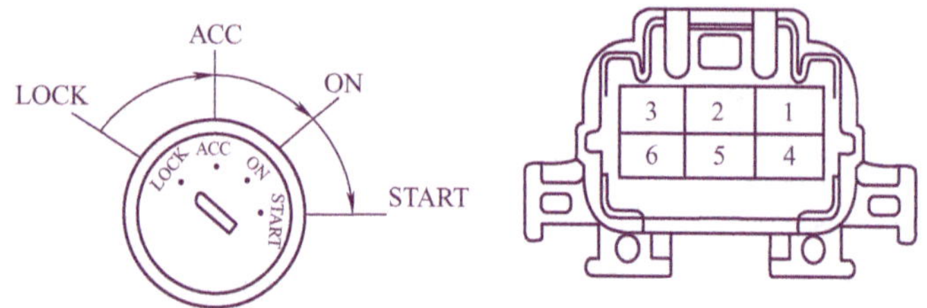

图 2-36　点火开关总成端子排列

如果不正常，修理或更换点火或起动开关总成；如果正常，进行下一步检查。

③检查 TVSS ECU（电源）。

◆断开 T7 ECU 插接器。

◆打开点火开关。

表 2-16　点火开关总成端子标准值

端子号	开关位置	标准状态
—	LOCK	—
1⇔3	ACC	导通
1⇔2⇔3	ON	导通
5⇔6		
1⇔2	START	导通
4⇔5⇔6		

◆检查线束侧插接器和搭铁之间的电压。端子 IG（T7-15）⇔搭铁在点火开关置于 ON 的工况下，标准电压为 10～14V。

如果不正常，修理或更换线束和插接器；如果正常，检查或更换 TVSS ECU。

（5）TVSS 报警电路故障的检查

1）电路说明。当系统进入报警状态时，TVSS ECU 起动 TVSS 报警器发出报警声。

2）电路图。TVSS 报警电路如图 2-37 所示。

3）检查程序。

①检查 TVSS 报警器。将蓄电池正极（+）导线和负极（-）导线分别连接到报警器插接器的端子 1 和 2 上（报警器只有两个端子），检查 TVSS 报警器报警，其标准应符合表 2-17 中的要求。

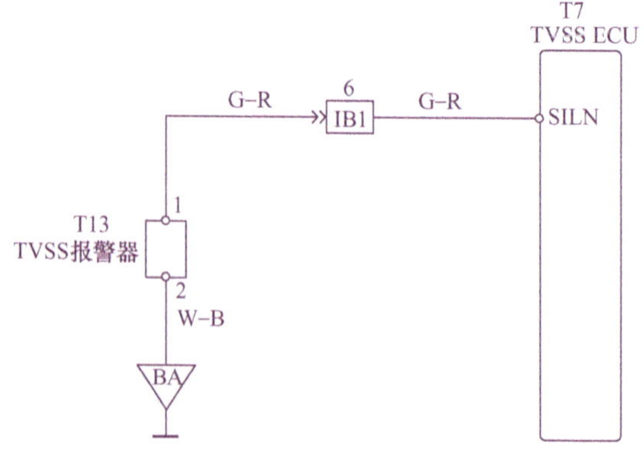

图 2-37　TVSS 报警电路

如果不正常，更换 TVSS 报警器；如果正常，进行下一步检查。

②检查线束（TVSS ECU⇔TVSS 报警器）。

◆断开 T7 ECU 插接器。

◆断开 T13 报警器插接器。

◆检查线束一侧插接器之间的导通性，端子 SILN（T7-2）⇔（T13-1）在标准状态下应导通。

表 2-17　报警器标准

测量连接	操　作
蓄电池正极（+）-端子 1	报警器报警
蓄电池负极（-）-端子 2	

③检查线束（TVSS 报警器⇔搭铁）。

◆断开 T13 报警器插接器。

◆检查线束一侧插接器和搭铁之间的导通性，端子 T13-2⇔搭铁在标准状态下应导通。如果不正常，修理或更换线束和插接器；如果正常，检查或更换 TVSS ECU。

(6) 危险报警开关电路故障的检查

1）电路说明。当 TVSS 从警备状态切换到报警状态时，转向信号闪光器总成（危险警告灯继电器）接通，使危险警告灯开始闪烁。

2）电路图。危险报警开关电路如图 2-38 所示。

3）检查程序。

①当按下危险警告信号开关时，检查危险警告灯应闪烁。如果不正常，检查危险警告系统；如果正常，进行下一步检查。

②检查线束（TVSS ECU⇔转向信号闪光器），如图 2-39 所示。

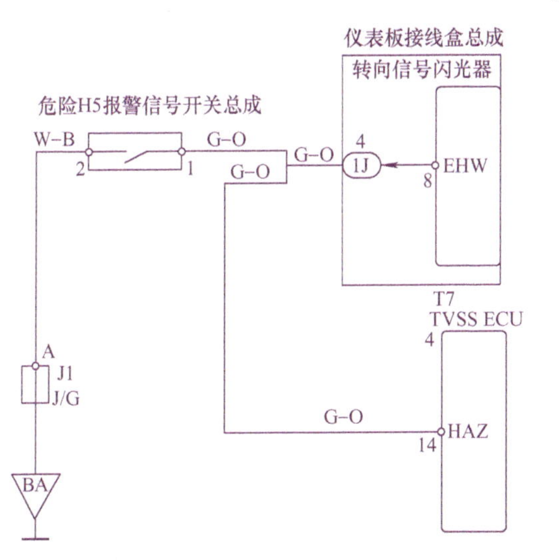

图 2-38　危险报警开关电路

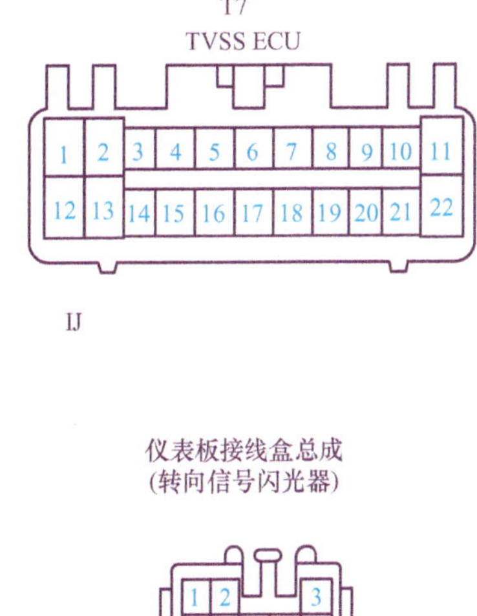

图 2-39　危险报警开关线束端子

◆断开 T7 ECU 插接器。

◆断开 IJ 接线盒插接器。

◆检查线束侧插接器之间的导通性，端子 HAZ（T7-14）⇔（IJ-4）在标准状态下应导通。

如果不正常，修理或更换线束和插接器；如果正常，检查或更换 TVSS ECU。

(7) 起动机断路继电器电路故障的检查

1）电路说明。当 TVSS 工作时，TVSS ECU 控制起动机断路继电器，使起动机电路断路，发动机不能起动。

2）电路图。起动机断路继电器电路如图 2-40 所示。

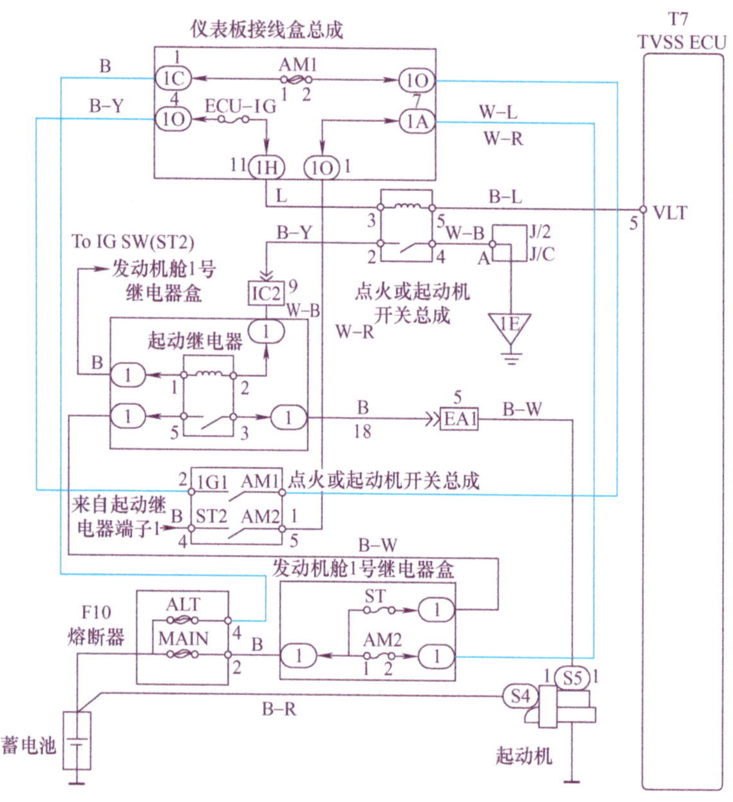

图 2-40　起动机断路继电器电路

3）检查程序。

①从发动机舱接线盒拆下 ECU-IG 熔丝，检查该熔丝，其标准为导通。

②如果不正常，更换熔丝；如果正常，进行下一步检查。

◆检查起动机断路继电器，如图 2-41 所示。

◆拆下起动机断路继电器。

◆检查导通性，其标准应符合表 2-18 所示的要求。

如果不正常，更换继电器；如果正常，进行下一步检查。

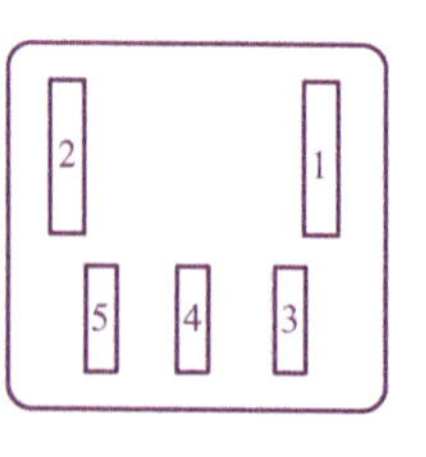

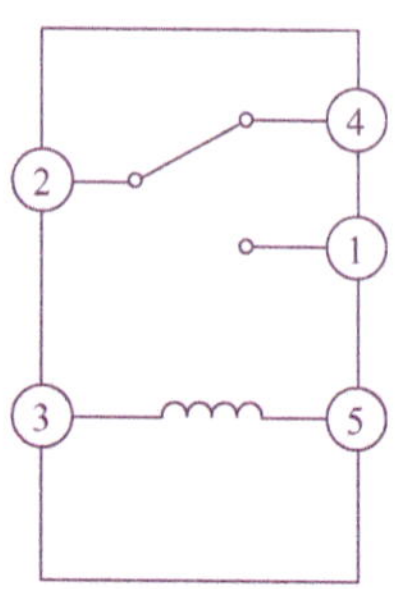

图 2-41　检查起动机断路继电器

③检查 TVSS ECU（电源），如图 2-42 所示。

表 2-18　起动机断路继电器标准

端子号	条件	标准状态
2⇔4 3⇔5	常态	导通
2⇔4	在端子 3 和 5 之间加 B +	不通

◆断开 T7 ECU 插接器。

◆打开点火开关。

◆检查线束侧插接器和搭铁之间的电压。端子 VLT（T7-5）⇔搭铁在点火开关置于 ON 的工况下，标准电压为 10～14V。

◆重新连接 T7 ECU 插接器。

◆打开点火开关。

◆检查线束侧插接器和搭铁之间的电压。端子 VLT（T7-5）⇔搭铁在点火开关置于 ON 的工况下，标准电压为 10～14V。

如果不正常，修理或更换线束和插接器；如果正常，检查或更换 TVSS ECU。

（8）钥匙未锁报警开关电路故障的检查

1）电路说明。当钥匙插入点火钥匙孔时，钥匙未锁报警开关接通，拔出钥匙时则开关断开。

2）电路图。钥匙未锁报警开关电路如图 2-43 所示。

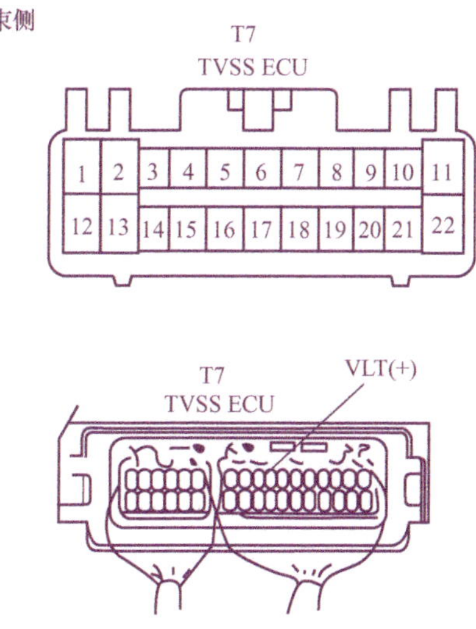

图 2-42　检查 TVSS ECU

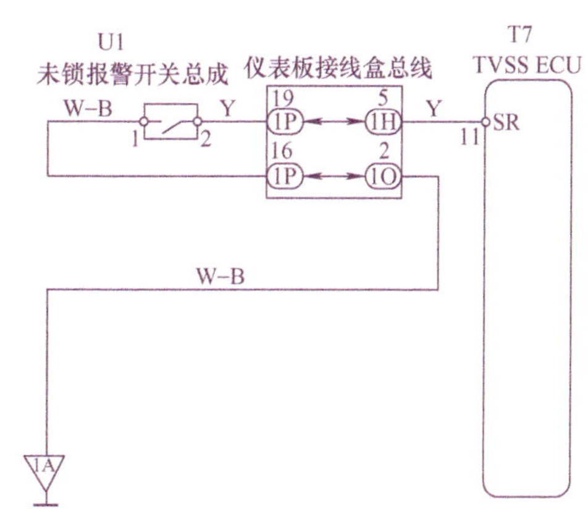

图 2-43　钥匙未锁报警开关电路

3）检查程序。

①检查钥匙未锁报警开关总成。检查开关插接器和搭铁之间的导通性，其标准应符合表 2-19中的要求。

如果不正常，更换钥匙未锁报警开关总成；如果正常，进行下一步检查。

②检查线束（TVSS ECU⇔钥匙未锁报警开关）。

◆断开 T7 ECU 插接器。

◆断开 U1 开关插接器。

◆检查导线侧插接器（只有 2 个端子）之间的导通性，端子 SR（T7-11）⇔(U1-2)在标准状态下应导通。

如果不正常，修理或更换线束和插接器；如果正常，进行下一步检查。

表 2-19 钥匙未锁报警开关标准值

端子号	条件	标准状态
1⇔2	开关压紧（钥匙插入）	导通
	开关松开（钥匙拔出）	不通

③检查线束（钥匙未锁报警开关⇔搭铁）。

◆断开 U1 开关插接器。

◆检查线束侧插接器和搭铁之间的导通性。端子 U1-1⇔搭铁在标准状态下应导通。

如果不正常，修理或更换线束和插接器；如果正常，检查或更换 TVSS ECU。

(9) 门控开关电路故障的检查

1）电路说明。当车门打开时，门控开关接通，关上车门，则开关断开。

2）电路图。门控开关电路如图 2-44 所示。

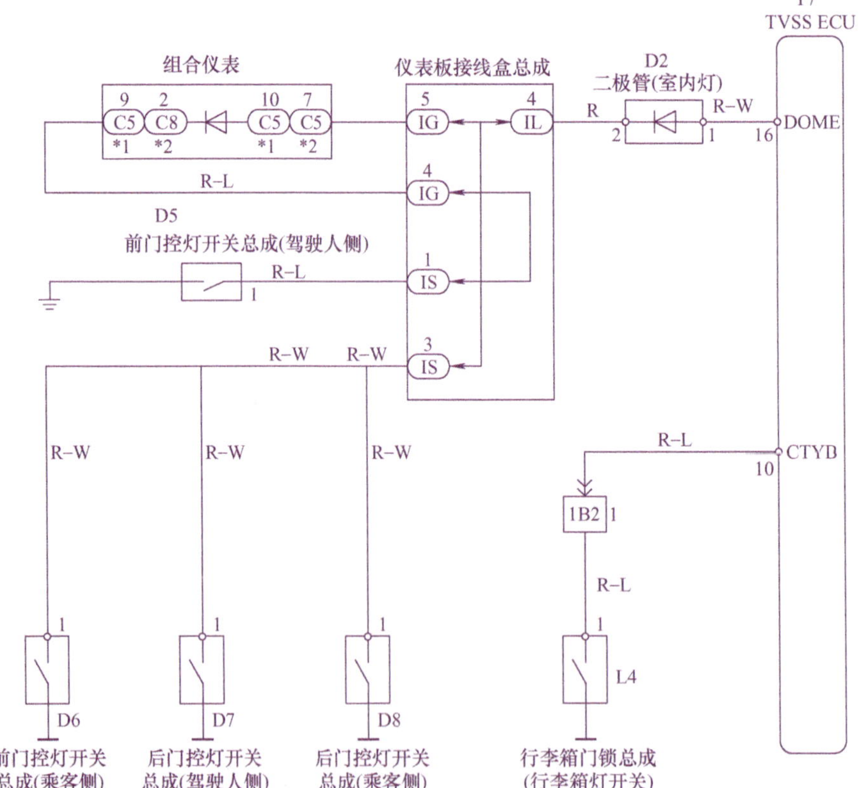

图 2-44 门控开关电路

3）检查程序。

①检查门控开关。检查开关插接器和搭铁之间的导通性，其标准应符合表 2-20 中的要求。

如果不正常，更换门控灯开关；如果正常，进行下一步检查。

表 2-20 门控开关标准值

端子号	条件	标准状态
1⇔搭铁	开关压下	不通
	开关松开	导通

②检查 TVSS ECU（CTY 电压）。

◆断开 T7 ECU 插接器。

◆检查危险报警开关电路，应符合表 2-21 中的要求。

注意：车门开锁或车门打开又关上后，TVSS ECU 使 DOME 灯亮 3s，为车内提供照明。因此，T7 ECU 插接器的端子 16 是 0V。

如果不正常，修理或更换线束和插接器；如果正常，进行下一步检查。

③检查线束（TVSS⇔ECU 行李箱门锁总成）。

◆断开 T7 ECU 插接器。

◆断开 L4 门锁插接器。

◆检查线束侧插接器的导通性，端子 CTYB（T7-10）⇔（L4-2）在常态下应导通。

表 2-21 危险报警开关电路的检查

符号（端子号）	条件	标准状态
DOME(T7-16)⇔E(T7-22)	驾驶人侧车门全关→打开	导通→不通
	前乘客侧车门全关→打开	
	右侧后车门全关→打开	
	左侧后车门全关→打开	

* 当交换正、负极端子时，在一个方向上导通，而另一个方向上不通。

如果不正常，修理或更换线束和插接器；如果正常，检查或更换 TVSS ECU。

(10) 车门钥匙上锁和开锁开关电路故障的检查

1）电路说明。车门钥匙上锁和开锁开关位于门锁电动机内。

2）电路图。车门钥匙上锁和开锁开关电路如图 2-45 所示。

3）检查程序。

①检查门锁总成。

如果不正常，更换门锁总成；如果正常，进行下一步检查。

②检查线束（TVSS ECU 门锁总成），如图 2-46所示。

◆断开 T7 ECU 插接器。

◆断开 D9 门锁插接器。

◆检查线束侧插接器和搭铁之间的导通性，其标准应符合表 2-22 中的要求。

如果不正常，修理或更换线束和插接器；如果正常，进行下一步检查。

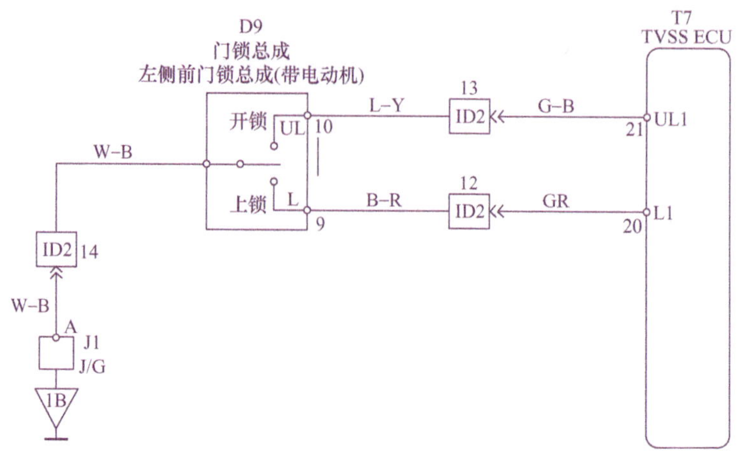

图 2-45　车门钥匙上锁和开锁开关电路

③检查线束（门锁总成⇔搭铁）。

◆断开 D9 门锁插接器。

◆检查线束侧插接器和搭铁之间的导通性。端子 E（D9—7）⇔搭铁在标准状态下应导通。

如果不正常，修理或更换线束和插接器；如果正常，检查或更换 TVSS ECU。

(11) 发动机舱罩控制开关电路故障的检查

1）电路说明。当发动机舱罩被打开时，开关接通，关上发动机舱罩，则开关断开。

2）电路图。发动机舱罩控制开关电路如图 2-47 所示。

3）检查程序：

①检查发动机舱罩控制开关。检查开关插接器和搭铁之间的导通性，其标准应符合表 2-23 中的要求。

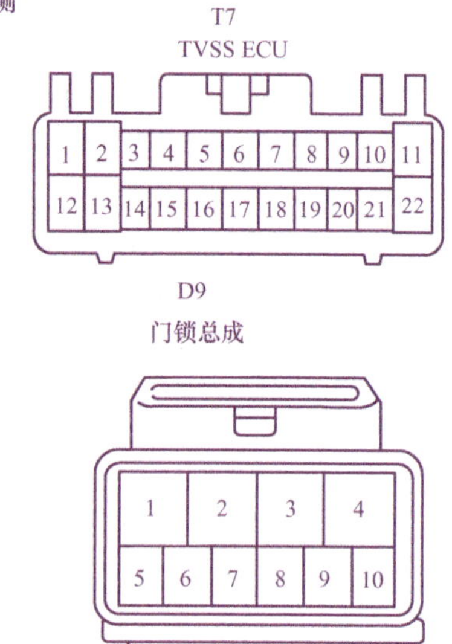

图 2-46　门锁总成端子

如果不正常，修理或更换发动机舱罩控制开关；如果正常，进行下一步检查。

表 2-22　门锁插接器检查标准

符号（端子号）	标准状态
UL1(T7-21)⇔UL(D9-10)	导通
U1(T7-2)⇔L(D9-9)	导通

②检查线束（TVSS ECU⇔发动机舱罩控制开关）。

◆断开 T7 ECU 插接器。

◆断开 E3 开关插接器。

◆检查线束侧插接器之间的导通性，端子 HDCY（T7-8）⇔E（3-1）在标准状态下应导通。

如果不正常，修理或更换线束和插接器；如果正常，进行下一步检查。

③检查线束（发动机舱罩控制开关⇔搭铁）。

◆断开 E3 开关插接器。

◆检查线束侧插接器和搭铁之间的导通性，端子 E（3-2）⇔搭铁在标准状态下应导通。

如果不正常，修理或更换线束和插接器；如果正常，检查或更换 TVSS ECU。

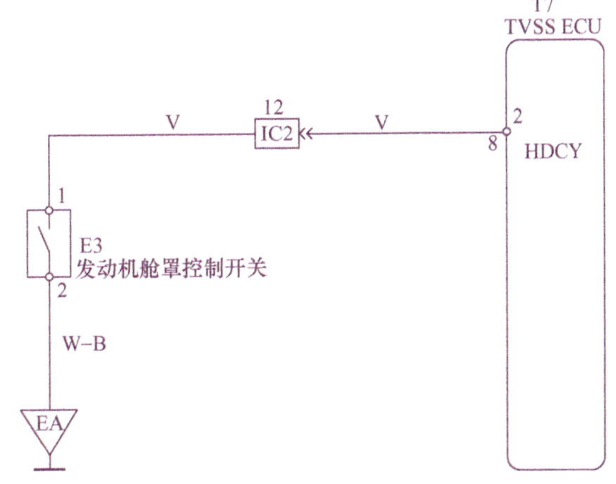

图 2-47　发动机舱罩控制开关电路图

（12）防盗系统（TVSS）警报状态的检查　当车辆的安全系统（TVSS）检测到汽车被侵犯，系统会让警报器发出声音，灯光闪烁，来警告汽车周围的人对付盗贼。

表 2-23　发动机舱罩控制开关插接器检查标准

端子号	条件	标准状态
1⇔2	放开（开）	导通
	压下（关）	不通

①非警戒状态。

◆车主在汽车附近。

◆TVSS 功能没有启动。

②警戒状态。

◆车主完全离开汽车。

◆TVSS 功能已启动。

③警报状态。

在警报状态时，TVSS 检测到汽车被侵犯，系统会让警报器发出声音，灯光闪烁，来警告汽车周围的人对付盗贼。警报的方法与时间见表 2-24。

表 2-24　警报的方法与时间

警报方法	室内灯	—
警报时间	前照灯	闪光继电器不闪光
	危险警告灯	—
	汽车喇叭	响声的循环约 0.4s
	TVSS 警报器	—
	约 30s	—

注意：如果在警报状态期间，前门没有开锁或者点火开关钥匙孔里没有钥匙，就会发出强制锁门信号。

④警报模式的状态。警报模式的状态如图 2-48 所示。

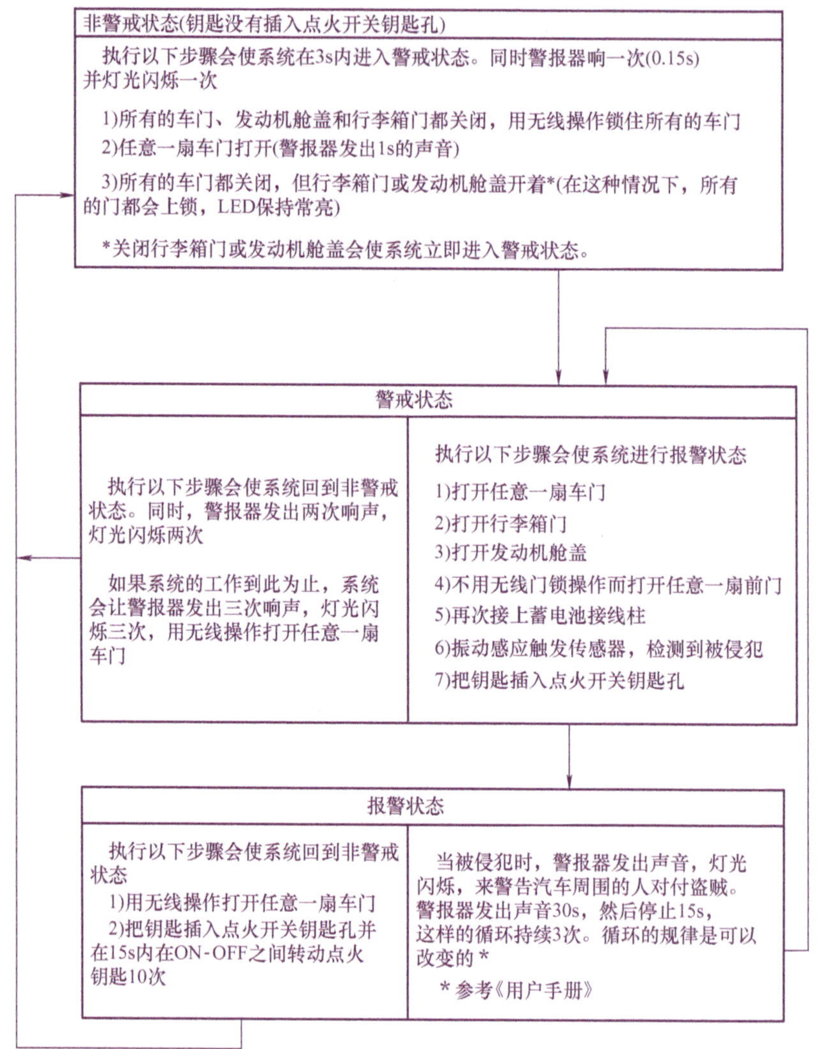

图2-48 警报模式的状态

注意：闪烁频率分别为0.2s（开）和1.8s（关）。

⑤强制门锁控制。强制门锁控制防止汽车被侵犯。在报警过后，车门会被强制门锁信号控制，强制锁住车门。

◆车门强制锁住时的条件：点火开关钥匙孔里没有钥匙。

◆终止强制门锁控制的条件：钥匙插入点火开关钥匙孔里。

⑥TVSS 警报器。当系统进入警报状态时，TVSS ECU 开始发出 TVSS 警报。

⑦振动感应触发传感器。振动感应触发传感器装在 TVSS ECU 里，当振动感应触发传感器受到不寻常的振动时，TVSS ECU 发出警报。如果振动非常小，TVSS ECU 只会发出一次警报声。同样的，如果振动感应触发传感器感应到持续 3 次的微小振动或者超过 10s 的振动，TVSS ECU 会发出警报，振动感应的程度是可以调节的。

三、技能训练

【训练任务】某客户驾驶的威驰轿车防盗系统工作异常，要求给予检修。

【训练建议】可以小组谈论，有实训条件的可以由学生独立完成。学生需要首先确认故障现象，然后通过维修资料的查阅、课程网站、视频资料的学习以及教师的答疑，制订诊断流程，最后依据这个流程逐项检测与修复。学生可以参考上面的任务实施步骤。

【评价建议】可用如下技能训练评价表对学生操作技能进行评价。

防盗功能异常的检修考核表

学生姓名					
测评日期		测评地点			
测评内容	防盗功能异常的检修				
考评标准	内　　容	分值/分	自评	互评	师评
	工作着装、工作安全、卫生	10			
	正确使用解码器和万用表，每错一项扣2分	20			
	防盗系统电路的检修，每错一项扣4分	30			
	确定故障并排除，每错一项扣4分	10			
	分析故障原因及总结	20			
	工作任务单的填写情况	10			
	时间性：每超时1min扣5分，超过3min终止考核				
合　　计		100			
最终得分（自评30%+互评30%+师评40%）					
说明：测评满分为100分，60~74分为及格，75~84分为良好，85分以上为优秀。60分以下的学生，需重新进行知识学习、任务训练，直到任务完成达到合格为止					

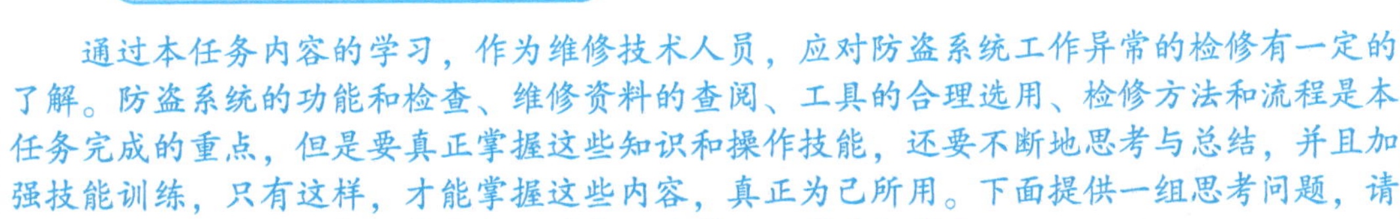

归纳总结

通过本任务内容的学习，作为维修技术人员，应对防盗系统工作异常的检修有一定的了解。防盗系统的功能和检查、维修资料的查阅、工具的合理选用、检修方法和流程是本任务完成的重点，但是要真正掌握这些知识和操作技能，还要不断地思考与总结，并且加强技能训练，只有这样，才能掌握这些内容，真正为己所用。下面提供一组思考问题，请客观地作答，并结合本任务内容，对自己的学习工作进行反思。

思考题

1. 简述汽车防盗系统的基本组成及作用。
2. 简述汽车防盗系统的结构与工作原理。
3. 简述如何检查汽车防盗系统故障。
4. 简述防盗系统常用的方法。

拓展提高

下面以帕萨特轿车为例，介绍汽车钥匙的匹配。匹配时要求所有的点火钥匙和带有被覆盖的密码的钥匙牌都在手边，插入到点火开关的钥匙齿形必须正确。

1. 汽车匹配钥匙的过程

1）连接故障检测仪，开始自诊断。屏幕显示：

快速数据传输　　帮助
选择功能　　× ×

2）按下键“1”和“0”，用 10 选择功能“匹配”。屏幕显示：

快速数据传输　　Q
10-匹配

3）按下键“Q”确认输入。屏幕显示：

匹配
输入频道号　　× ×

4）按下键“0”和“0”，使用频道号 00 清除所有的钥匙。不清除现有的或匹配的钥匙，就不能匹配一个新的钥匙。按下键“Q”确认输入。屏幕显示：

匹配　　Q
输入学习值

5）按下键“Q”确认输入。屏幕显示：

匹配　　→
学习值已被清除

6）按下键“→”。屏幕显示：

快速数据传输 帮助
选择功能 ××

7）按下键“1”和“0”，用10选择功能“匹配”。屏幕显示：

快速数据传输 Q
10-匹配

8）按下键“Q”确认输入。屏幕显示：

匹配
输入频道号 ××

9）按下键“0”和“1”，使用频道号01清除所有的钥匙。屏幕显示：

匹配 Q
输入频道号01

10）按下键“Q”确认输入。屏幕显示：

频道1……匹配 1→
钥匙1 ←1 3→

上面一行显示要“学习”的钥匙（标准=1）。用键“1”和“3”选择钥匙的数量。

11）按下键“→”。屏幕显示：

频道1……匹配 1→
输入匹配数 ×××××

12）按下4次键“0”，然后输入匹配的所有点火钥匙的数量，包括现有的钥匙（如00003），匹配钥匙最大的数量为4。按下键“Q”确认输入。屏幕显示要“学习”的无线电钥匙的数量。

频道 1……匹配 3 Q
钥匙1 ←1 3→

13）按下键“Q”确认输入。屏幕显示：

频道 1……匹配 3 Q
存储修改值吗？

14）按下键“Q”确认输入。屏幕显示：

频道 1……匹配 1→
修改值已经被存储

15）按下键“Q”后显示跳到1，这是系统错误。按下键“→”，屏幕显示：

快速数据传输 帮助
选择功能 ××

16）对每一把无线电钥匙都必须按下一个键以进行“学习”（在上面的示例中为3把钥匙）。

17）切断点火开关，取下钥匙，对无线电钥匙进行功能测试。

18）选择功能02-查询故障码。如果没有故障存储，则匹配成功。

注意：所有3把钥匙可以以一个匹配顺序进行“学习”；匹配所有的点火钥匙不能超过15s（按下一个按钮）；匹配进行得是否成功可以用功能08–读取测量数值块中的显示组013显示出来。前2个测量数值必须显示“正常”，同时最后一个测量数值必须显示钥匙的位置（第一、第二、第三、第四把钥匙）。

2. 汽车钥匙无线电遥控功能的匹配

使用频道03~08可以对所有的点火钥匙进行无线电遥控匹配，见表2-25。

表2-25 无线电遥控匹配

频道号	相关性	测量数值
03	自动锁止/开锁②	On=1 Off=0
04	IM切断①	On=1 Off=0
05	开锁喇叭声音	On=1 Off=0
06	锁止声音	On=1 Off=0
07	开锁=转向信号闪烁	On=1 Off=0
08	锁止=转向信号闪烁	On=1 Off=0

① 内部监控。
② 车辆将在车速约为15km/h时锁止/开锁。

1）屏幕显示：

快速数据传输	帮助
选择功能	××

2）按下键“1”和“0”，选择功能“匹配”。屏幕显示：

快速数据传输	Q
10-匹配	

3）按下键“Q”确认输入。屏幕显示：

匹配	
输入频道号	××

4）按下键“0”和“6”（频道06切换到当锁止时喇叭的接通或切断）。屏幕显示：

匹配	Q
输入频道号06	

5）按下键“Q”确认输入。屏幕显示：

频道　6　匹配　0　→
锁止喇叭信号 0　←1　3→

6）按下键“→”。屏幕显示：

频道　6……匹配　0　→
输入匹配值　　×××××

7）按下键“→”。按下键 4 次键“0”，然后按下键“1”，输入 00001，屏幕显示：

频道　6……匹配　0　Q
输入匹配值 00001

8）按下键“Q”确认输入。屏幕显示：

频道　6　匹配　1　→
锁止喇叭信号 1　←1　3→

9）按下键“Q”确认输入。屏幕显示：

频道　6　匹配　1　Q
保存修改值吗？

10）按下键“Q”确认输入。屏幕显示：

频道　6　匹配　1　→
修改值已被保存

11）按下键“→”。屏幕显示：

快速数据传输　帮助
选择功能　　××

12）按下键“0”和“6”结束输出。屏幕显示：

快速数据传输　Q
06-结束输出

13）按下键“Q”确认输入。屏幕显示：

快速数据传输　帮助
输入地址码　××

14）断开点火开关，断开 V. A. G 1551 故障检测仪。

项目三
汽车倒车雷达系统的故障诊断与修复

学习目标

通过本单元任务的学习，学生将具备汽车倒车雷达系统的故障诊断与修复的能力。

能够：

- 掌握汽车倒车雷达系统的分类。
- 掌握汽车倒车雷达系统的组成及工作过程。
- 掌握常用故障诊断设备和维修工具的使用方法和技巧。
- 对汽车倒车雷达系统的故障进行诊断和修复。

工作任务

随着汽车产业的高速发展，汽车的数量逐年增加，造成公路、街道、停车场、车库等越来越拥挤。在享受汽车带来的便利的同时，由于倒车而产生的问题也日益突出。因为驾驶人

在驾车时的视野范围是很有限的，通过车内和外侧的反光镜可以大幅度提高驾驶人的视野范围，但位于车辆正后方的障碍物以及高度不足以通过反光镜看到的或者距离车身过近的障碍物都可能处于驾驶人的视野死角或者视野模糊区中。这样，小则对驾驶人的泊车、倒车造成不便，大则也会带来一些危险。倒车雷达能够在驾驶人视野的死角处，通过声音、数据、图像等形式为驾驶人提供信息和警示来告知驾驶人周围障碍物的情况，使驾驶人能够更清楚地了解周围障碍物的情况，对驾驶人的起步、泊车、倒车等环节有很大帮助，提高了驾驶的安全性。

本任务主要对汽车倒车雷达系统的分类、组成及工作过程进行概述，使学生对汽车倒车雷达系统有一个比较全面的了解和认识，同时要掌握汽车倒车雷达系统的检修。

任务　汽车倒车雷达系统异常的故障检测与修复

知识点：倒车雷达系统的分类；倒车雷达系统的组成及工作过程。

能力点：合理选用工具；倒车雷达系统的检修。

任务情境

某客户驾驶的奥迪 A6 轿车倒车雷达工作不正常，要求给予检修。据驾驶人介绍，倒车雷达有时正常、有时不正常，不正常时挂入倒档后不管有没有障碍物蜂鸣器一直叫个不停。

任务分析

完成此任务需要了解安全气囊的分类，掌握汽车倒车雷达系统的组成及工作过程、倒车雷达系统的检修，能够合理地选用工具。

任务实施的相关专业知识

一、汽车倒车雷达系统的分类

汽车倒车雷达系统主要解决汽车行驶的安全距离问题，汽车行驶时超过了这个安全距离，汽车雷达系统立即报警以致自动采取减速措施，使车辆处于安全状态。

如何测定汽车行驶中的安全距离，目前汽车倒车雷达系统测距技术主要有激光、毫米波雷达、摄像系统、红外线、超声波等一些测距技术。

1. 激光测距

激光测距具有测量时间短、量程大、精度高等优点，在许多领域得到了广泛应用。目前在汽车上应用较广的激光测距系统可分为非成像式激光雷达和成像式激光雷达。

2. 毫米波雷达测距

毫米波雷达测距具有稳定的探测性能、良好的环境适应性等优点。目前汽车上应用的雷达采用的30GHz以上的毫米波雷达。

3. 摄像系统测距

CCD摄像机是一种用来模拟人眼的光电探测器。它具有尺寸小、质量轻、功耗小、噪声低、动态范围大、光计量准确、其线扫描输出的光电信号有利于后续信号处理等优点，在汽车行业也得到了广泛的应用。

4. 红外线测距

红外线测距具有极强的隐蔽性，夜间同样不妨碍测距仪的工作，故该种测距仪广泛应用在军用汽车上。

5. 超声波测距

超声波测距具有指向性强、能量消耗缓慢，在介质中传播的距离较远，并且利用超声波检测往往比较迅速、方便、计算简单、易于做到实时控制，并且在测量精度方面能达到工业实用的要求等优点。一般应用在汽车倒车雷达系统上。

二、倒车雷达系统的组成及工作过程

下面以奥迪A6倒车雷达系统为例介绍倒车雷达系统的组成及工作过程。

该系统装有4个声呐（超声波）传感器，并均匀地安装在汽车后保险杠上未喷漆的部位内，如图3-1所示。

1. 系统组成

声呐传感器既是执行元件，也是传感器；既发射信号，也接收信号。控制单元向4个声呐传感器中的1个发出命令，该传感器即发出超声波，4个传感器都接收超声波的回波。

在声呐传感器内，回波信号被转换成数字信号，并将其传递到控制单元，控制单元根据回波的传播时间计算出与障碍物的距离。

图3-2所示为奥迪A6轿车倒车声呐报警系统原理。声呐传感器由1个无线电收发器和1个整理器构成，整理器将回波信号转换成数字信号传递给控制单元，其结构如图3-3所示。

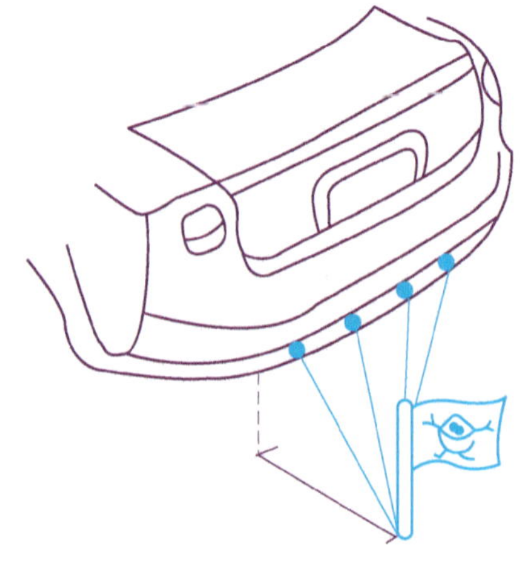

图3-1 奥迪A6轿车倒车声呐传感器的安装

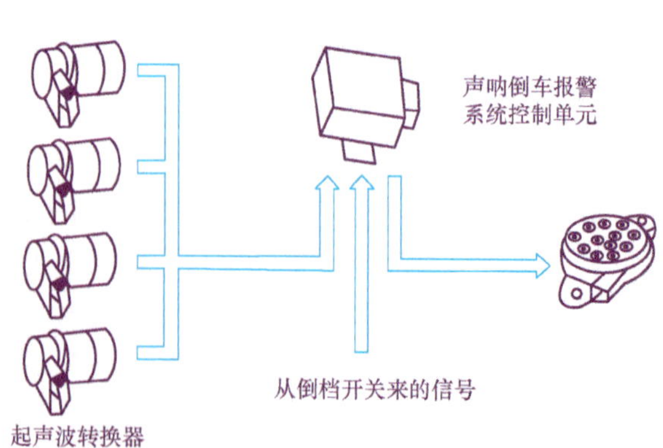

图3-2 奥迪A6轿车声呐报警系统原理

2. 工作过程

1）当挂上倒档时，声呐倒车报警系统即开始工作，发出“嘟嘟”的声音表明该系统状态良好。

2）当车与障碍物相距 1.6m 时，可听见间歇警报声。离障碍物越近，声音越急促。若距离小于 0.2m，则连接发出警报声。警报声间隔及音量用故障检测仪 V. A. G1551 设定。警报区域如图 3-4 所示。

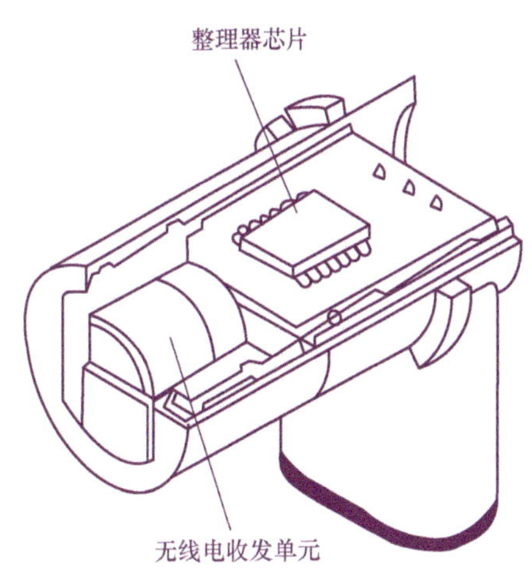

图 3-3　声呐传感器的结构

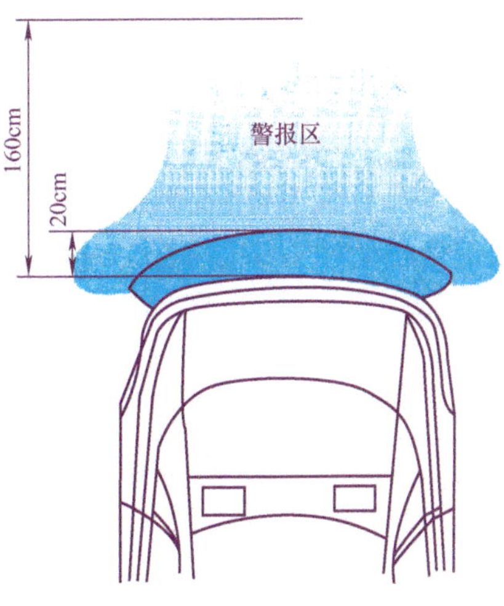

图 3-4　警报区域

任务实施

一、任务实施的环境

客户抱怨其驾驶的汽车倒车雷达系统工作异常，维修技术人员接到这个工作任务后，需要确认故障现象，可利用该车辆的电路图等资料制定诊断流程，合理地选用检测工具对倒车雷达系统进行故障诊断和修复。

二、任务实施的步骤

1. 倒车雷达故障码的读取和清除

奥迪 A6 倒车雷达故障码读取和清除可用 V. A. S5051 或 V. A. G1551，其操作步骤如下：

1）连接故障检测 V. A. S5051 或 V. A. G1551，接通点火开关，选择“快速数据传输”，故障检测仪屏幕显示“输入地址码××”。

2）倒车雷达系统的地址码为 76。按“7”键和“6”键，故障检测仪屏幕显示“76 – 倒车警报系统”。

3）按“Q”键确认，5s 后故障检测仪屏幕显示出：

```
4B0919283 倒车警报系统 A6RDW
D15 →
编码 01106 → WSC06812
```

其中，“4B0919283”为倒车雷达控制单元零件号；“D15”为倒车雷达控制单元软件版本号；“01106”为倒车雷达控制单元的编码；“WSC06812”为服务站代码。

4）按“→”键，故障检测仪屏幕显示“输入地址码××”。

5）按“0”键和“2”键选择“查询故障码”，故障检测仪屏幕显示“02－查询故障码”。

6）按“Q”键确认，此时故障检测仪屏幕上将显示出已存储的故障（故障码形式）数量或者显示“没有发现故障”。奥迪A6倒车雷达系统的故障码及含义见表3-1。

表3-1　奥迪A6倒车雷达系统的故障码及含义

故障码	故障部位、元件说明
01543	倒车雷达蜂鸣器H15电路对正极短路、断路或对搭铁短路
01545	倒车雷达左后传感器G203电路对正极短路、断路或对搭铁短路；倒车雷达左后传感器G203的信号不可靠；倒车雷达左后传感器损坏
01546	倒车雷达左后中部传感器G204电路对正极短路、断路或对搭铁短路；倒车雷达左后中部传感器G204的信号不可靠；倒车雷达左后中部传感器损坏
01547	倒车雷达右后中部传感器G205电路对正极短路、断路；倒车雷达右后中部传感器G205的信号不可靠；倒车雷达右后中部传感器损坏
01548	倒车雷达右后传感器G206电路对正极短路、断路或对搭铁短路；倒车雷达右后传感器G206的信号不可靠；倒车雷达右后传感器损坏
01549	倒车雷达传感器供电电路对正极短路
01550	倒档信号电路对正极短路
65535	倒车雷达控制单元1446损坏

7）如故障检测仪屏幕上显示“没有发现故障”，按“→”键后，故障检测仪屏幕上显示“输入地址码××”。

按照故障码排除故障后，按“0”键和“5”键清除故障码，再按“0”键和“6”键结束输出，然后关闭点火开关并拆下故障检测仪。

2. 倒车雷达控制单元的编码

在维修中如果更换了倒车雷达的控制单元J446，则必须对控制单元J446进行编码。另外，通过倒车雷达控制单元编码可使倒车雷达控制单元J446适应于相应车型的特殊需要，包括变速器形式（手动变速器或自动变速器）挂入倒档的信号音（有或没能确认）、车身结构（普通乘用车或旅行车）以及车型等。具体编码操作步骤如下：

1）连接故障检测仪V. A. G1551，接通点火开关，选择“快速数据传输”，屏幕显示“输入地址码××”。

2）按“0”键和“7”键，选择“控制单元编码”，这时屏幕显示“07－控制单元编码”。

3）按“Q”键确认，屏幕上显示“输入代码号×××××”。

4）按表3-2中的倒车雷达系统控制单元编码输入编码，例如输入01106，检测仪屏幕显示“输入编码号01106（0——32000）”。

表 3-2　倒车雷达系统控制单元编码

编　码	×	×	×	×	×
当前未使用	0				
手动		0			
自动		1			
无功能确认			0		
有功能确认（离厂）			1		
普通乘用车				0	
旅行车				1	
A8					8
A6					6
A4					4
A3					3

5）按“Q”键确认，检测屏幕显示如下：

```
  4B0919283     倒车警报系统     A6
RDW      D15      →
            编码 01106
WSC06812
```

6）按“→”键，结束编码过程。

3. 倒车雷达系统的自适应调整

倒车雷达系统的自适应功能用于执行和存储报警音量的大小和音频的调整。调整过程如下：

1）连接故障检测仪 VAG 1551，接通点火开关，选择“快速数据传输”，屏幕显示“输入地址码××”。

2）按“1”键和“0”键，选择“自适应”，这时屏幕显示“10 – 自适应”。

3）按“Q”键确认，屏幕上显示“ < 1 3 > ”。

4）按“1”键，可减少适应值，按“3”键可增大自适应值，或按“→”键改变适应值，当按“→”键后，屏幕上显示“输入自适应值×××××”。

5）用键盘输入自适应值（如 00005）后，屏幕显示“输入自适应值 00005”。自适应通道号及其功能见表 3-3。

表 3-3　自适应通道号及其功能

自适应通道号	自适应功能
01	音量，可在 2 ~ 7 调整
02	音频，可在 0 ~ 4（500Hz ~ 2kHz）调整

6）按“Q”键确认后，检测仪屏幕显示：

通道 1	自适应 5	Q
	＜ 1　3 ＞	

7）再按“Q”键确认，屏幕显示：

是否存储新值？

8）按“Q”键确认，检测仪屏幕显示：

新值已被存储

9）按“Q”键确认，屏幕上显示：

输入地址码××

适应结束，退出检测仪。

三、技能训练

【训练任务】一辆奥迪 A6 轿车倒车雷达工作异常，请根据客户提供的信息排除该故障。

【训练建议】以小组的形式或有实训条件的可以个人独立完成。学生根据客户提供的信息确认故障现象，通过维修资料的查阅、课程网站、视频资料的学习以及教师的答疑，制订倒车雷达系统检修的工作计划，然后逐项检测并排除。

【评价建议】可用如下技能训练评价表对学生操作技能进行评价。

倒车雷达系统异常故障的检测与维修考核

学生姓名					
测评日期		测评地点			
测评内容	倒车雷达系统异常故障的检测与维修				
考评标准	内　容	分值/分	自评	互评	师评
	工作着装、工作安全、卫生	15			
	故障诊断仪的连接与使用，每错一项扣 2 分	20			
	汽车倒车雷达系统故障的检测，每错一项扣 4 分	30			
	分析汽车倒车雷达系统的故障并排除，每错一项扣 4 分	20			
	工作任务单的填写情况	15			
	时间性：每超时 1min 扣 5 分，超过 3min 终止考核				
合　计		100			
最终得分（自评 30% + 互评 30% + 师评 40%）					
说明：测评满分为 100 分，60～74 分为及格，75～84 分为良好，85 分以上为优秀。60 分以下的学生，需重新进行知识学习、任务训练，直到任务完成达到合格为止					

归纳总结

倒车雷达全称为倒车防撞雷达，又称为泊车辅助装置。它是汽车泊车或者倒车时的安全辅助装置，一般由超声波传感器（俗称探头）、控制和显示器（或蜂鸣器）等部分组成。倒车雷达的主要作用是倒车时利用超声波测距原理，由装置于车尾保险杠上的超声波传感器发送超声波，超声波遇到障碍物后反射至超声波传感器，从而计算出车体与障碍物之间的实际距离，再给驾驶人以提示，使停车和倒车更容易、更安全。

通过本任务内容的学习，作为维修技术人员，对倒车雷达的分类、组成及工作过程应有了一定的了解。维修资料的查阅、工具的合理选用、倒车雷达的检修是本任务完成的重点，但是要真正掌握这些知识和操作技能，还要不断地思考与总结，并且加强技能训练，只有这样，才能掌握这些内容，真正为己所用。下面提供一组思考问题，请客观地作答，并结合本任务内容，对自己的学习工作进行反思。

思考题

1. 简述汽车倒车雷达系统的分类。
2. 简述奥迪 A6 轿车倒车雷达系统的组成及工作过程。
3. 如何设置倒车雷达系统的灵敏度？
4. 如何加装倒车雷达？

拓展提高

倒车雷达的安装主要有粘贴式和固定式两种方式。

1. 粘贴式安装

粘贴式安装采用粘贴式探头，只要将报警器探头粘贴在汽车适当的位置即可。具体方法如下：

1）选择正确的安装位置。粘贴式探头一般安装在尾灯附近或行李箱门边。轿车倒车雷达粘贴式探头的安装位置如图 3-5 ~ 图 3-8 所示。探头安装的最佳宽度为 0.66 ~0.8m，安装

的最佳离地距离为0.55～0.7m。

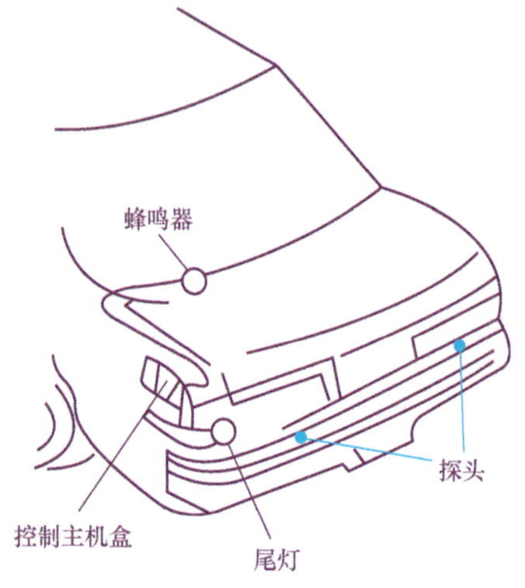

图 3-5 倒车雷达部件安装位置

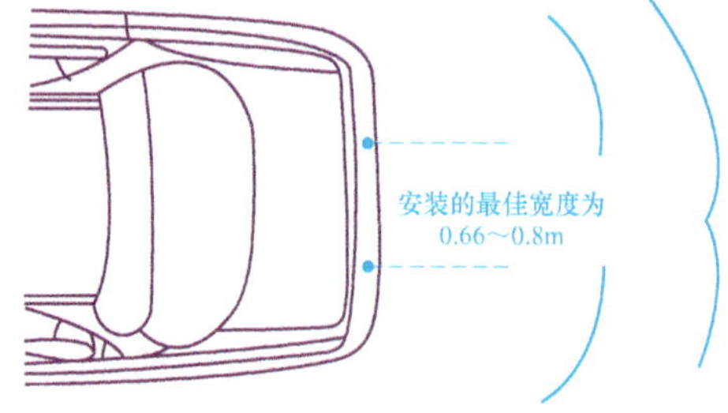

图 3-6 探头安装宽度

2）将附带橡胶圈套在探头上，引线向下，并与地面垂直，探头一般不安装在汽车最尾部，以免撞坏，如图 3-8a 所示。

3）确定探头安装位置，侧视 90°范围内应无障碍物，否则会影响探测结果，产生误报警，如图 3-8b所示。

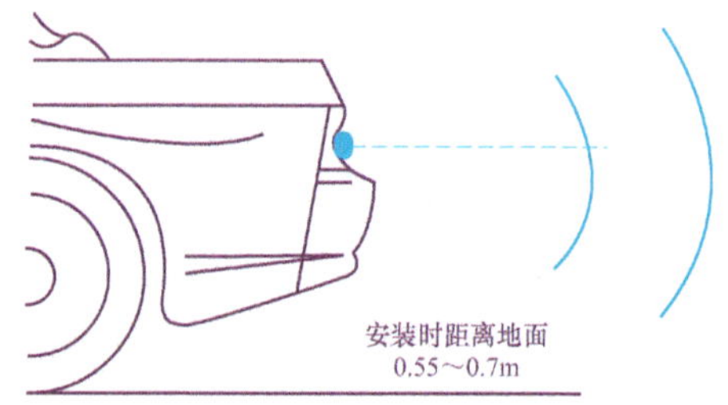

图 3-7 探头离地距离

4）探头贴合必须选择垂直方向，向上或向下均会影响使用，如图 3-8c 所示。

5）用电吹风将双面贴加热，然后撕去面纸，贴到确定部位，48h 后才能达到最佳贴合效果。

6）显示部分应安装在仪表台易被驾驶人视线捕捉的位置。

7）控制主机盒安装在安全、不热、不潮湿、不溅水的位置，通常将其安装在行李箱侧面。

8）蜂鸣器一般安装在后风窗平台上。

9）探头屏蔽线应防止压扁刺穿，且要隐设，以求美观。

2. 固定式安装

固定式安装采用开孔式探头，在车尾或保险杠上开孔，探头颜色可用喷涂方法使其与车身或保险杠颜色相匹配。系统其他部件的安装方法与粘贴式安装相同。现介绍开孔式探头的两种安装方法。

1）先将胶套安装在已打好的孔内，然后将已接好线的探头从基材背面安装在探头胶套上。这种方法的使用前提是基材背面应有足够的安装空间，如图 3-9 所示。

2）先将探头套在胶套上，然后将探头和胶套一起塞进基材孔中，如图 3-10 所示。

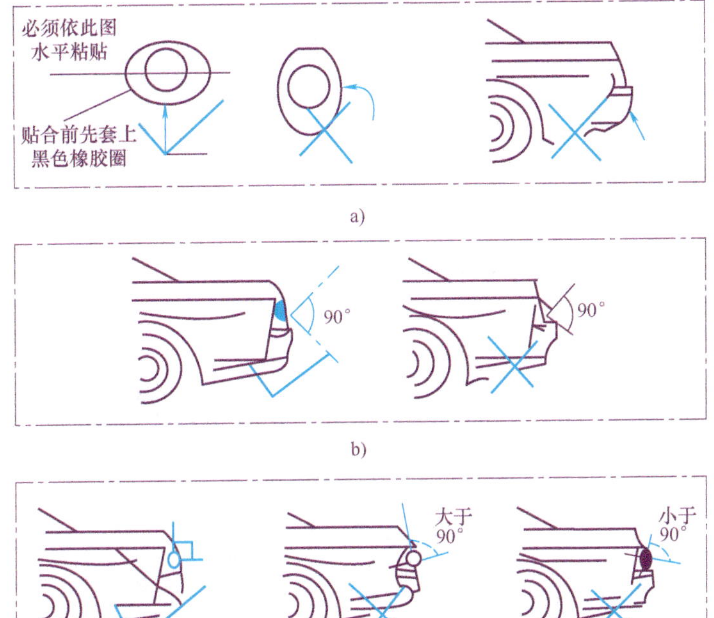

图 3-8　探头安装位置

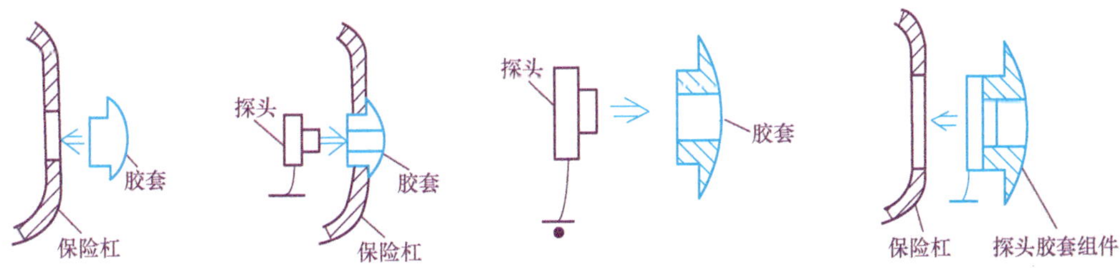

图 3-9　开孔式探头安装方法（一）

图 3-10　开孔式探头安装方法（二）

项目四
汽车空调系统的故障诊断与修复

学习目标

通过本单元任务的学习，了解空调系统的组成及工作并具备诊断和修复空调系统的能力。

能够：

- 掌握汽车空调的组成及工作原理。
- 掌握汽车空调的制冷和采暖的原理。
- 掌握汽车自动空调的组成及工作原理。
- 掌握汽车空调的控制电路及故障检测。
- 掌握解码器的连接和使用以及高、低压表的连接与使用。
- 掌握汽车空调各部件的拆装。
- 确定汽车空调电路中各部件检测内容和所需工具。

工作任务

从 20 世纪 30 年代开始汽车上就安装了单一功能的取暖或制冷系统，到现在很多汽车已经配备了自动控制空调系统。汽车空调技术是随着汽车的普及而发展起来的，就其发展过程，可以概括为五个阶段：单一取暖阶段→单一冷风阶段→冷暖一体化阶段→自动控制阶段→微处理器控制阶段。汽车空调系统是对车厢内空气进行制冷、加热、换气和空气净化的装置。它可以为乘车人员提供舒适的乘车环境，降低驾驶人的疲劳强度，提高行车安全。空调装置已成为衡量汽车功能是否齐全的标志之一。

本任务主要对汽车空调的制冷系统、取暖系统、送风系统的组成及工作原理进行概述，使学生对汽车空调有一个比较全面的了解和认识，同时要掌握汽车空调各零部件的拆装、控制电路的检测等。

任务一　汽车空调不制冷故障检测与修复

知识点：空调系统的组成及工作；空调系统各主要组成件的作用及安装位置。

能力点：空调检测工具的使用；加注制冷剂、冷冻油等操作；空调控制电路的检测。

任务情境

某客户反映驾驶的桑塔纳轿车空调制冷系统不制冷，要求给予检修。

任务分析

完成此任务需要了解汽车空调制冷系统的功能、组成以及工作原理，掌握汽车空调系统制冷循环部件的结构及工作原理，熟练操作空调制冷系统的检测工具，能够分析空调制冷系统控制电路并且能够掌握检测流程。

任务实施的相关专业知识

一、汽车空调的功能

汽车空调的功能是通过人为的方式创造一个对人体适宜的环境，即对车内的温度、湿度、气流速度进行调节，并具有净化空气的功能。除此之外，汽车空调还能除去风窗玻璃上的雾、霜、冰、雪，给驾驶人一个清晰的视野，确保行车安全。

1. 调节车内温度

车内温度是指车内空气的冷热程度。为给乘员创造适宜的车内温度环境，在寒冷的冬季，利用采暖装置提高车内的温度；而在炎热的夏季，则利用制冷装置来降低车内温度。

人感到最舒适的温度是20～28℃。但应注意，车内外的温差不宜太大，否则也会使乘员感觉不舒适。为降低汽车空调系统的负荷，减少动力消耗，并为乘员创造一个适宜的温度环境，空调车内推荐值为：夏季一般应控制车内温度在25～28℃，冬季应控制车内温度在15～18℃；夏季车内外温差宜保持在5～7℃范围内，冬季车内外温差也不宜过大，应保持在10～12℃范围内，否则会使乘员感觉太冷或太热，下车易患感冒。

2. 调节车内湿度

车内湿度是指车内空气中所含水蒸气量的多少，车内湿度过小或过大会使乘员感觉干燥或闷热。人感觉最舒适的相对湿度为30%～70%，所以汽车空调的湿度参数要求控制在此范围内。

普通汽车空调一般不具备调节车内湿度的功能，只有高级豪华汽车采用的冷暖一体化空调器，才能对车内的湿度进行适量调节。

3. 调节车内空气流动

空气的流速和方向对人体舒适性影响很大。夏季，气流速度稍大，有利于人体散热降温，但过大的风速直接吹到人体上，会使人感到不舒服，舒适的气流速度一般为0.25m/s。冬季，风速大了会影响人体保温，因而，冬季采暖希望气流速度尽量小一些，一般为0.15～0.20m/s之间。根据人体生理特点，头部对冷比较敏感，脚部对热比较敏感，因此，在布置空调出风口时，应让冷风吹到乘员头部，暖风吹到乘员脚部。

4. 调节车内空气清洁度

由于车内空间小，乘员密度大，车内极易出现缺氧和二氧化碳浓度过高的情况；发动机废气中的一氧化碳和道路上的粉尘等都容易进入车内，造成车内空气污浊，影响乘员的身体健康。因此，必须要求汽车空调具有补充车外新鲜空气、过滤和净化车内空气的功能。

二、汽车空调的特点及评价指标

1. 汽车空调的特点

1）汽车行驶中，空调由于受冲击、振动剧烈频繁，管道连接极易松脱、接头极易损坏，造成制冷剂泄漏。制冷剂泄漏占汽车空调故障的80%，因此汽车空调中大量采用软管接头。

2）汽车空调的动力来自于发动机，这势必在一定程度上影响汽车的动力性、经济性。

3）汽车发动机转速变化范围很大，空调的安全控制、舒适控制难度大。

4）汽车空间小，要求汽车空调体积小、重量轻。

5）汽车空调的供暖方式采用发动机余热供暖。

2. 汽车空调性能的评价指标

评价汽车空调质量的指标主要有4个，即温度、湿度、流速和清洁度。

（1）温度　在夏季，人感到最舒适的温度是25～28℃，冬季是15～18℃。

（2）湿度　人觉得最舒适的相对湿度，夏季是50%～60%，冬季是40%～50%。

（3）流速　人在流动的空气中比在静止的空气中要舒适，这是因为流动的空气能促进人体内外散热的缘故。所以，空气流速是汽车空气调节的重要内容之一。空气流速应在

0.2m/s 以下，并且以低速变动为佳。

（4）清洁度 由于车内空间小，乘员密度大，全封闭空间的空气极易导致缺氧和二氧化碳浓度过高；汽车发动机废气中的一氧化碳和道路上的粉尘都易进入车内，造成车内空气污浊，严重影响乘员的身体健康，因此必须对车内空气进行净化处理。

三、汽车空调系统的组成与分类

1. 汽车空调系统的组成

完善的汽车空调系统一般由制冷系统、取暖系统、通风系统、操纵控制系统及空气净化系统组成。

（1）制冷系统 制冷系统的作用是对车内空气或由外部进入车内的空气进行冷却降温、除湿，使乘室内的空气变得凉爽舒适。

（2）取暖系统 取暖系统的作用是用于取暖，对车内空气或由外部进入车内的新鲜空气进行加热，达到取暖、除湿的目的。

（3）通风系统 通风系统的作用是在汽车运行中从车外引入一定量的新鲜空气，并将车内的污浊空气排出车厢外，同时还可以防止风窗玻璃起雾。

（4）操纵控制系统 操纵控制系统的作用是对制冷系统、取暖系统及通风系统的工作进行控制，同时对车内的空气温度、风量、流量进行调节，保证空调系统正常工作。

（5）空气净化系统 空气净化系统的作用是对车内空气中的尘埃、臭味、烟气进行过滤，保证车内空气清洁。

2. 汽车空调系统的分类

（1）按驱动方式分类 按驱动方式可分为非独立式汽车空调系统和独立式汽车空调系统两种。

1）非独立式汽车空调系统 空调制冷压缩机由汽车本身的发动机驱动，汽车空调系统的制冷性能受汽车发动机工况的影响较大，工作稳定性较差。尤其是低速时制冷量不足，而在高速时制冷剂过剩，并且消耗发动机的功率较大，影响发动机的动力性。这种类型的汽车空调系统一般多用于制冷量相对较小的中、小型汽车上。

2）独立式汽车空调系统 空调制冷压缩机由专用的空调发动机驱动，故汽车空调系统的制冷性能不受汽车发动机工况的影响，工作稳定，制冷量大，但由于加装了一台制冷用的发动机（也称副发动机），不仅增加了成本，而且汽车体积和重量也增加了。这种类型的汽车空调系统多用于大、中型客车上。

（2）按功能分类 按功能可分为单一功能和组合式两种。

1）单一功能是指冷、暖风各自独立，自成系统，一般用于大、中型客车上。

2）组合式是指冷、暖风共用一台鼓风机和一套操纵机构。这种结构又分为冷、暖风同时工作和冷、暖风分别工作两种，多用于轿车上。

（3）按结构形式分类 汽车空调按结构形式可分为整体式空调、分体式空调以及分散式空调。

1）整体式空调。它是将副发动机、压缩机、冷凝器、蒸发器通过传动带、管道连接成一个整体，安装在一个专用机架上，构成一个独立总成，由副发动机带动，通过车内通风管将冷风送入车室内。

2）分体式空调。它是将压缩机、冷凝器、蒸发器以及独立式空调的副发动机部分或全部分开布置，用管道连接成一个制冷系统。

3）分散式空调。它是将蒸发器、冷凝器、压缩机等各部件分散安装在汽车各个部位，并用管道相连接。轿车、中小型客车及货车都采用这种结构形式。

四、汽车空调制冷系统

1. 制冷系统的组成

汽车空调制冷系统由压缩机、冷凝器、储液干燥罐、膨胀阀、蒸发器、鼓风机和连接管路等组成，如图4-1所示。

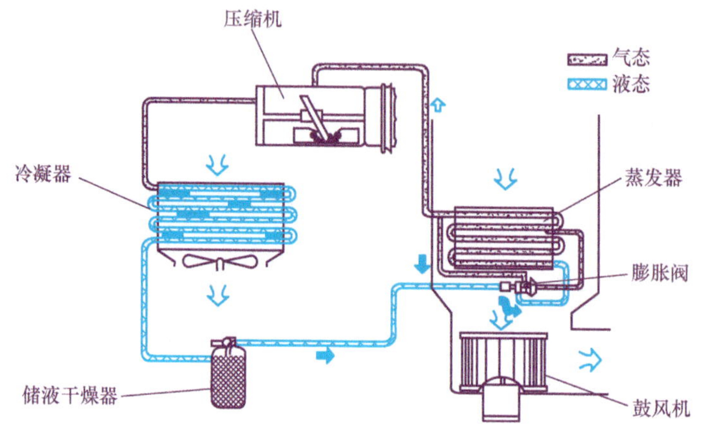

图4-1　空调制冷系统的组成

2. 制冷循环工作过程

制冷系统工作时，制冷剂不断地从气态转变为液态，再从液态转变为气态，从而与空气进行热交换，完成制冷循环。制冷循环是由压缩、冷凝、干燥过滤、节流膨胀、蒸发吸热等过程组成，如图4-2所示。

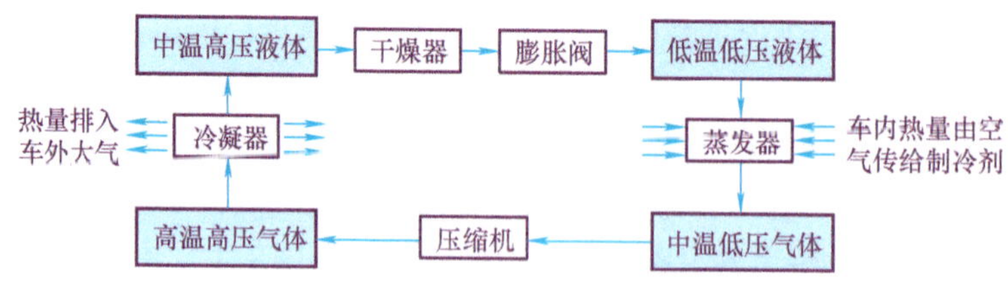

图4-2　制冷循环过程

（1）压缩过程　压缩机将蒸发器内产生的低温低压制冷剂蒸气经低压软管吸入并进行压缩，使它成为高温高压（70℃、1471kPa）的制冷剂气体，并送入冷凝器。此过程中制冷剂为气态。

（2）冷凝过程　高温高压的制冷剂气体经高压软管送入冷凝器，与车外大气进行热交换，由于压力及温度的降低（40～50℃），制冷剂气体冷凝成液体。此过程制冷剂由气态变为液态。

(3) 干燥过滤过程 冷凝后的制冷剂液体送入储液干燥器中进行除湿过滤，除去杂质和水分，然后又经高压软管送入膨胀阀。

(4) 节流膨胀过程 液态制冷剂进入膨胀阀节流小孔，在节流降温降压后（1～4℃、150～300kPa），以雾状小液滴排出膨胀阀流入蒸发器。此过程制冷剂为雾状。

(5) 蒸发吸热过程 雾状制冷剂通过蒸发器，与车内空气进行热交换，吸收车内空气的热量后变成气态制冷剂，然后，气态制冷剂再次被压缩机吸入。如此反复循环，制冷剂不断进行液态到气态的转变，与周围空气进行热交换，不断地将车内空气热量带到车外空气中，从而降低了车内的温度和湿度。

3. 汽车空调系统的控制电路

图 4-3 所示为上海桑塔纳轿车空调电路。该电路由电源电路、温度控制电路、鼓风机控制电路、冷凝器风扇电路、怠速控制电路和压力控制电路组成。

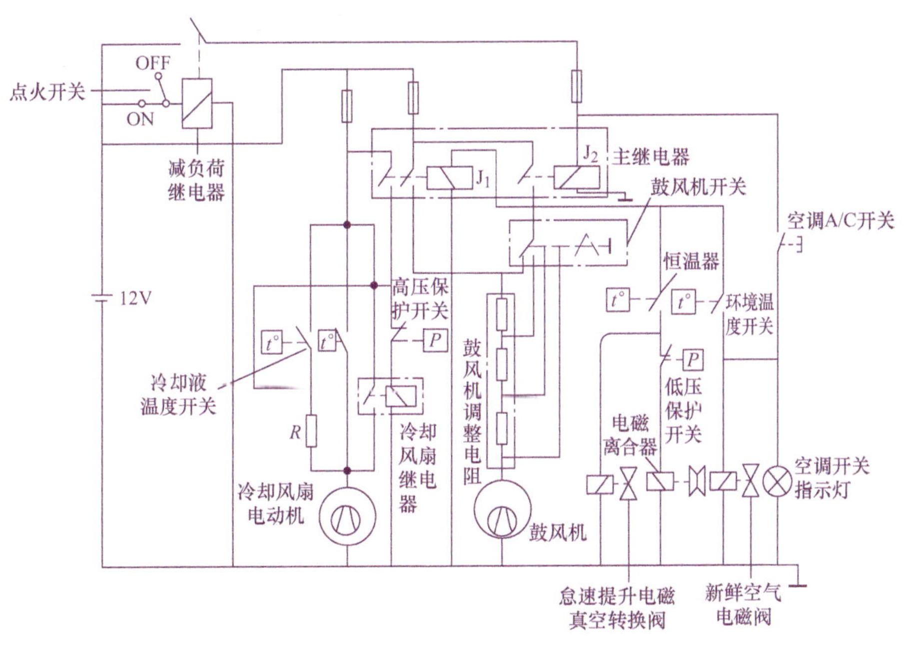

图 4-3 上海桑塔纳轿车空调电路

其工作过程如下：

1）点火开关断开（置 OFF）时，减负荷继电器的线圈电路切断，触点断开，空调系统不工作。

2）点火开关接通（置 ON）时，减负荷继电器线圈电路接通，触点闭合，主继电器中的 J2 线圈通电，接通鼓风机电路。此时，可由鼓风机开关进行调速，使鼓风机按要求的转速运转，进行强制通风、换气或送出暖风。

3）需要制冷系统工作时，接通空调（A/C）开关，便可接通下列电路：

①空调（A/C）开关指示灯亮，表示空调（A/C）开关已经接通。

②新鲜空气电磁阀电路接通，该阀动作接通新鲜空气控制电磁阀的真空通路，而使鼓风机强制通过蒸发器总成的空气通道进风，否则将无法获得冷气。

③电源经环境温度开关、恒温器、低压保护开关对电磁离合器线圈供电，同时对怠速提

升电磁真空转换阀供电。另一路对主继电器中的J1线圈供电，使两对触点同时闭合，其中一对触点接通冷凝器冷却风扇继电器线圈电路；另一对触点接通鼓风机电路。

低压保护开关串联在恒温器和电磁离合器之间，当制冷系统缺少制冷剂，制冷系统压力过低后，开关断开，停止压缩机工作。

高压保护开关串联在冷却风扇继电器和主继电器J1的一对触点之间。当制冷系统高压值超过规定值时，高压保护开关触点闭合，将电阻 R 短路，使风扇电动机高速运转，以增强冷凝器的冷却能力。同时，冷却风扇电动机还直接受发动机冷却液温控开关的控制。当不开空调（A/C）开关时，若发动机冷却液温度低于85℃，风扇电动机不转动；高于95℃时，风扇电动机低速转动；当冷却液温度达到105℃时，风扇电动机将高速转动。

主继电器中的J1触点在空调（A/C）开关接通时，即可闭合，使鼓风机低速运转，以防止蒸发器表面温度过低而结冰。

④点火开关置于起动位置（ST）时，减负荷继电器线圈电路切断，触点断开，中断空调系统的工作，以保证发动机起动时，蓄电池维持足够的电能。

4. 制冷剂和冷冻油

（1）制冷剂

1）汽车空调制冷剂的性能特点：在制冷设备中完成制冷循环的工作介质称为制冷剂。汽车空调制冷剂应具有蒸发潜热大且易于液化、化学安定性好、工作温度和压力适中、对金属及密封材料无腐蚀、不燃烧、不爆炸、无毒性、无污染、可与冷冻机油按照任何比例互溶等特点。

2）汽车空调制冷剂的品种：车用制冷剂早期广泛使用CF-12（R12），后来使用环保型产品HFC-134a（R134a）。

R12属于氟利昂系的制冷剂，具有制冷能力强、化学性质稳定、安全性好等优点。但是研究证明，R12释放在大气中后，会消耗大气中的臭氧，破坏了大气对地球的保护作用，对人类和其他生物带来危害。

制冷剂R134a是汽车空调R12的过渡性替代制冷剂，其排放物产生的温室效应仍然对环境有较大的危害。R134a不含氯原子，温室效应影响小，其热力性质稳定并与R12相近。制冷剂R12与R134a的特性比较见表4-1。

3）制冷剂使用注意事项：

①装制冷剂的钢瓶，应储存在阴凉、干燥、通风的库房中，防止受潮而腐蚀钢瓶，在运输过程中要严防振动和撞击。

②要远离热源，不要把它存放在日光直射的场所。在给汽车空调系统中加注制冷剂时，为提高加注效率，可对装制冷剂的容器加热，加热应在40℃以下的温水中进行，而不可将其直接放在火上烘烤。否则，会引起内贮的制冷剂压力增大，导致容器发生爆炸。

③避免制冷剂与人的皮肤直接接触，以防冻伤；尤其避免制冷剂误入眼睛，以防造成失明。

④尽管R12制冷剂无毒且不易燃烧，但遇明火会产生有毒物质，因此操作现场应保持通风良好。

⑤使用R134a制冷剂时，除了要注意上述问题外，还应注意应使用XH－7型干燥剂，并增加用量；冷冻油应换用适于R134a的专用冷冻油；制冷系统密封材料应选用专用材料。

表 4-1　制冷剂 R12 与 R134a 的特性比较

项目 / 制冷剂	R134a	R12
沸点/℃	-26.9	-29.79
临界温度/℃	101.4	111.8
临界压力/MPa	4.065	4.125
临界密度/(kg/m^3)	511	558
蒸发潜热(0℃)/(kJ/kg)	197.5	151.4
燃烧性	不燃	不燃
ODP 值（臭氧破坏潜能值）	0	1.0
GWP 值（全球变暖潜能值）	0.11	1.0
与矿物油相溶性	不溶	相溶
大气寿命/年	8～11	95～150

⑥R12 和 R134a 空调制冷系统使用的相关维修工具、回收再循环设备以及软管等均不能混用。

（2）冷冻油

1）冷冻油的作用。冷冻油是制冷压缩机的专用润滑油，它保证压缩机正常运转、可靠工作和延长使用寿命。在空调制冷系统中的作用如下：

①润滑作用。压缩机是高速运动的机器，轴承、活塞、活塞环、曲轴、连杆等机件表面需要润滑，冷冻油可使压缩机减少阻力和磨损、延长使用寿命、降低功耗、提高制冷系数。

②密封作用。汽车使用的压缩机传动轴需要油封来密封，防止制冷剂泄漏。有润滑油，油封才起密封作用。同时，活塞环上的润滑油，不仅起减摩作用，而且起密封压缩机蒸气的作用。

③冷却作用。运动的摩擦表面会产生高温，需要用冷冻油来冷却。冷冻油冷却不足，会引起压缩机温度过热，排气压力过高，降低制冷系数，甚至烧坏压缩机。

④降低压缩机噪声。冷冻油可以降低运动表面的摩擦，减少运动表面的振动，所以可以降低压缩机的噪声。

2）冷冻油的使用及性能检查

①必须严格使用原车空调压缩机所规定的冷冻油牌号，或换用具有同等性能的冷冻油，不得使用其他油来代替，否则会损坏压缩机。

②冷冻油吸收潮气的能力极强，所以，在加注或更换冷冻油时，操作必须迅速，如没有准备好，不能立刻加油时，不得打开油罐，在加注完后应立即将油罐的盖子封紧储存，不得有渗透现象。

③不能使用变质的冷冻油。冷冻油变质的原因是多方面的，归纳起来有如下几方面：

◆混入水分后，在氧气作用下会生成一种油酸性质的酸性物质，腐蚀金属零部件。这种油酸物质是絮状物质。

◆高温氧化，当压缩温度过高时，油被氧化分解而炭化变黑。

◆不同牌号的油混合使用时，由于不同牌号的冷冻油所加的氧化剂不同而产生化学反

应，引起变质。

④冷冻油是会妨碍换热器的换热效果，所以，在使用时只允许加到规定的用量，绝不允许过量使用，以免降低制冷效果。

⑤在排放制冷剂时要缓缓进行，以免冷冻油和制冷剂一起喷出。

3）冷冻油的牌号。按黏度不同，国产冷冻油牌号有 13 号、18 号、25 号和 30 号 4 种，牌号越大，其黏度也越大。进口冷冻油有 SUNISO 3GS、SUNISO 4GS、SUNISO 5GS 3 种牌号。目前，汽车空调制冷系统通常选用国产 18 号和 25 号冷冻油或进口 SUNISO 5GS 冷冻油。

五、制冷循环部件

1. 压缩机

压缩机是制冷系统中最重要的部件，其作用是泵送制冷剂，以维持制冷剂在制冷系统中的循环流动。目前汽车空调压缩机形式有很多种，有曲柄连杆式压缩机、斜盘式压缩机、摆盘式压缩机、刮片式压缩机、滚动活塞式压缩机、变排量压缩机等，下面以斜盘式压缩机、摇摆板式压缩机、变排量压缩机为例介绍压缩机的工作原理。

（1）斜盘式压缩机　斜盘式压缩机是轴向双向往复活塞式压缩机，主要由双向活塞、气缸、主轴及斜盘、进气阀、排气阀等组成，如图 4-4 所示。目前广泛用于国内轿车，如奥迪、捷达、富康等轿车的空调系统上。

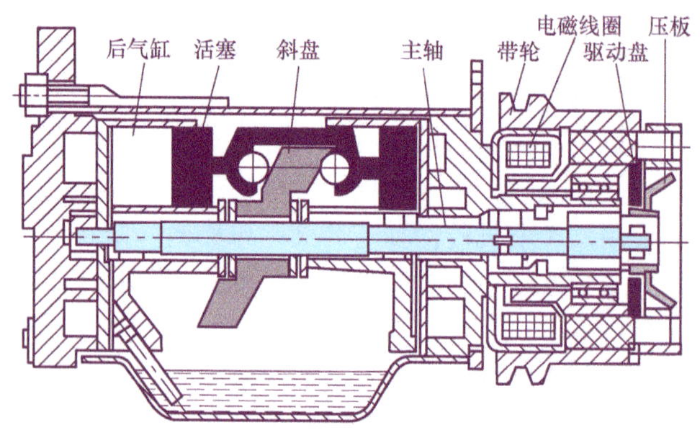

图 4-4　斜盘式压缩机

其工作原理是：当主轴转动时，则斜盘转动，而活塞做往复轴向移动，实现对制冷剂气体的吸入和压缩。在斜盘的圆周上均布 5 个双向活塞，组成十缸压缩机。斜盘每转动一周，前后两个活塞各自完成吸气、压缩、膨胀、排气过程，即完成一个循环，相当于两个工作循环。

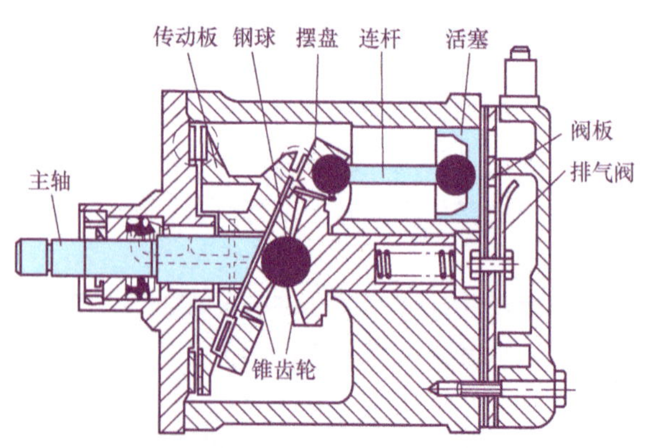

图 4-5　摆盘式压缩机

（2）摆盘式压缩机　摆盘式压缩机是单向往复活塞式压缩机，主要由活塞、气缸、摆盘、传动板、主轴、进气阀和

排气阀等组成，如图 4-5 所示。目前这种压缩机应用比较广泛，最常见的类型是日本三电公司的 SD－5 压缩机。

其工作过程是：当主轴转动时，摆盘随传动板斜面圆周方向摆动，通过连杆带动活塞往复移动。在摆盘圆周上，均匀布置 5 个连杆及活塞，组成五缸压缩机。

（3）变排量压缩机　变排量压缩机常用于自动空调控制系统中，是在斜盘式压缩机基础上，加设一个变排量机构，可以使全部气缸（10 个气缸，即全容量）同时工作，也可以使部分气缸（5 个气缸，即半容量）工作。其主要由柱塞、电磁阀、单向阀、排气阀等组成。其原理是：空调 ECU 根据冷却液温度传感器信号，确定是否给变排量机构的电磁阀线圈通电，来控制压缩机在全容量和半容量之间转换。工作过程如下：

全容量工作时，ECU 不给电磁阀线圈通电，电磁阀在弹簧的作用力下将 A 孔打开，B 孔关闭，如图 4-6a 所示。高压制冷剂从旁通回路进入，作用在柱塞右侧并使其移动，直至排气阀压在阀盘上，于是压缩机的所有气缸都能随活塞的运动而产生高压，此时即压缩机全容量工作。此时，单向阀在高压作用下将 C 孔打开，使压缩机前、后高压气体一起进入冷凝器。

半容量工作时，ECU 给电磁阀线圈通电，电磁阀的阀芯在电磁力作用下将 A 孔关闭，B 孔打开，如图 4-6b 所示。高压制冷剂就不能从旁通回路进入，柱塞则不能使排气阀压在阀盘上，于是压缩机只有部分气缸能随活塞的运动而产生高压，此时即压缩机半容量工作。此时，单向阀将 C 孔关闭，防止压缩机前部产生的高压制冷剂回流。

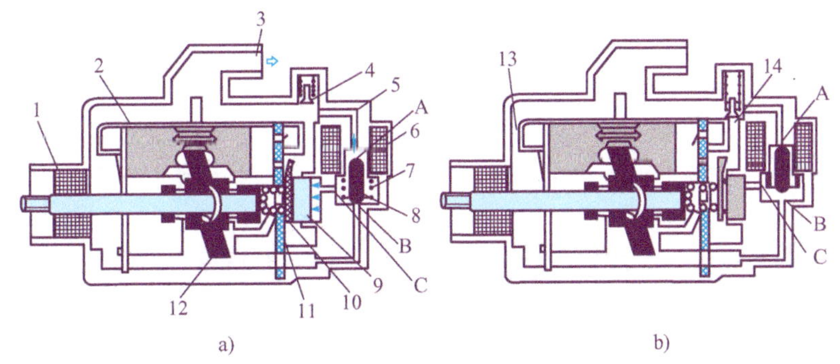

图 4-6　变排量压缩机

a）全容量工作　b）半容量工作

1—压缩机轴　2—活塞　3—接冷凝器　4—单向阀　5—旁通回路　6—电磁线圈　7—弹簧　8—电磁阀　9—柱塞　10—排气阀　11—阀盘　12—旋转斜盘　13—前高压出口　14—后高压出口

压缩机停止工作时，单向阀关闭 C 孔；压缩机起动时，以半容量工作，从而减少压缩机起动时的振动。

2. 冷凝器

（1）冷凝器的作用　汽车空调冷凝器的作用是把压缩机排出的气态高温高压制冷剂，通过冷凝器将热量散发到车外空气中，从而使气态高温高压制冷剂冷凝成中温的高压液体。从压缩机压出高温约 80℃、高压约 1.5MPa 的气态制冷剂流入冷凝器芯管中，在风扇转动或车辆行驶时空气吹过冷凝器，冷却芯管中的制冷剂变为中温约 40℃、高压约 1.1MPa 的液态制冷剂。

（2）冷凝器的安装　汽车空调冷凝器通常安装在汽车前部、侧部或底部，容易受到腐蚀，因此冷凝器表面必须采取防腐措施。

安装冷凝器应注意：从压缩机来的制冷剂必须从冷凝器的上端进口进入，经冷却后的制冷剂则必须从冷凝器下端出口流出。如果安装错误，容易导致制冷系统压力升高，严重时导致冷凝器胀裂。

（3）冷凝器的主要结构形式　汽车空调系统冷凝器的结构形式主要有管片式、管带式和平行流式三种。冷凝器的结构从管片式向管带式发展，并主要向平行流式发展。目前我国轿车上主要采用全铝管带式冷凝器和平行流式冷凝器。

管片式冷凝器和管带式冷凝器的结构及加工工艺与同类蒸发器基本相同，只是管片的间距较大，冷凝器厚度方向的尺寸比蒸发器小，如图4-7、图4-8所示。

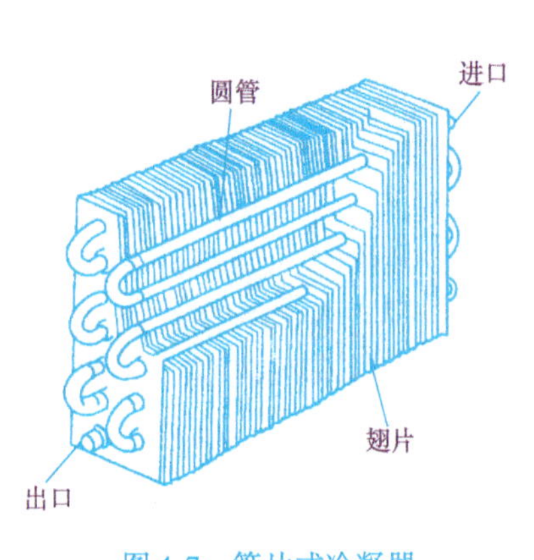

图4-7　管片式冷凝器

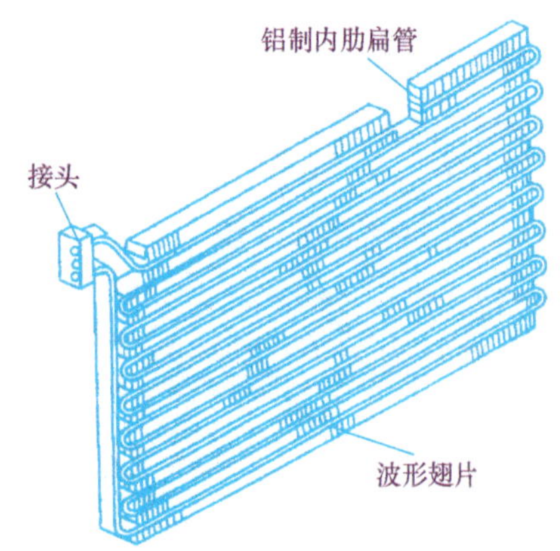

图4-8　管带式冷凝器

（4）冷凝器的组成及工作原理　下面以平行流式冷凝器为例介绍冷凝器的组成及工作原理。

平行流式冷凝器如图4-9所示。它由圆柱集管、铝制内肋扁管、波形散热翅片、连接管组成，是为适应制冷剂R134a而研制的冷凝器。

平行流式冷凝器的工作原理如图4-10所示。

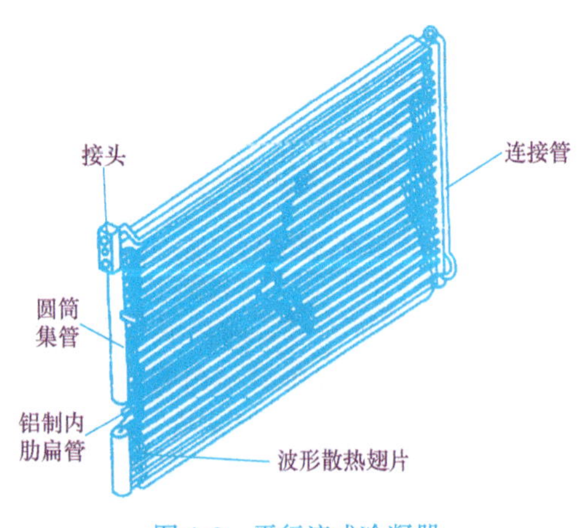

图4-9　平行流式冷凝器

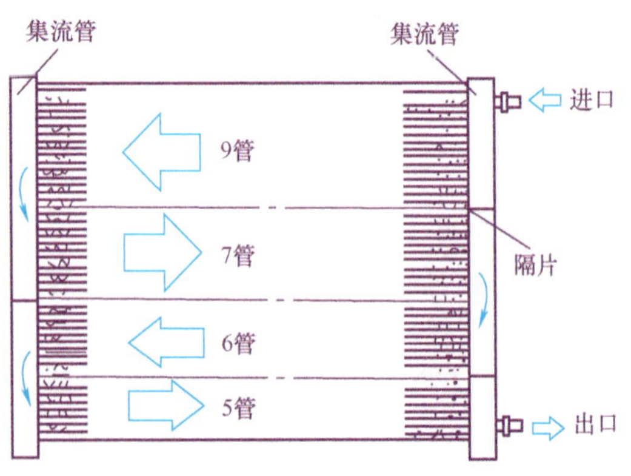

图4-10　平行流式冷凝器的工作原理

平行流式冷凝器在两条集流管间用多条扁管相连，将几条扁管隔成一组，形成进入处管道多，逐渐减少每组管道数，实现了冷凝器内制冷剂温度及流量分配均匀，提高了换热效率，降低了制冷剂在冷凝器中的压力消耗，这样就可减少压缩机功耗。由于管道内散热面积得到充分利用，对于同样的迎风面积，平行流式冷凝器的换热量得到了提高。

3. 蒸发器

（1）蒸发器的作用　蒸发器的作用与冷凝器的作用相反，制冷剂起吸热作用，流经蒸发器的空气受到冷却，制冷系统工作时，高压液态制冷剂通过膨胀阀而压力降低，变成湿蒸气进入蒸发器芯管，吸收散热片及周围空气的热量。

（2）蒸发器的主要结构形式　蒸发器芯子主要有管片式、管带式、层叠式（又称为板翅式）三种结构形式。

1）管片式蒸发器。如图 4-11 所示，管片式蒸发器由铜质或铝质圆管套上铝散热片组成，经胀管工序使散热片与圆管紧密接触，结构比较简单，加工方便，与一般房间空调器的设备相同，但管片式的换热效率较差。

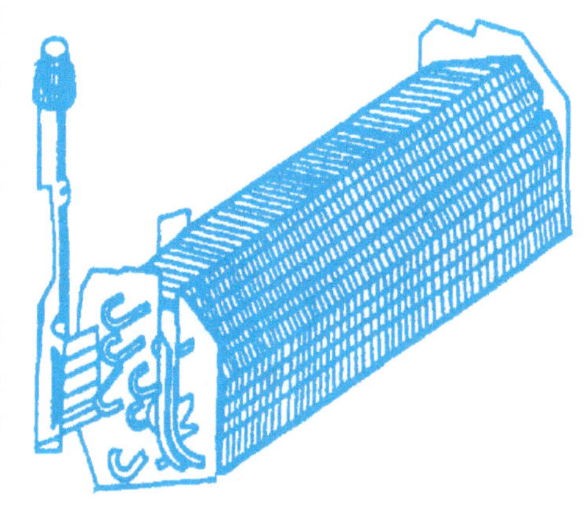

图 4-11　管片式蒸发器

2）管带式蒸发器。如图 4-12 所示，管带式蒸发器由多孔扁管与蛇形散热铝带焊接而成，工艺比管片式复杂，焊接技术难度大，需采用复合铝材（表面覆盖一层 0.02 ~ 0.09mm 厚的焊剂）及多孔扁管型材，但换热效率比管片式蒸发器高 10% 左右。

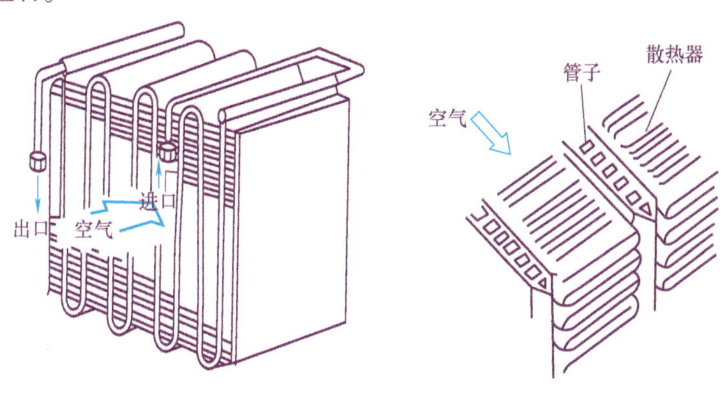

图 4-12　管带式蒸发器

3）层叠式蒸发器。层叠式蒸发器又称为板翅式蒸发器，如图 4-13 所示，它由两片冲压成复杂形状的铝板叠在一起形成制冷剂通道，每两条通道之间夹有蛇形散热铝带。此种类型的蒸发器也需要双面复合铝材，且焊接技术要求高，加工难度大，但其换热效率比管带式蒸发器高约 10%，结构也比较紧凑。

4. 膨胀阀

（1）膨胀阀的作用　膨胀阀也称为节流阀，是组成汽车空调制冷装置的主要部件，安装在蒸发器入口处，也是汽车空调制冷系统的高压与低压的分界点。其作用是把来自储液干

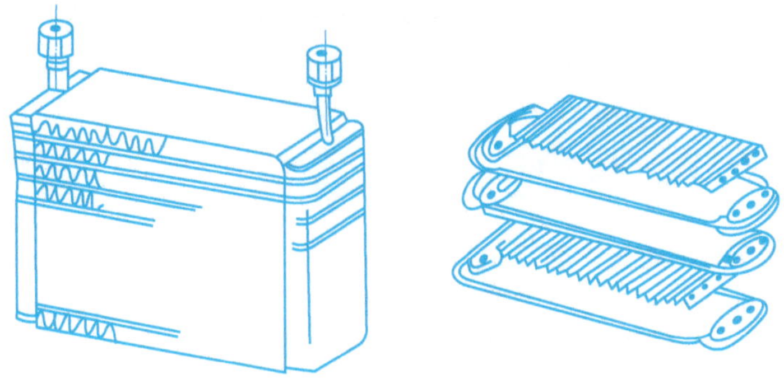

图 4-13　层叠式蒸发器

燥器的高压液态制冷剂节流减压，调节和控制进入蒸发器中的液态制冷剂量，使之适应制冷负荷的变化，同时可防止压缩机发生液击现象和蒸发器出口蒸气异常过热。

（2）热力膨胀阀　根据平衡方式，热力膨胀阀分为内平衡式和外平衡式两种。

内平衡膨胀阀如图 4-14 所示。它由节流孔、感温系统和调节机构等组成。节流孔的孔径一般为 1～3mm，其功用是对液态高压制冷剂节流降压。感温系统主要包括金属膜片、毛细管、感温包等，感温包内充满制冷剂气体，它通过毛细管感应蒸发器出口温度，随蒸发器出口温度变化，感温包内制冷剂气体压力也发生变化，并将这种变化通过金属膜片传递给调节机构。调节机构包括阀体、阀座、顶杆、弹簧等，用来直接改变膨胀阀节流孔开度，以实现对制冷剂流量的调节和控制。

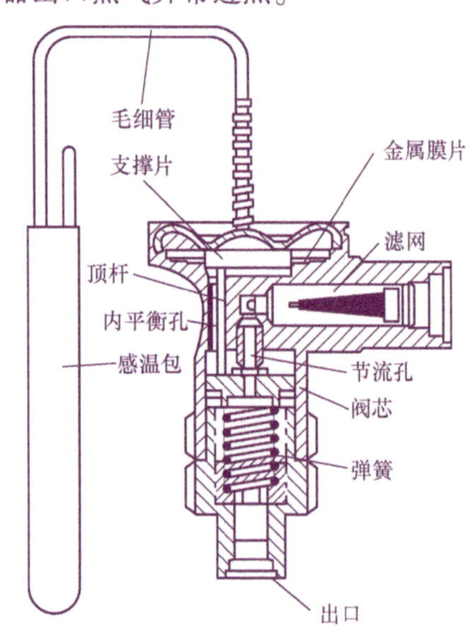

图 4-14　内平衡膨胀阀

内平衡膨胀阀的工作原理：感温包内制冷剂气体的压力作用在金属膜片上方，而金属膜片下面承受经阀芯和顶杆传来的弹簧力与平衡压力（节流后的制冷剂压力）共同作用，阀芯直接控制节流孔的开度。当金属膜片受力平衡时，金属膜片位置、阀芯位置、节流孔开度均固定。当蒸发器出口温度较高时，感温包内气体作用在金属膜片上方的压力增大，使金属膜片、顶杆、阀芯向下移动，节流孔开大，使进入蒸发器的制冷剂流量增加，制冷量也相应增大；反之，当蒸发器出口温度较低时，节流孔开度减小，进入蒸发器的制冷剂流量减小，制冷量也相应减少。由于平衡压力是由膨胀阀内部将节流后的制冷剂引至金属膜片下方产生的，所以称之为内平衡膨胀阀。

外平衡膨胀阀与内平衡膨胀阀的结构和工作原理基本相同，只是平衡压力用外平衡管路从蒸发器出口引至金属膜片下方，如图 4-15 所示。相比而言，两种膨胀阀都是通过感温包感应蒸发器出口温度，但内平衡膨胀阀感应的压力是蒸发器进口压力，而外平衡膨胀阀感应的压力是蒸发器出口压力，由于蒸发器内部存在压力损失，导致内平衡膨胀阀感应的温度与压力不匹配，所以控制精度较差，但其结构简单。

（3）H形膨胀阀　H形膨胀阀是一种整体型膨胀阀，因其内部通路形同H而得名。它取消了外平衡式膨胀阀的外平衡管和感温包，使其直接与蒸发器进、出口相连。H形膨胀阀的结构如图4-16所示。

其工作原理实际上是把感温包缩到阀体内的回气管路上，从而提高了阀的工作灵敏度。但这种结构加工难度较大，膜片中心开孔也会影响膜片的开阀特性，其工作原理如图4-17所示。

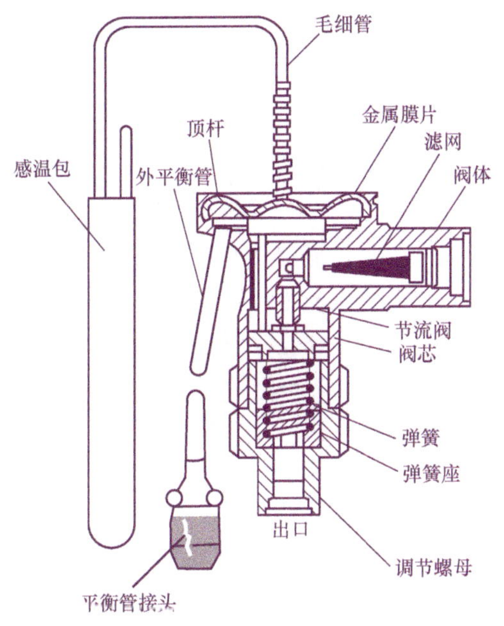

图4-15　外平衡膨胀阀

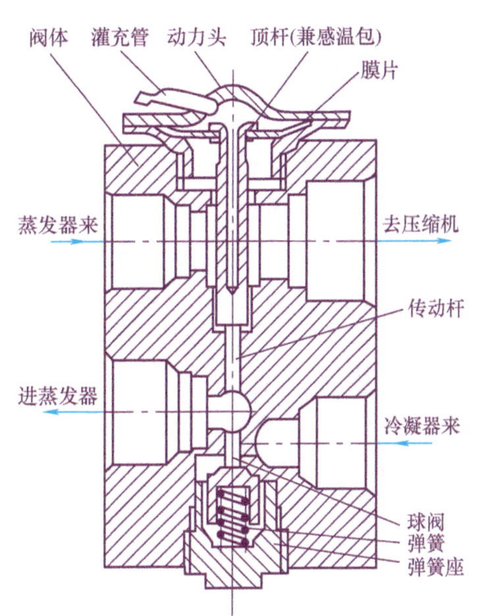

图4-16　H形膨胀阀的结构

H形膨胀阀有四个接口通往汽车空调系统，其中，两个接口和普通膨胀阀一样，一个接储液干燥器出口，另一个接蒸发器进口；另外两个接口，一个接蒸发器出口，另一个接压缩机进口，感温包和毛细管均由薄膜下面的感温元件所取代，感温元件处在进入压缩机的制冷剂气流中。H形膨胀阀结构紧凑、性能可靠，符合汽车空调的要求。

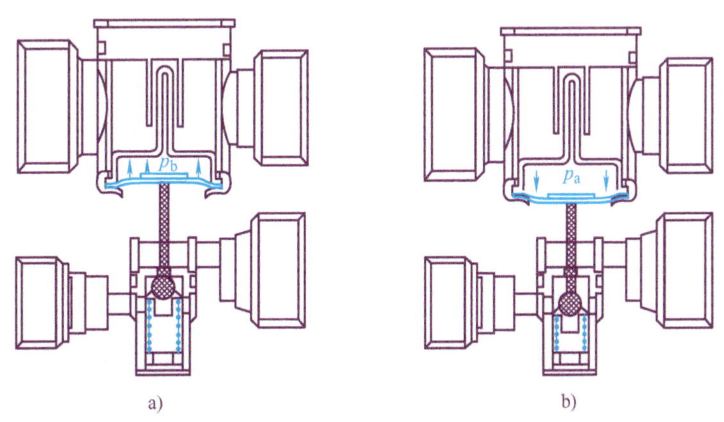

图4-17　H形膨胀阀工作原理

a）热负荷较小时的开度　b）热负荷较大时的开度

H形膨胀阀安装在蒸发器的进、出管之间，阀上端直接暴露在蒸发器出口介质上，感应温度不受环境温度影响，也不需要通过毛细管而造成时间滞后。由于该膨胀阀无感温包、毛细管和外平衡接管，可免除因汽车颠簸、振动而使充注系统断裂外漏以及感温包包扎松动，从而影响膨胀阀的正常工作，提高了膨胀阀的抗振性能。

5. 储液干燥器

储液干燥器全名为储液干燥过滤器，用于以热力膨胀阀作为膨胀节流装置的制冷系统中，它安装在冷凝器与膨胀阀之间。

储液干燥器的作用是储存制冷剂，过滤制冷剂中的杂质，吸收制冷剂中的湿气。

储液干燥器的结构如图4-18所示。它由玻璃观察窗、吸取管、粗滤器、干燥剂、过滤器及壳体组成。观察窗是安装在制冷剂通道中的一块玻璃，用来观察制冷剂的流动状况。有些储液干燥器上装有易熔塞，如图4-18所示。若因冷凝器散热不良或其他零部件过热使其温度急剧上升，当储液干燥器的温度升至100℃～156℃、压力高达3.0MPa时，易熔塞的低熔点金属就会熔化，并把制冷剂排放到大气中去，防止整个系统遭受损坏。在干燥器体内装有过滤器和干燥剂；过滤器由多层不同网目的金属滤网组成，并用铜丝布、纱布、药棉等材料填充，可滤除制冷剂中的各种杂质；干燥剂一般为硅胶或分子筛，用来吸收制冷剂中的水分。

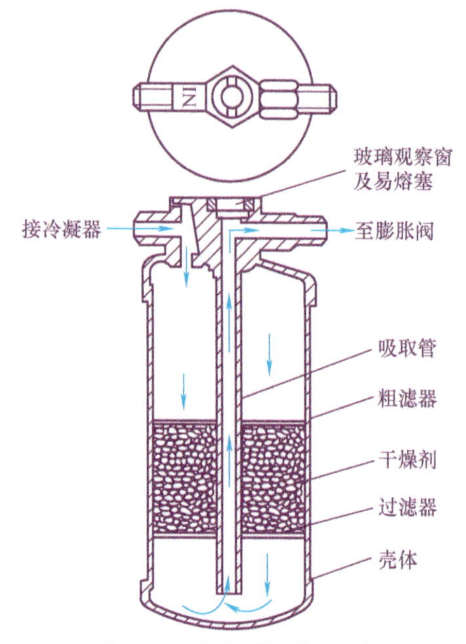

图4-18　储液干燥器的结构

6. 管路

管路把制冷系统各元件连成一个封闭系统。制冷系统采用柔性橡胶软管连接，空调软管中间是橡胶软管，两端铆有金属接头。汽车上较常用的软管是尼龙软管和耐氟氯丁橡胶软管。前者比后者耐压、耐爆裂强度高。空调通常有三种软管：低压软管、高压软管和液体管路。其中低压软管的管径最大，液体管路的管径最小。耐氟橡胶软管的编号有6号、8号、10号、12号四种，号越小，内径越小。

7. 压力开关

压力开关属于保护元件，通过对电磁离合器电路和冷凝器风扇电路的控制，来实现压缩机停与开或风扇高、低速运转，从而防止系统因压力和温度过高或过低而损坏。压力开关分为高压压力开关和低压压力开关，它可根据压力的变化开闭触点，故又称为压力继电器。

高压压力开关安装在压缩机至冷凝器的管路上，用于防止系统压力过高；低压压力开关通常设在高压回路中，用于防止压缩机在缺少制冷剂的情况空转，以免压缩机因缺乏润滑油而损坏。

此外，在轿车制冷系统中还将高压压力开关与低压压力开关组合成一体，叫作高低压组合开关，它既可进行低压压力控制，也可进行高压压力控制。

六、制冷系统的维护

1. 常用维修工具的介绍

对于汽车空调的维护、检查、维修，需要掌握配套的专用工具与设备的使用，才能准确

而迅速地进行相关作业，提高工作质量。这些工具与设备包括各种扳手、螺钉旋具、万用表、歧管压力计、真空泵、检漏设备等。

(1) 歧管压力计　歧管压力计也称为歧管压力表，其结构如图4-19所示。它是由高低压力指示表、高低压阀门开关手轮、接红色软管通高压侧的高压表管接头、接黄（或绿）色软管用于抽真空和加注制冷剂的中间管接头、接蓝色软管通低压侧的低压表管接头组成。

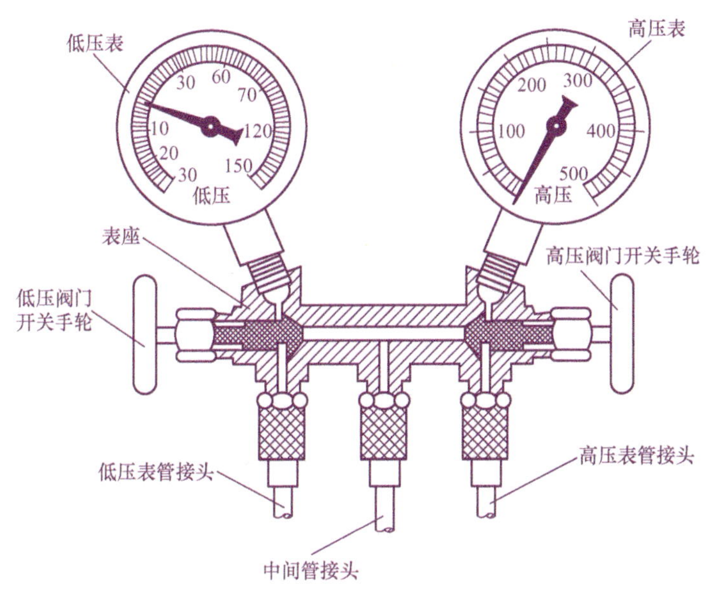

图4-19　歧管压力计的结构

歧管压力计是维修汽车空调制冷系统必不可少的工具，它与制冷系统相接可进行抽真空、加注制冷剂及诊断制冷系统故障等操作。

歧管压力计的具体操作步骤如下：

1）当手动低压阀开启、手动高压阀关闭时，低压管路与中间管路、低压表相通，此时可从低压侧加注制冷剂或排放制冷剂，并同时检测高、低压侧的压力。

2）当手动低压阀关闭、手动高压阀开启时，高压管路与中间管路、高压表相通，这时可从高压侧加注制冷剂，并同时检测高、低压侧的压力。

3）当手动高、低压阀均关闭时，可检测高、低压侧的压力。

4）当手动高、低压阀均开启时，可加注制冷剂、抽真空，并检测高、低压侧的压力。

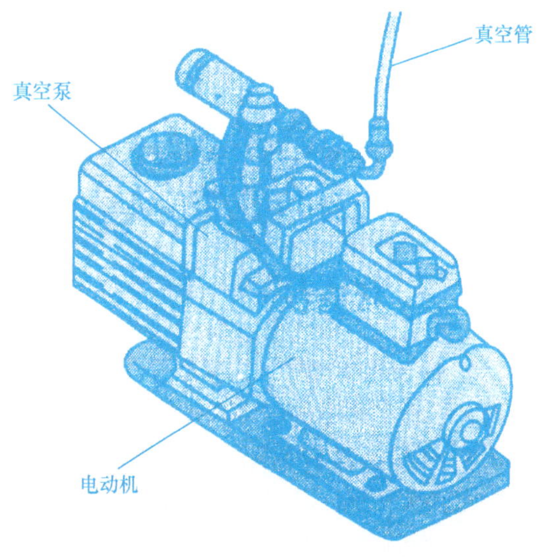

图4-20　真空泵

(2) 真空泵　如图4-20所示，真空泵是用于制冷系统抽真空，排除系统内的空气

和水分。因为安装、检修空调制冷系统时，会有一定量的空气进入制冷系统，空气中含有的水蒸气会使制冷系统的膨胀阀冰堵、冷凝压力升高、系统零部件发生腐蚀，所以，在加注新制冷剂之前，必须对制冷系统抽真空。抽真空并不能将水抽出系统，而是产生真空后降低了水的沸点，水在较低温度下沸腾，以蒸汽的形式从系统中被抽出。

（3）检漏设备　拆装或检修汽车空调制冷系统管道，更换零部件之后，需在检修及拆装部位进行制冷剂的泄漏检测。一般采用卤素检漏灯和电子检漏仪两种设备，其中电子检漏仪较为常用。

1）卤素检漏灯。它是一种丙烷（或酒精）气体燃烧喷灯，利用制冷剂气体进入安装在喷灯的吸入管内会使喷灯的火焰颜色改变这一特性来判断系统的泄漏部位和泄漏程度。泄漏量少时，火焰呈浅绿色；泄漏量较多时，火焰呈浅蓝色；泄漏量很多时，火焰呈紫色。

2）电子检漏仪。如图 4-21 所示，电子检漏仪是用来检查制冷系统中制冷剂是否泄漏及确定泄漏部位。

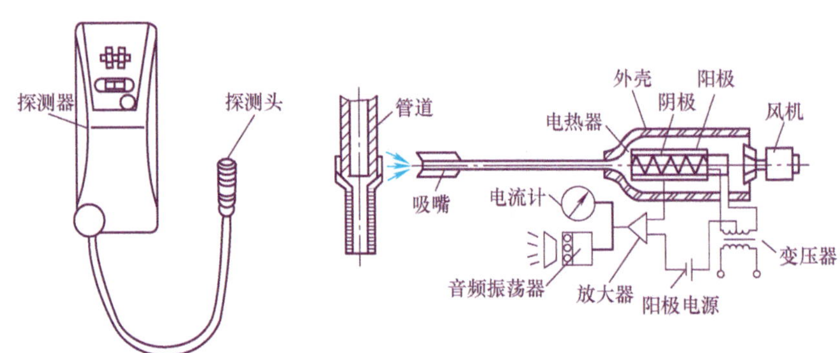

图 4-21　电子检漏仪的结构

电子检测仪的操作步骤如下：

①将检漏仪电源接上，并预热 10min 左右。

②将开关拨至校核档，确认指示灯和警铃工作正常。

③将仪器调到所要求的灵敏度范围。

④将开关拨到检测档，将探头放到被检测部位，如果有超过灵敏度范围的泄漏量，则警铃会发出声响。

一旦查出泄漏部位，探头应立即离开此部位，以免缩短仪器的使用寿命。

如果制冷系统有大量泄漏或刚经过维修，周围空间存在大量制冷剂气体时，则应先吹净空气再进行检测，否则无法检测到确切的泄漏部位。

（4）制冷剂注入阀　为了便于维修汽车空调和携带方便，制冷剂厂商制造了一种小罐制冷剂，要把小罐中的制冷剂加到制冷回路中去，要用制冷剂罐注入阀。

图 4-22 所示为制冷剂注入阀的结构，制冷剂罐内装有制冷剂，接头用软管与歧管压力计的中间接头相连，其操作方法如下：

1）按逆时针方向旋转注入阀手柄，直到阀针退回为止。

2）将注入阀装到制冷剂罐上，逆时针方向旋转板状螺母直到最高位置，然后将制冷剂

注入阀顺时针拧动，直到注入阀嵌入制冷剂密封塞。

3）将板状螺母按顺时针方向旋转到底，再将歧管压力计上的中间软管固定到注入阀的接头上。

4）拧紧板状螺母。

5）按顺时针方向旋转手柄，使阀针刺穿密封塞。

6）若要充注制冷剂，则逆时针方向旋转手柄，使阀针抬起，同时打开歧管压力计上的手动阀。

7）若要停止加注制冷剂，则顺时针方向旋转手柄，使阀针再次进入密封塞，起到密封作用，并同时关闭歧管压力计上的手动阀。

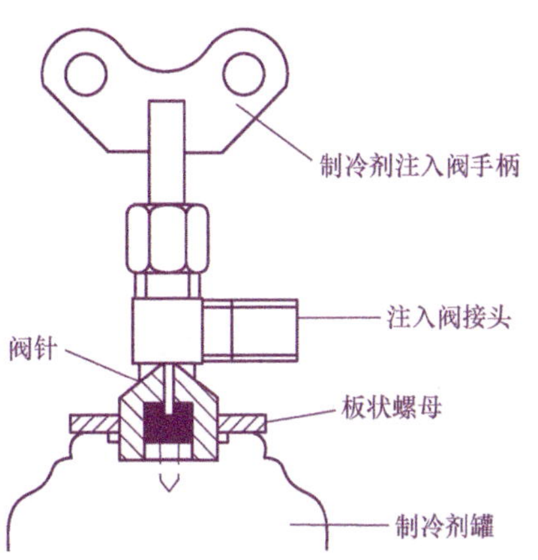

图4-22　制冷剂注入阀的结构

2. 汽车空调的维护

汽车空调系统分日常维护和定期维护。

(1) 日常维护

日常维护主要是通过看、听、摸、测等方法进行检查。

1）检查和清洗汽车空调的冷凝器，要求散热片内清洁、片间无堵塞物。

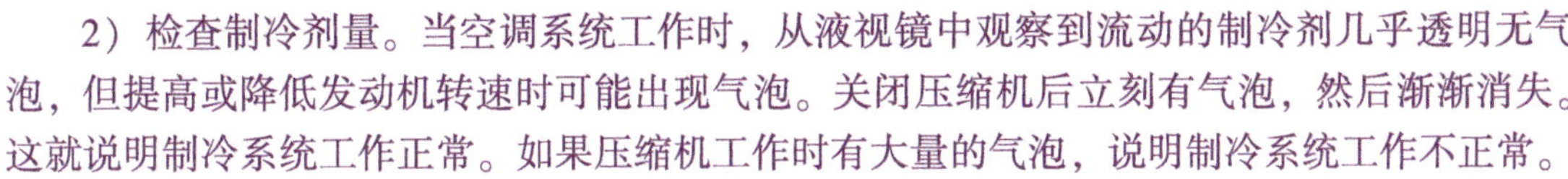

2）检查制冷剂量。当空调系统工作时，从液视镜中观察到流动的制冷剂几乎透明无气泡，但提高或降低发动机转速时可能出现气泡。关闭压缩机后立刻有气泡，然后渐渐消失。这就说明制冷系统工作正常。如果压缩机工作时有大量的气泡，说明制冷系统工作不正常。

3）检查传动带，压缩机与发动机之间的传动带应张紧。

4）用耳听和鼻闻检查汽车空调有无异常响声和异常气味。

5）用手摸压缩机附近高、低压管有无温差，正常情况下低压管路呈低温状态，高压管路呈高温状态。

6）用手摸冷凝器进、出口处，正常情况下是进口较出口热。

7）用手摸膨胀阀前后应有明显温差，正常情况是前热后凉。

8）检查制冷系统软管外观是否正常，各接头处连接是否牢靠，接头处有无油污，有油污表明有微漏，应进行紧固。

9）检查制冷系统电路连接是否牢靠，有无断路或脱接现象。

(2) 定期维护　为保证汽车空调无故障运行，需要定期对系统各主要零部件进行维护，如压缩机、冷凝器、散热器、蒸发器、电气部件等。

1）压缩机。在压缩机运转情况下，检查其是否有异常响声，如有，说明压缩机的轴承、阀片、活塞环或其他部件有可能损伤或冷冻油过少；检查压缩机的高低压端有无温差；运转中如压缩机有振动，应检查传动带的松紧度，同时还要检查冷冻油液面的高度。

2）冷凝器、蒸发器。检查两者的清洁状况、通道是否畅通，以保证其能通过最大的通气量。

3）膨胀阀。检查其有无堵塞，感温包与蒸发器出口管路是否贴紧；膨胀阀能否根据温度的变化自动调节制冷剂的供给量。

4）高、低压管。检查软管有无裂纹、鼓包、老化或破损现象，硬管是否有裂纹或渗漏现象，是否会碰到硬物或运动件，管道螺栓是否紧固。

5）储液干燥器。检查易熔塞是否熔化，各接头处是否有油迹；正常工作时其表面应无

露珠或挂霜现象；每年四五月份维护期中视需要更换干燥剂或干燥过滤器总成。

6）电气系统。检查电磁离合器无打滑现象，低温保护开关在规定的气温下如能正常起动压缩机，则说明其有故障；检查电线连接是否可靠。

7）高、低压开关。检查高、低压开关，高压开关在压力2.2MPa时，应能自动接通声光报警电路并使电磁离合器断电，当压力小于2MPa时，应能自动复位；低压开关在压力小于0.2MPa时，应能自动接通声光报警电路并使电磁离合器断电，当压力大于0.2MPa时，应能自动复位。

8）冷凝器和蒸发器风机。检查冷凝器和蒸发器风机工作时有无异常响声，叶片有无破损，螺栓连接是否牢固，电动机轴承有无缺油现象。

任务实施

一、任务实施的环境

维修人员要根据故障现象，制订汽车空调不制冷的检测流程，然后逐项检测与排除。在检测的过程中要注意工作安全，维修人员要做好防护工作。

二、任务实施的步骤

（一）汽车空调系统检修的基本操作

汽车空调制冷系统检修的基本操作一般包括制冷系统工作压力的检测、制冷系统的检漏、制冷剂排空、抽真空、制冷剂的充注、加注冷冻油等。

1. 维修操作注意事项

（1）作业环境　检修空调时应注意清洁和防潮，一定要防止污物、灰尘和水分进入制冷系统，要把机组周围和接头附近清洁干净，避免雨天进行维修作业。

（2）制冷剂的使用　保存和搬运制冷剂时，应按其要求存放，不要用火烤钢瓶，也不能把它放置在太阳能直接照射到的地方。制冷剂应存放在低于40℃以下的阴凉地方。制冷剂不能接触人体，否则会引起冻伤。操作时不可靠近面部，而且必须戴上护目镜和手套。若不慎将制冷剂溅到眼睛或皮肤上，应立即用大量的冷水冲洗，然后用一块无菌布盖在受伤部位上，去医院进行专业治疗。

（3）制冷系统管路操作　拆卸制冷系统管路时，应立即将系统管口或接头封住，以免潮气或灰尘进入。清洁管路时应用高压氮气冲洗。管接头的密封圈是一次性的，每次检修后应该更换。拧紧或松开管接头时，应使用两个扳手。

汽车空调制冷管路的连接一定要牢固可靠，应具有良好的密封性能，但又不能拧得过紧而损伤螺纹，因此要根据不同的材质、不同的管径按照拧紧力矩的要求操作。

2. 制冷系统工作压力的检测

要了解汽车空调制冷系统工作循环进行的情况，必须测量制冷系统工作时高压侧和低压侧的压力，制冷系统工作压力的检测具体操作过程如下：

1）将歧管压力计正确连接到制冷系统相应的检修阀上，如果是手动检修阀，应使阀处于中位。

2）关闭歧管压力计上的两个手动截止阀。

3）用手拧松歧管压力计上高低压注入软管的连接螺母，让系统内的制冷剂将软管内的空气排出，然后将连接螺母拧紧。

4）起动发动机并使发动机转速保持在1000～1500r/min，然后打开空调（A/C）开关和鼓风机开关，设置到空调最大制冷状态，鼓风机高速运转，温度调节到最冷。

5）关闭车门、车窗和舱盖，预热发动机。

6）将一支玻璃温度计放进中风门空调出风口（检测空调冷风温度），而将干湿温度计放在车内空气循环进气口处（检测室内环境温度），湿温度计的球部要覆盖蘸饱水的棉花。

7）空调系统至少要正常工作15min后，才能进行检测工作，记录数据。空调的正常值要达到一定的标准要求。当环境温度在21～32℃，空调冷风温度在1～10℃。R134a空调系统低压侧的压力应为0.15～0.25MPa，高压侧的压力应为1.37～1.57MPa。

注意：根据车型不同，测试工况（发动机转速、蒸发器入口温度）不同，压力范围略有差异。

3. 制冷系统的检漏

汽车空调系统的常用检漏方法有压力检漏、真空检漏、电子式检漏仪检漏和外观检漏等。

（1）压力检漏　压力检漏是指将少量制冷剂及一定压力的氮气加入制冷系统中，再用观察法、肥皂泡沫、卤素检漏灯或电子检漏仪进行检漏的一种方法。这种方法常用于空调制冷系统中制冷剂全部漏光时的检漏。其操作方法如图4-23所示。采用压力检漏时，严禁用压缩空气进行检漏，因压缩空气中含有水分，水分随空气进入后会在膨胀阀处产生冰堵。

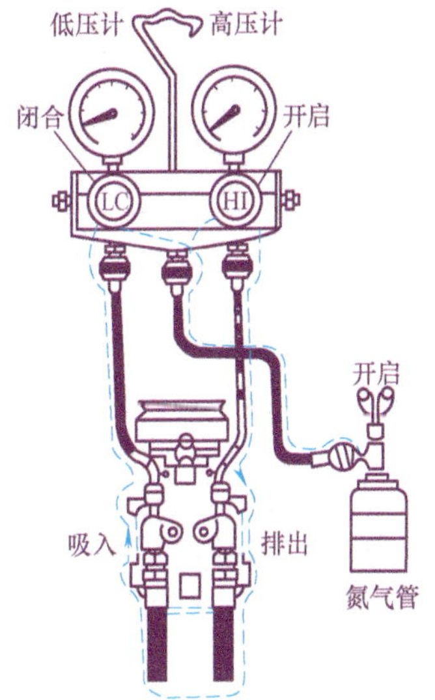

图4-23　制冷剂加压检漏的操作方法

（2）真空检漏　应用真空泵进行检漏，真空度应达到0.1MPa，并保持24h内真空度没有显著升高即可。抽真空的目的有三个：一是抽出系统中残留的氮气；二是检查系统有无渗漏；三是使系统干燥。只有在系统抽真空后才能加注制冷剂。

（3）用电子式检漏仪检漏　用电子式检漏仪对空调系统进行检漏，检漏仪探头应尽可能接近检漏部位，一般要求在3mm之内，探头的移动速度必须低于30mm/s。当探头脏污或电压偏低时，都会影响检查的准确性。其方法和步骤如下：

1）将检漏仪接上电源，预热10min左右。

2）对检漏仪进行校核，使指示灯和警铃工作正常。

3）将检漏仪调到所需要的灵敏度范围。

4）将探头放在易出现泄漏的各个部位进行检测，防止漏检。

5）当指示灯亮、警铃响起时，此位置为泄漏部位。同时应将探头立即移动，以免损坏检漏仪。

（4）外观检漏　制冷剂泄漏部位往往会渗出冷冻油，若发现在某处有油污渗出，可进一步用清洁的白纸擦拭或用手直接触摸检查。如果仍有油冒出，则可能有渗漏。

4. 制冷剂排空

制冷剂排空是指将制冷系统内的制冷剂排出。制冷剂排空一般有传统排空法和回收排空法两种。

（1）传统排空法　传统排空法如图4-24所示，具体过程如下：

1）把歧管压力表组连接到系统的高、低压检修阀上。

2）起动发动机并使转速维持在1000～1200r/min，并运行10～15min。

3）风扇开至高速运转，将系统中所有的控制开关都放到最冷位置使系统达到稳定状态。

4）把发动机转速调到正常怠速状态。

5）关闭空调的控制开关，关闭发动机。

6）缓慢打开歧管压力表组上的低压手动阀，让制冷剂缓慢地从中间软管流入回收装置中。等压力下降到350kPa时，再缓慢拧开高压手动阀，以防止冷冻机油被带出。

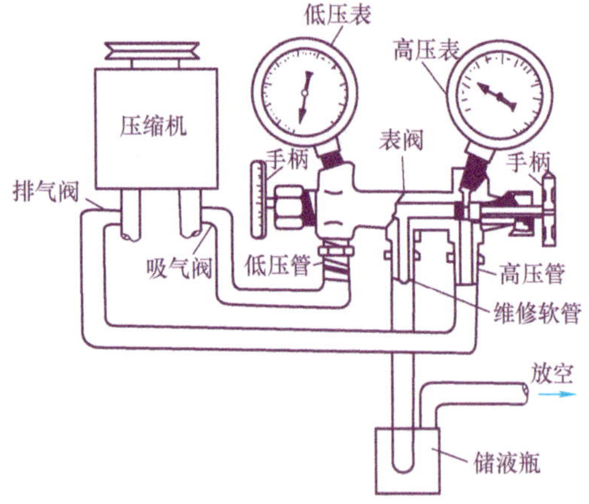

图4-24　制冷剂排空

7）当歧管压力表组的高、低压力表指示为零时，说明系统内制冷剂已排空。

（2）回收排空法　制冷剂的泄放回收、净化循环使用工作过程如下：

1）用表阀系统将汽车空调制冷系统中的制冷剂回收到储液瓶。其中，高压阀连接压缩机排气管，低压阀连接压缩机吸气管。表阀的中间接口连接钢瓶。钢瓶的底部有一个截止阀，用来泄放制冷剂带出的润滑油（冷冻油）。降压时，先缓慢拧开高压手动阀，让制冷剂缓慢流出而尽量不带出冷冻油。当压力下降到350kPa时，再缓慢拧开低压手动阀，让制冷剂经降压、除酸、干燥、过滤等工序处理后，重新压缩、冷凝、液化，装入储液瓶中。

2）在此过程中，对生成的酸性物质的清除，常采用中和法或膜处理方法，使酸性物质自动分离；对混入制冷剂中的水分常采用分子筛吸附，使制冷剂的含水量降低到可重新使用的标准；对不溶杂质（如铁屑、油污、灰尘等），可采用空调用的过滤装置加以清除。

（3）注意事项

1）回收场地应通风良好，不要使排出的制冷剂靠近明火，以免产生有毒气体。

2）制冷剂排出而冷冻油并非全部排出，因此应测定排出的油量，以便补充。

5. 汽车空调制冷系统抽真空

抽真空是为了排除制冷系统内的空气和水汽，它是空调维修中一项极为重要的程序。图4-25所示为抽真空管路连接方法，具体操作过程如下：

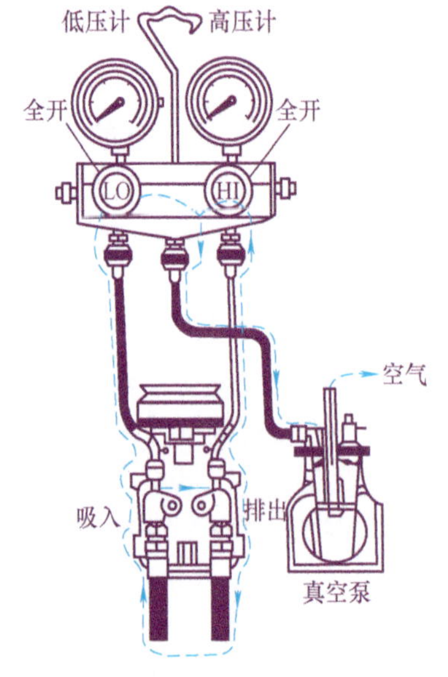

图4-25　空调系统抽真空

1）将歧管压力计上的两根高、低压力软管分别与压缩机上的高、低接口相连，将歧管压力计上的中间软管与真空泵相连。

2）打开歧管压力计上的高、低压手动阀，起动真空泵，并注视两个压力表，将系统压力抽真空至98.70～99.99kPa。

3）关闭歧管压力计上的高、低压手动阀，观察压力表指示压力是否回升。若回升，则表示系统泄漏，此时应进行检漏和修补；若压力表指针保持不动，则打开高、低压手动阀，起动真空泵继续抽真空15～30min，使其真空压力表指针稳定。

4）关闭歧管压力计上的高、低压手动阀。

5）关闭真空泵。先关闭高、低压手动阀，然后关闭真空泵，目的是防止空气进入制冷系统。

6. 汽车空调系统制冷剂充注

当制冷系统抽真空达到要求，且经检漏确定制冷系统不存在泄漏部位后，即可向制冷系统充注制冷剂。

充注前，先确定注入制冷剂的数量，充注量过多或过少都会影响空调的制冷效果。压缩机的铭牌上一般都标有所用的制冷剂的种类及其充注量。

（1）从高压侧充注制冷剂　液态制冷剂可以从高压侧注入，其充注过程如下：

1）抽真空作业完成后，将中间注入软管从真空泵上卸下，改接到制冷剂注入阀接口上，装好制冷剂罐并用注入阀打开制冷剂罐，然后将与歧管压力计相连接的中间软管接头稍微松开一些，直到听到嘶嘶声后再拧紧，以排出中间注入软管内的空气。

2）打开歧管气压计高压侧手动阀，制冷剂便经高压侧注入软管进入系统高压侧，这时观察低压表指针一起升高，若低压表指针不回升或回升很慢，说明系统内部有堵塞处，应停止充注并进行检修。

若低压表指针随高压表一起正常回升，可将制冷剂罐倒立，使制冷剂呈液态进入系统。注入规定量的制冷剂后，关闭高压侧手动阀和注入阀后，即可进行检漏或试运行。

图4-26所示为从高压侧充注液态制冷剂示意图。一般在抽真空后，初步检漏之前，从高压侧注入一定量的液态制冷剂（200g左右），以使制冷系统有一定量的制冷剂并保持一定的压力，便于用卤素检漏仪进行检漏作业。另外应注意，采用这种方式充注制冷剂时，不允许打开歧管压力计上的低压手动阀，也决不允许运转压缩机，否则有造成制冷剂罐爆裂的危险。

（2）从低压侧注入气态制冷剂　气态制冷剂一般从制冷系统低压侧检修阀注入，用于初步检漏后充足制冷剂量或给系统内补充制冷剂，其加注过程如下：

1）将歧管压力计连接于制冷系统检修阀上，将中间注入软管与制冷剂注入阀和制冷剂罐连接好。

2）起动发动机并使之保持在1500～2000r/min转速下运转，接通空调（A/C）开关使压缩机工作，鼓风机以高速旋转，温度调节推杆或旋钮调至最大冷却位置。

3）用注入阀打开制冷剂罐并保持罐体直立，缓慢打开歧管压力计低压手动阀，气态制冷剂便由制冷剂罐经注入软管，经低压侧检修阀被压缩机吸入制冷系统低压侧，示意图如图4-27所示。同时调节低压侧手动阀开度，使低压表读数不超过411.6kPa。为加快充注速度，可将制冷剂罐直立放在温度为40℃左右的温水中，以保证制冷剂罐内的液态制冷剂具

有一定的蒸发速度。

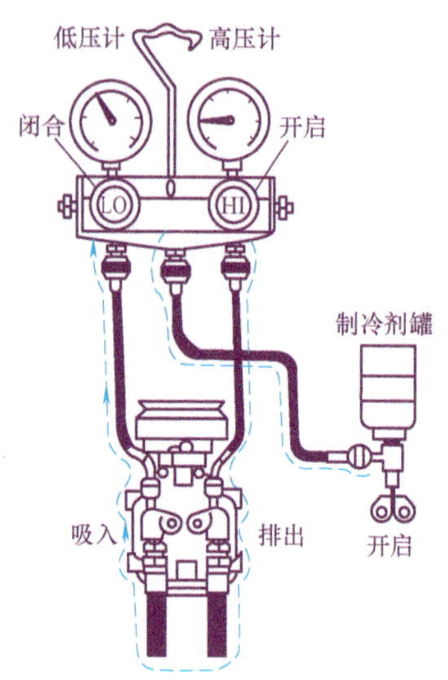

图4-26　从高压侧充注液态制冷剂示意图

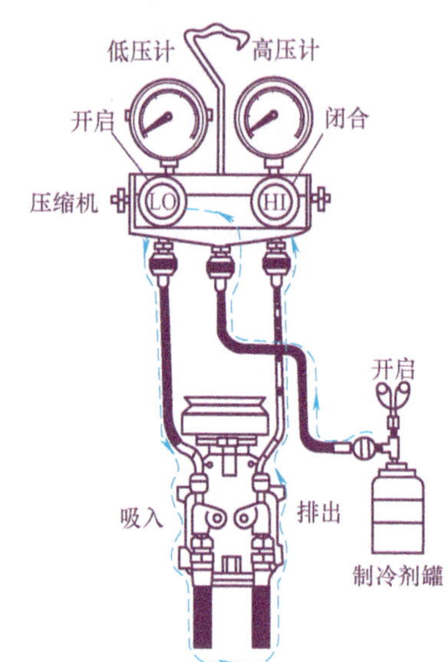

图4-27　从低压侧充注气态制冷剂示意图

若使用的是小容量罐，在加注一罐后仍需加注时，可关闭歧管压力计上的低压侧手动阀，从空罐上卸下注入阀，把它装到待用的制冷剂罐上，排出中间注入软管内的空气后，再继续加注到适量为止。

4）充注完毕后，关闭歧管压力计低压侧手动阀，关闭注入阀，关闭空调（A/C）开关和鼓风机开关，使发动机熄火，卸下歧管压力计即可。

7. 汽车空调系统加注冷冻油

通常汽车空调制冷系统的冷冻油消耗很少，但每两年需要更换一次，每次应按规定数量加注（一般压缩机的铭牌上标注润滑油的型号和数量）。加注时一定要使用同一牌号的冷冻油，不同牌号的冷冻油混用会生成沉淀物。

加注冷冻油有直接加入法和真空吸入法两种方式。

（1）直接加入法

1）卸下加油塞（图4-28），注入规定型号的冷冻油。

2）通过加油塞孔观察，旋转离合器前板，使活塞连杆正好在加油塞孔中央位置。

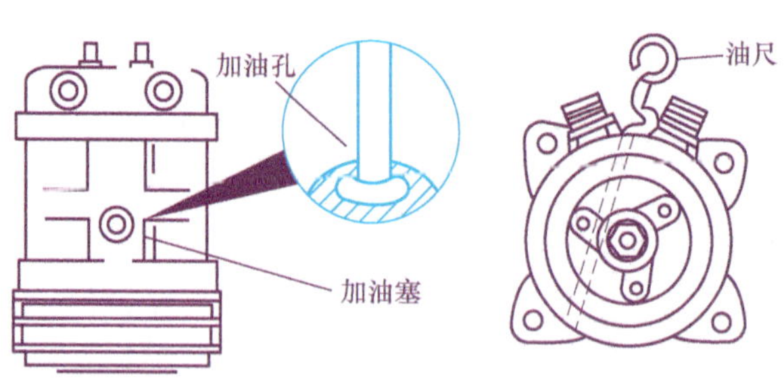

图4-28　直接加注冷冻油

3）把油尺插到活塞连杆的右边，直至油尺端部碰到压缩机外壳为止。

4）取出油尺，检查冷冻油的刻度数（沟纹），应该在油尺的4～6格之内。

（2）真空吸入法　按要求正确连接设备，如图4-29所示。先将制冷系统抽真空到2kPa，然后开始加注冷冻油，步骤如下：

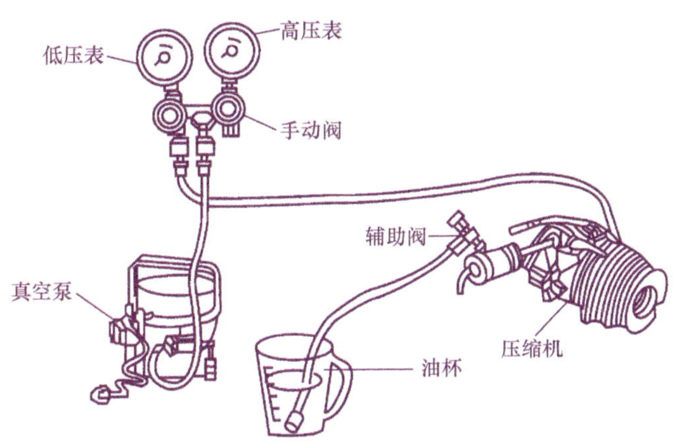

图 4-29　抽真空加注冷冻油

1）关闭高压手动阀，关闭辅助阀。

2）把高压侧软管从歧管压力表下拆下，插入油杯内。

3）打开辅助阀，使冷冻油从油杯吸入制冷系统。

4）当油杯中的冷冻油快被抽空时，立即关闭辅助阀，以免系统中吸入空气。

5）把高压侧软管接头拧在歧管压力表上，打开高压手动阀，起动真空泵，将高压侧软管抽真空。然后打开辅助阀，为系统抽真空压力，至 2kPa，然后加抽 15min，以便排除随油进入系统里的空气。此时，冷冻油在高压侧，待系统运转后，冷冻油返回压缩机。

（二）汽车空调系统控制元件的检测

1. 空调压力开关的检查

其插头如图 4-30 所示，测试方法如下：

1）起动发动机，接通 A/C 开关，压缩机应运转；拔下开关插头，压缩机停止工作（低压开关断开）。

2）如果接通 A/C 开关，压缩机不运转，则拔下开关的插头。

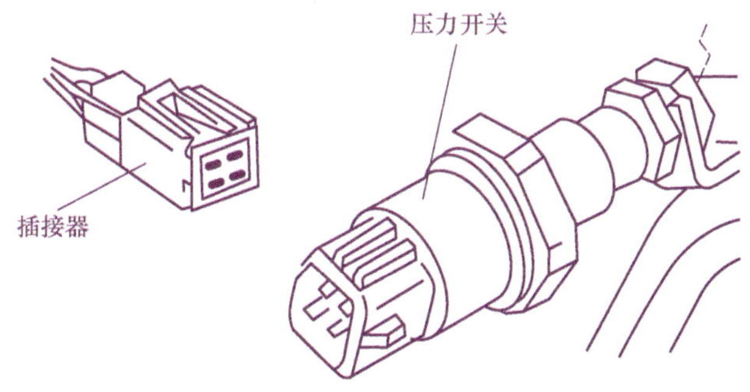

图 4-30　拔下压力开关插头

3）将插头上的两个低压触点连接，如果连接触点后压缩机接通，且制冷良好，则进行下一步。

4）用万用表检查两个低压触点是否导通，不导通说明低压开关有故障；若导通，应检查相关电路。

5）在第3步检查中，如不制冷，应检查管路内的压力是否过低。若过低，说明制冷剂少或没有制冷剂。

2. 电磁离合器的检测

（1）电磁离合器线圈电阻检测 当电磁离合器不能吸合时，用外接电源直接驱动电磁离合器或用万用表检查电磁离合器线圈电阻，来确定电磁离合器是否有故障。电阻检测方法如图4-31所示，标准电阻请参照相关维修手册。

（2）电磁离合器转子与衔铁间隙检测 当电磁离合器打滑或干涉时，应检查转子与衔铁之间的间隙，应该确保在离合器断电时无碰擦，通电时无打滑（离合器刚接合时除外）。测量离合器间隙应使用非磁性塞尺，如图4-32所示。

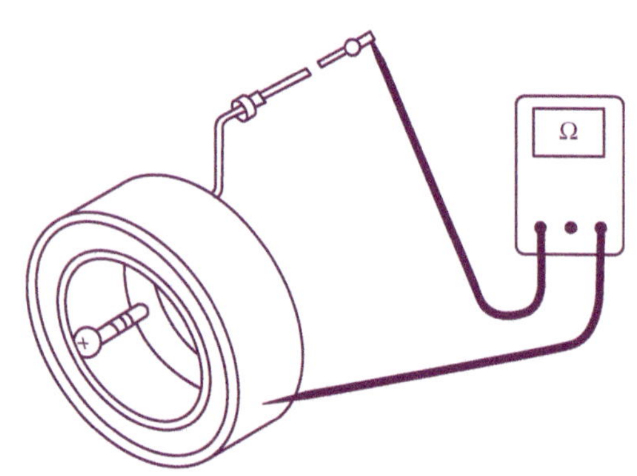

图4-31 电磁离合器线圈电阻检测方法

图4-32 转子与衔铁之间隙检查

3. 环境温度开关的检测

1）当环境温度低于1.67℃时，用万用表电阻档检测。若阻值为∞，说明开关断开。

2）将环境温度传感器从冰块中拿出，当环境温度高于10℃时，万用表显示有阻值，说明开关已闭合。

3）若开关动作规律不符合上述情况，说明传感器损坏。

4. 鼓风机的检测

可采取外接电源直接驱动鼓风机的方法检测，也可以用万用表检查鼓风机线圈电阻，并与标准值对照，检查方法如图4-33所示。

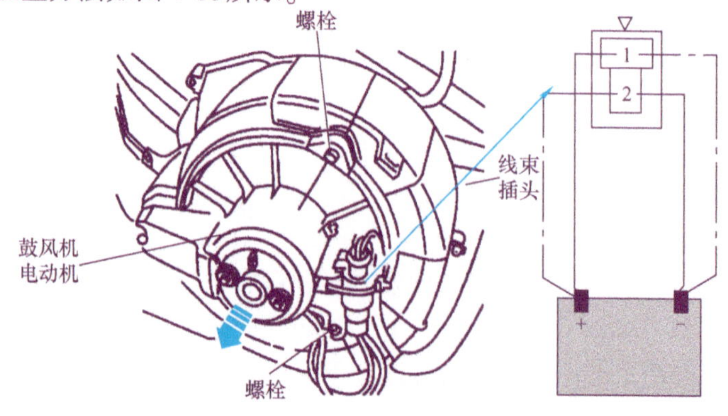

图4-33 鼓风机的检测

5．蒸发器温控开关的检查

将蒸发器温控开关的传感器放入水中（开关不要浸入水中），当水温增加到2℃时，开关应导通；当水温降到0℃时，开关应断开。具体方法可参照环境温度开关的检测。

三、威驰轿车空调系统各总成的检修

1．空调压缩机就车拆装

空调压缩机总成零部件分解图如图4-34所示。

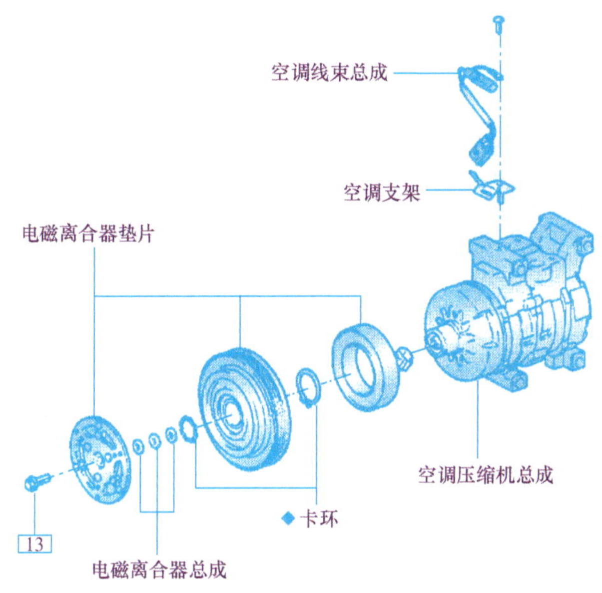

图4-34　空调压缩机总成零部件分解图

（1）拆卸

1）从系统内排出制冷剂。

2）拆下V带（压缩机到曲轴带轮）。

3）断开制冷剂吸入口，如图4-35所示。

①拆下螺栓，从压缩机和电磁离合器上断开制冷剂吸入口。

②从制冷剂吸入口拆下O形环。

注意：用聚氯乙烯胶带密封所有断开部分的开口，以防水分和异物进入。

4）断开制冷剂排出口，如图4-36所示。

①拆下螺栓，从压缩机和电磁离合器上断开制冷剂排出口。

②从制冷剂排出口上拆下O形环。

注意：用聚氯乙烯胶带密封所有断开部分的开口，以防水分和异物进入。

5）拆下右侧发动机下盖。

6）拆下压缩机和电磁离合器总成。

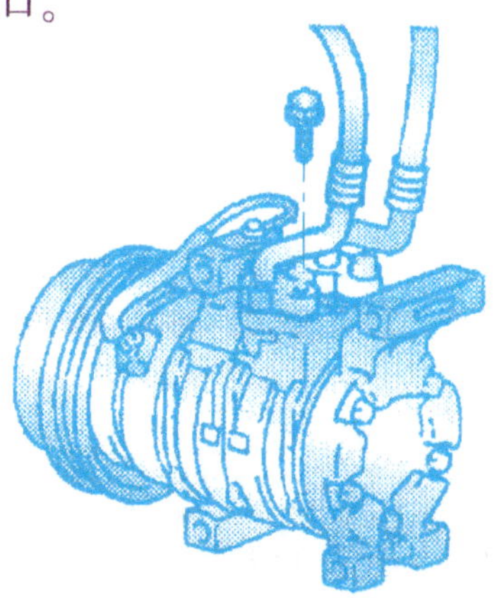

图4-35　断开制冷剂吸入口

①断开接头。

②拆下4个螺栓、压缩机和电磁离合器总成，如图4-37所示。

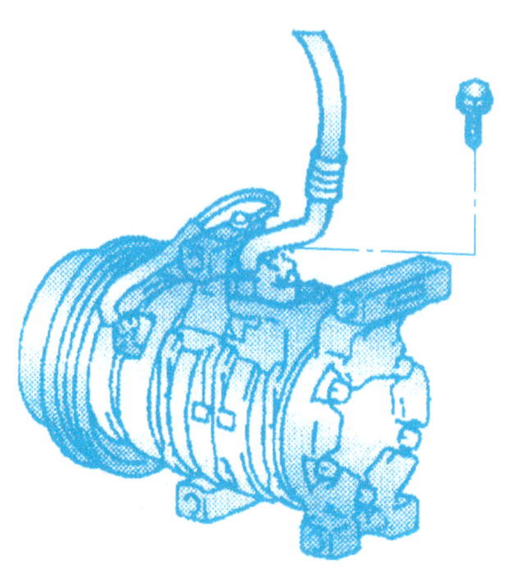

图4-36 断开制冷剂排出口

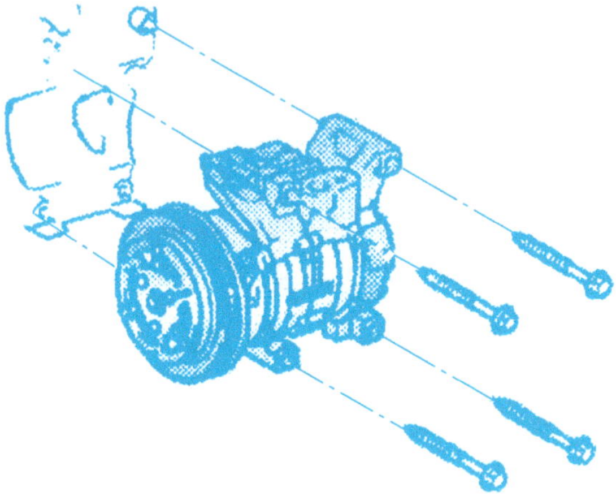

图4-37 拆下螺栓等

7）拆下电磁离合器总成。

①在台虎钳上夹紧压缩机和电磁离合器。

②用鲤鱼钳夹住离合器轮毂。

③拆下螺钉、电磁离合器轮毂和垫片，如图4-38所示。

④用卡环钳拆下卡环和电磁离合器转子，如图4-39所示。

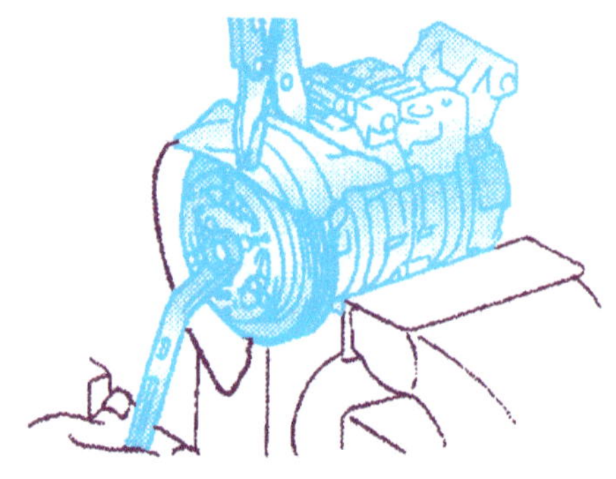

图4-38 拆下螺钉、电磁离合器轮毂和垫片

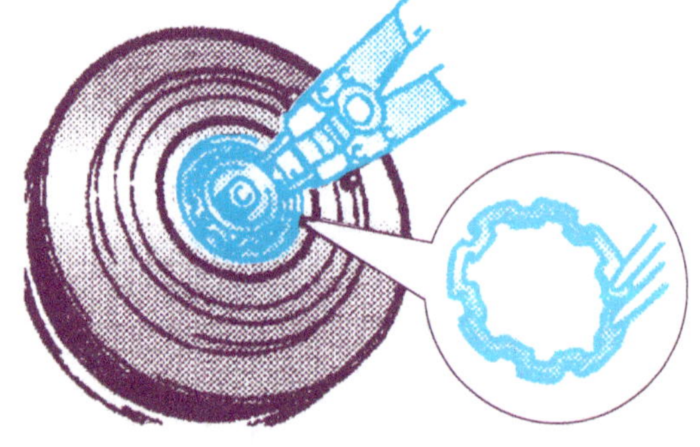

图4-39 用卡环钳拆下卡环和电磁离合器转子

⑤拆下螺钉，断开插接器。

⑥用卡环钳拆下卡环和电磁离合器定子，如图4-40所示。

8）拆下空调控制线束总成。

9）拆下支架。

10）拆下压缩机总成。

（2）安装

1）安装电磁离合器总成。

①如图4-41所示，安装电磁离合器定子。

②用卡环钳安装新的卡环，有斜角的面朝上，如图4-42所示。

③安装螺栓，连接接头。

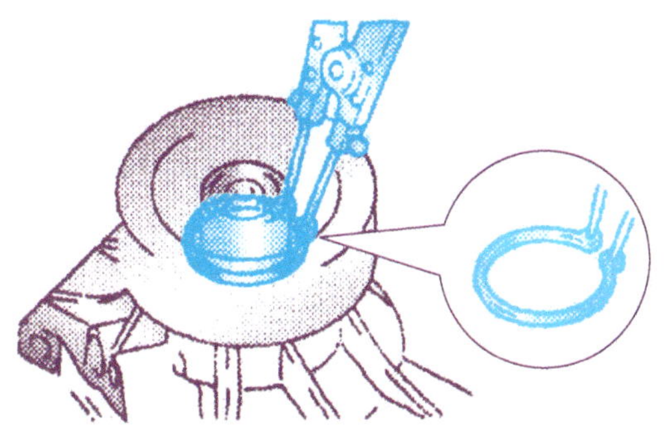

图 4-40　用卡环钳拆下卡环等

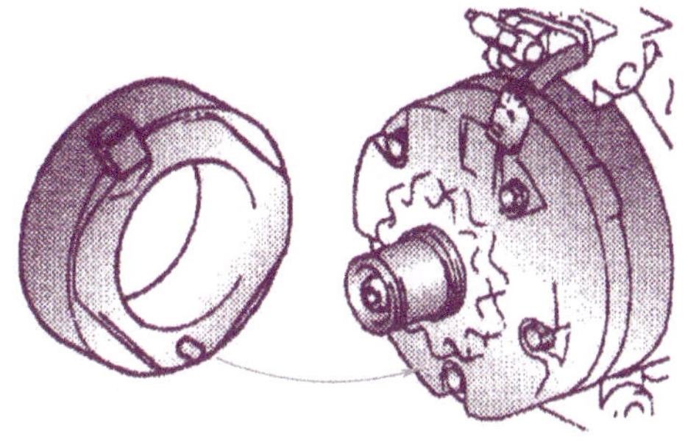

图 4-41　安装离合器定子

④用卡环钳安装电磁离合器转子和新的卡环，有斜角的面朝上，如图 4-43 所示。

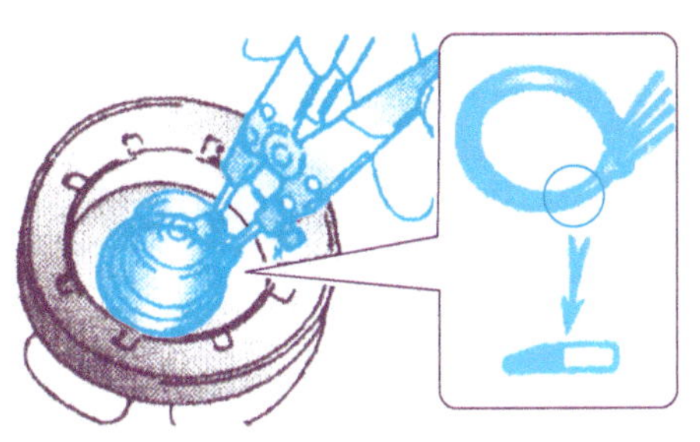

图 4-42　用卡环钳安装新卡环

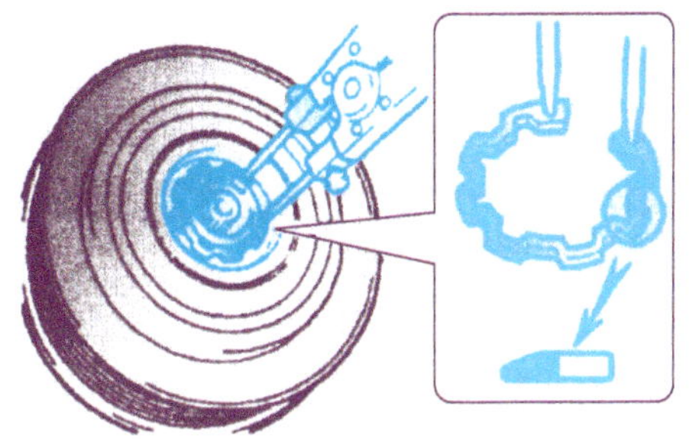

图 4-43　用卡环钳安装电磁离合器转子及新卡环

⑤安装离合器轮毂和垫片。

注意：在分解前，不要改变电磁离合器中的组合垫片。

⑥用鲤鱼钳夹住电磁离合器轮毂，安装螺栓，如图 4-44 所示，拧紧力矩为 13N · m。

2）检查电磁离合器间隙，如图 4-45 所示。

图 4-44　用鲤鱼钳夹住电磁离合器轮毂

图 4-45　检查电磁离合器间隙

①安装百分表，对准电磁离合器轮毂。

②连接蓄电池的正极引线到端子，负极引线到搭铁线。开关离合器，测量间隙。标准间隙为0.25～0.50mm，如测量值超出标准值，拆下电磁离合器轮毂，用垫片调整。

注意：调整垫片应不超过3个。

3）检查压缩机润滑油。当更换新的压缩机和电磁离合器时，从维修阀中缓慢放出制冷剂后，安装前从新的压缩机和电磁离合器中排出所有的压缩机润滑油。

注意：

①当检查压缩机润滑油油量时，请参考制冷系统的拆装注意事项。

②由于压缩机润滑油残留于车上的管路中，如果新压缩机和电磁离合器在安装前未放掉一些压缩机润滑油，则系统内的压缩机润滑油过量，会阻碍制冷剂循环的热交换，造成制冷故障。

③如旧压缩机和电磁离合器中的残油量过小，检查油是否泄漏。

④确认压缩机润滑油油位ND-OIL8。

4）安装压缩机和电磁离合器

①用4个螺栓安装压缩机和电磁离合器，拧紧力矩为25N·m。

注意：按图4-46所示顺序安装压缩机和电磁离合器，紧固螺栓。

②连接接头。

5）安装制冷剂排出孔，如图4-46所示。

①从管口撕下缠绕的聚氯乙烯胶带。

②给新O形环和压缩机以及电磁离合器的接触面涂上足够的压缩机润滑油。压缩机润滑油：ND-OIL8或等效物。

③在制冷剂排出孔安装O形环。

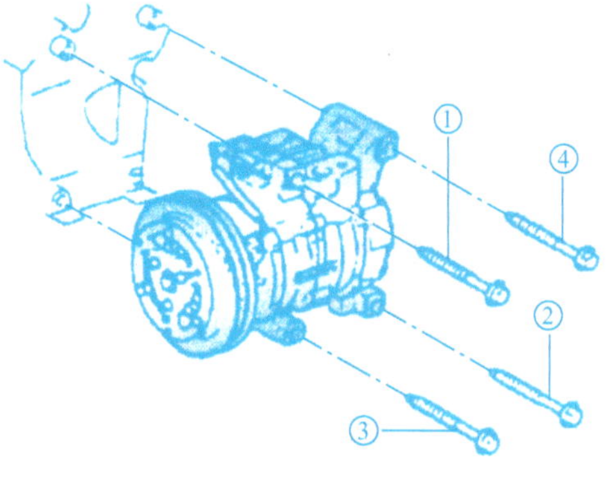

图4-46　安装压缩机和电磁离合器

④用螺栓连接制冷剂排出孔到电磁离合器和压缩机上，拧紧力矩为9.8N·m。

6）安装制冷剂吸入孔。

①从管口撕下缠绕的聚氯乙烯胶带。

②给新O形环和压缩机以及电磁离合器的接触面涂上足够的压缩机油。压缩机油：ND－OIL8或等效物。

③在制冷剂排出孔安装O形环。

④用螺栓连接制冷剂排出孔到电磁离合器和压缩机上，拧紧力矩为9.8N·m。

7）安装V带（压缩机到曲轴带轮）。

8）调整V带（压缩机到曲轴带轮）。

9）充分紧固V带压缩机到曲轴带轮）。

10）加注制冷剂，规定量：(420±30) g。

11）发动机暖机。

12）检查制冷剂是否泄漏。

2. 空调蒸发器单元总成的拆装

空调蒸发器单元总成的零部件解体后，如图4-47、图4-48所示。

(1) 空调蒸发器单元总成的拆卸

1) 从系统内排出制冷剂。

2) 拆下下侧仪表板总成，拆下除雾喷口总成，拆下仪表板支架总成，松开2个锁扣，拆下2号后空气管，如图4-49所示。

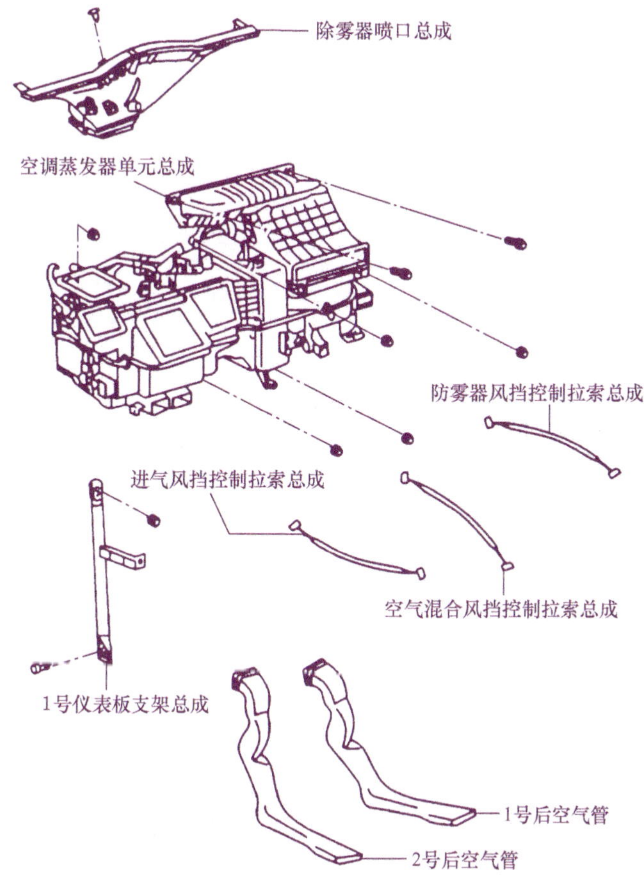

图4-47 空调蒸发器单元总成零部件解体图（一）

3) 拆下4个螺栓，拆下安全气囊ECU总成，如图4-50所示。

4) 拆下除雾器风挡控制拉索总成。

5) 拆下空气混合风挡控制拉索总成。

6) 拆下进气风挡控制拉索总成。

7) 拆下空调蒸发器单元总成。

拆下2个螺栓、5个螺母和空调蒸发器单元总成，如图4-51所示。

(2) 空调蒸发器单元总成的安装

1) 安装1号冷却器蒸发器总成。

2) 安装冷却器膨胀阀。用5.0mm的六角扳手安装2个六角头螺栓，拧紧力矩为3.5N·m。

3) 安装空调蒸发器单元总成。

4) 用2个螺栓安装安全气囊ECU，拧紧力矩为3.0N·m（连接接头时，不要用力太大）。

5）不要碰撞安全气囊ECU，安装安全气囊ECU总成，安装下侧仪表板总成。

6）安装加热器控制和附件总成。

将控制臂置于FACE位置，如图4-52所示，在控制杆上安装内拉索。按图4-52中箭头方向轻轻压下，将外拉索装在拉索夹箍上。

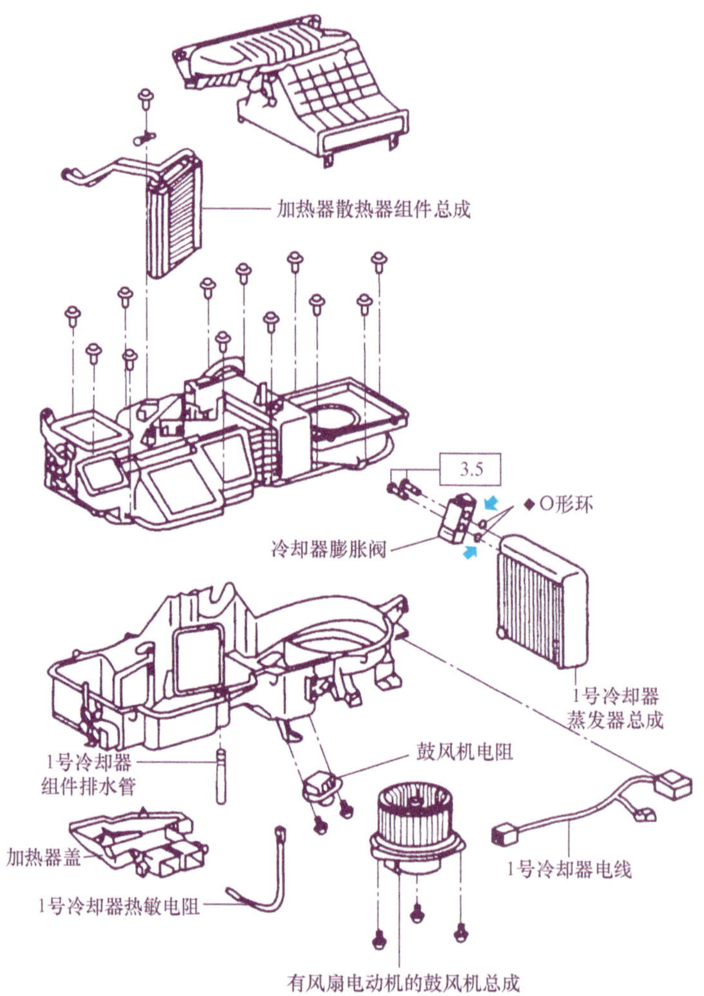

图4-48　空调蒸发器单元总成零部件解体图（二）

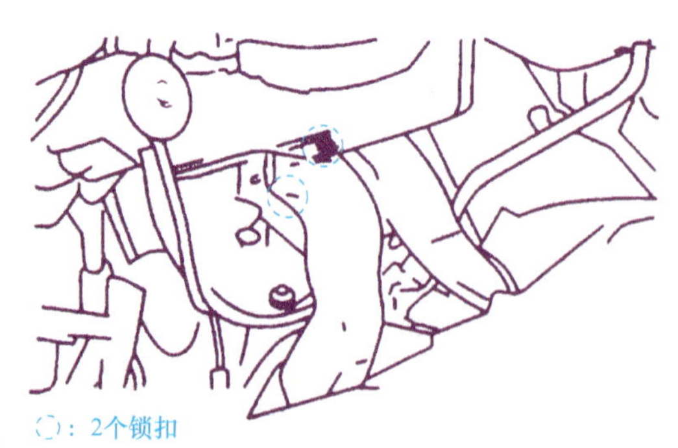

图4-49　拆开2号后空气管

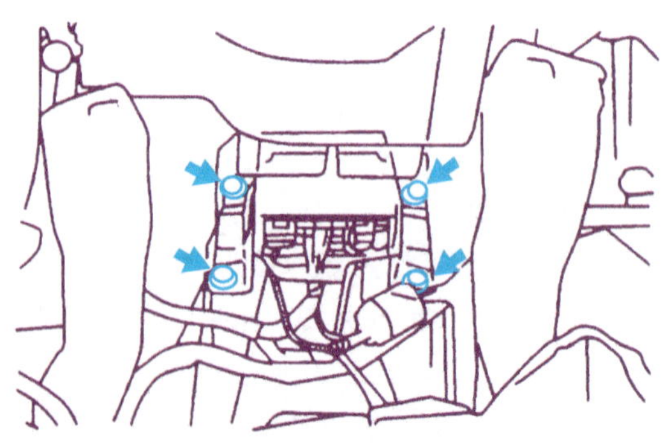

图4-50　拆下安全气囊ECU总成

切勿扭弯拉索，操纵加热器控制杆应在 FACE 和 DEF 位置都能停下，且不回弹。将控制杆臂置于最大制冷位置，如图 4-53 所示。在控制杆上安装内拉索，按图 4-53 中的箭头方向轻轻压下，将外拉索装在拉索夹箍上。操纵加热器控制杆时，在内、外循环位置都能停下，且不回弹。

图 4-51 拆下空调蒸发器单元总成

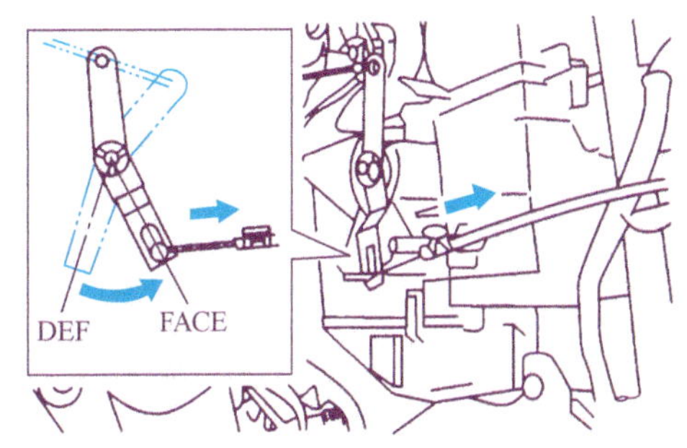

图 4-52 将控制臂置于 FACE 位置

DEF—外循环位置标记 FACE—内循环安装位置标记

将控制臂置于内循环位置，如图 4-54 所示，在控制杆上安装内拉索头。按图 4-54 中的箭头方向轻轻压下，将外拉索装在拉索夹箍上。

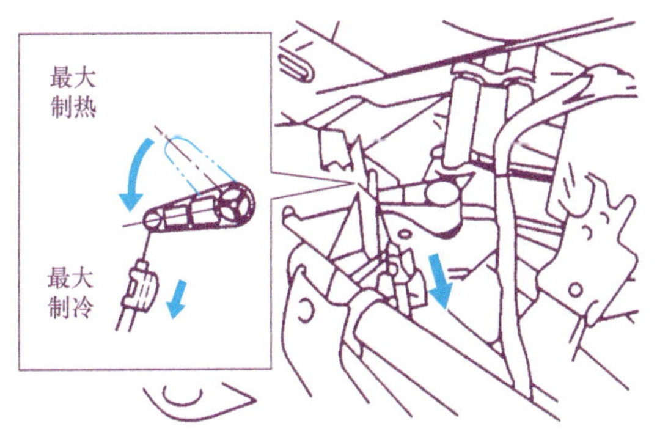

图 4-53 将控制杆臂置于最大制冷位置

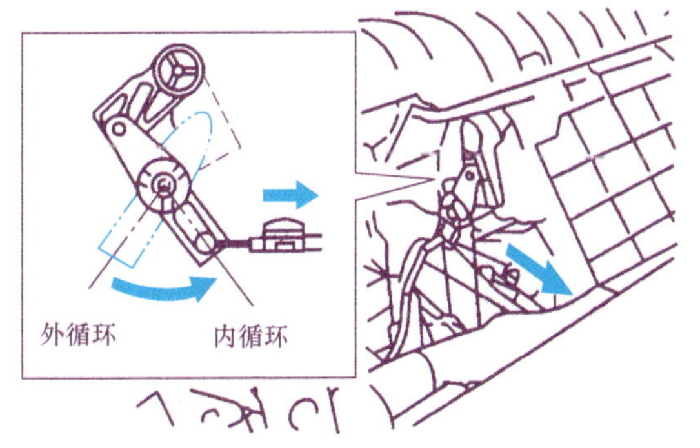

图 4-54 将控制臂置于内循环位置

7）安装仪表板总成，安装空调管路总成。

8）加注制冷剂，加注量为（420±30）g，起动发动机暖机。

9）检查制冷剂有无泄漏。

3. 带储液罐的冷凝器总成的拆装

带储液罐的冷凝器总成解体后，如图 4-55 所示。

（1）带储液罐的冷凝器总成的拆卸

1）排出系统内的制冷剂，拆开制冷剂排出管，拆开空调管总成，拆下带储液罐的冷凝器总成，拆下冷却器干燥器，如图 4-56 所示。

从盖子上拆下 2 个 O 形环，用尖嘴钳取出干燥器，如图 4-57 所示。

2）拆下冷凝器缓冲垫，拆下冷凝器支架套管。

（2）带储液罐的冷凝器总成的安装

1）安装冷却器干燥器。用尖嘴钳装入干燥器，在盖子上安装2个O形环，在O形环的接口处涂上足量压缩机润滑油（ND-OIL8）或类似物，用10mm的六角扳手在调节器上安装盖子和过滤器，拧紧力矩为12N·m。

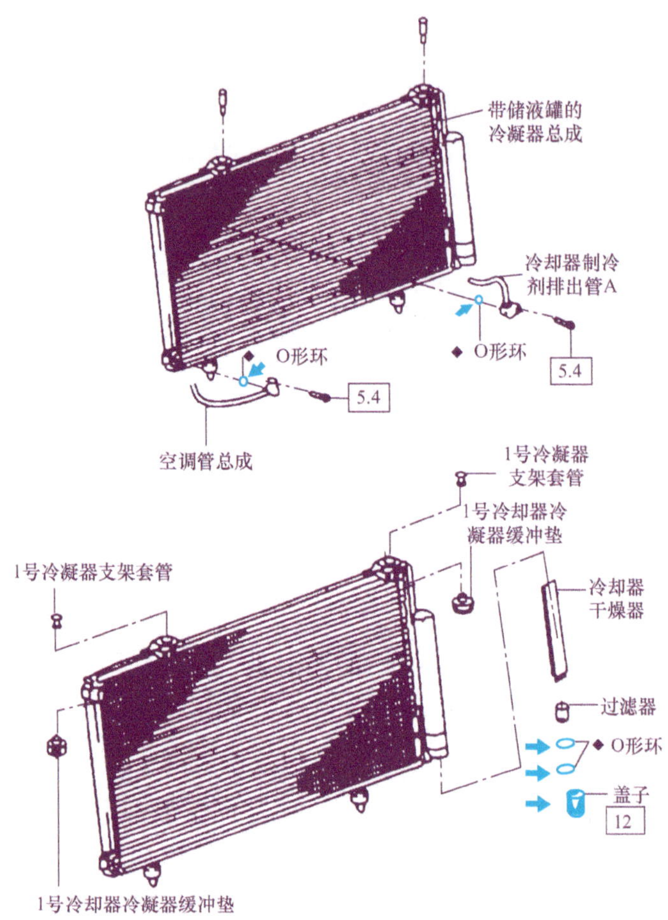

图4-55　带储液罐的冷凝器总成解体图

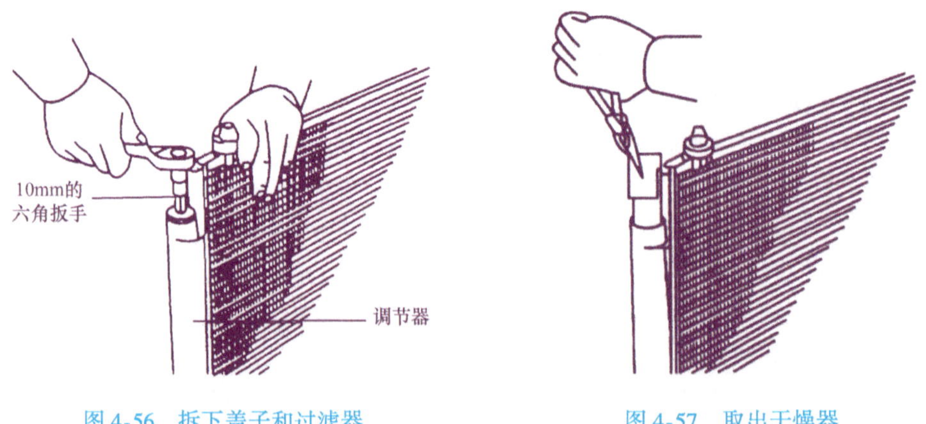

图4-56　拆下盖子和过滤器　　　图4-57　取出干燥器

2）安装带储液罐的冷凝器、空调管总成。用螺栓连接空调管总成和带储液罐的冷凝器

总成，拧紧力矩为 54N·m。

3）安装制冷剂排出管。撕去管口的聚氯乙烯胶带，连接冷凝器总成的相应部分，在 O 形环和管的接口涂上足够的压缩机润滑油（ND-OIL8）或类似物，在制冷剂排出管接头上安装 1 个 O 形环，用螺栓连接制冷剂排出管和带储液罐的冷凝器总成，拧紧力矩为 5.4N·m。

4）加注制冷剂，加注量为（420±30）g，起动发动机暖机，检查制冷剂有无泄漏。

四、技能训练

【训练任务】某客户抱怨驾驶的桑塔纳轿车空调制冷系统不制冷，要求给予检修。

【训练建议】学生通过维修资料的查阅、课程网站、视频资料的学习以及教师的答疑，以小组讨论的方式，制订汽车空调系统不制冷的故障流程，然后逐项进行检测，最后排除故障。下面提供一种汽车空调不制冷的故障流程图供参考，如图 4-58 所示。

【评价建议】可用如下技能训练评价表对学生操作技能进行评价。

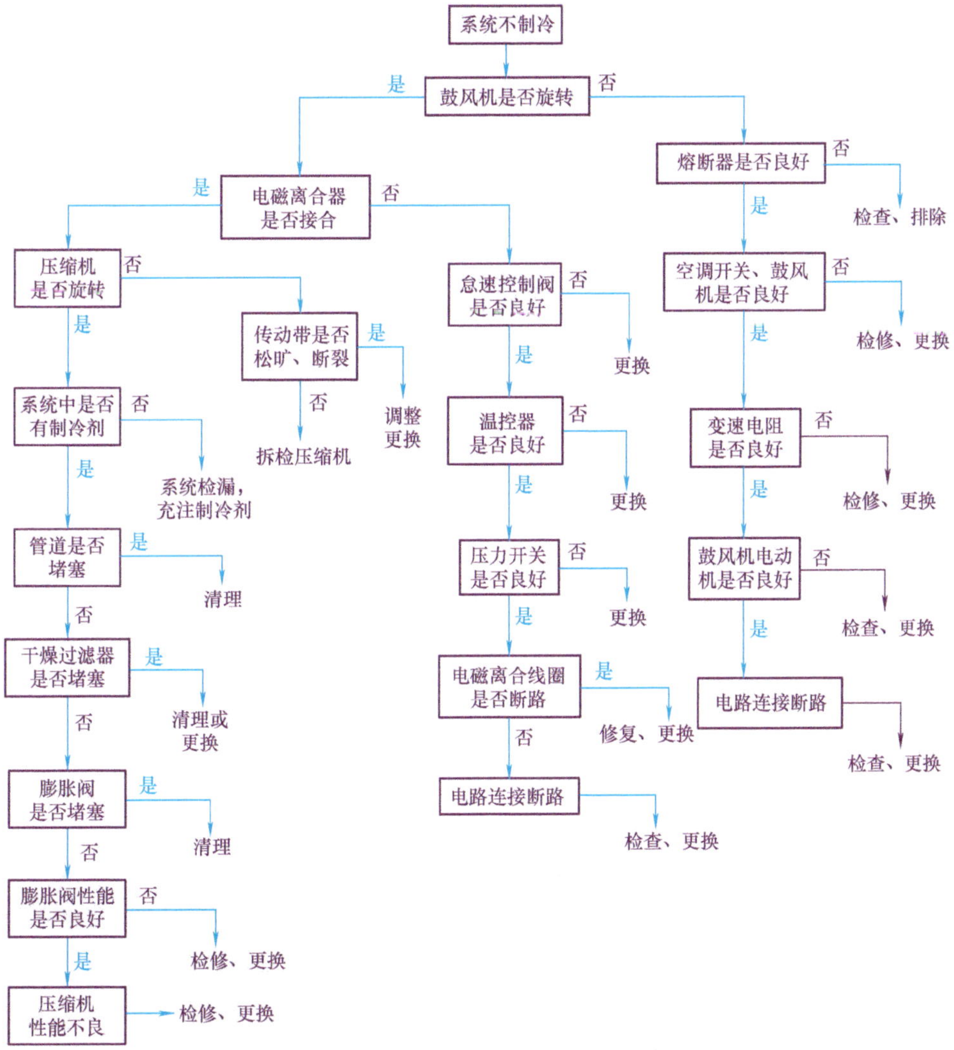

- 系统不制冷 → 鼓风机是否旋转
  - 是 → 电磁离合器是否接合
    - 是 → 压缩机是否旋转
      - 否 → 传动带是否松旷、断裂
        - 是 → 调整更换
        - 否 → 拆检压缩机
      - 是 → 系统中是否有制冷剂
        - 否 → 系统检漏，充注制冷剂
        - 是 → 管道是否堵塞
          - 是 → 清理
          - 否 → 干燥过滤器是否堵塞
            - 是 → 清理或更换
            - 否 → 膨胀阀是否堵塞
              - 是 → 清理
              - 否 → 膨胀阀性能是否良好
                - 否 → 检修、更换
                - 是 → 压缩机性能不良 → 检修、更换
    - 否 → 怠速控制阀是否良好
      - 否 → 更换
      - 是 → 温控器是否良好
        - 否 → 更换
        - 是 → 压力开关是否良好
          - 否 → 更换
          - 是 → 电磁离合线圈是否断路
            - 是 → 修复、更换
            - 否 → 电路连接断路 → 检查、更换
  - 否 → 熔断器是否良好
    - 否 → 检查、排除
    - 是 → 空调开关、鼓风机是否良好
      - 否 → 检修、更换
      - 是 → 变速电阻是否良好
        - 否 → 检修、更换
        - 是 → 鼓风机电动机是否良好
          - 否 → 检查、更换
          - 是 → 电路连接断路 → 检查、更换

图 4-58　空调系统不制冷的故障诊断流程

汽车空调不制冷故障的检测考核表

学生姓名					
测评日期		测评地点			
测评内容	汽车空调不制冷故障的检测				
考评标准	内　　容	分值/分	自评	互评	师评
	工作着装、工作安全、卫生	10			
	试验前的准备，每错一项扣2分	10			
	汽车空调制冷系统工作压力的检测，每错一项扣4分	20			
	能够按正确步骤对汽车空调制冷系统抽真空、充注，每错一项扣4分	30			
	空调电路元件的检查，每错一项扣5分	20			
	工作任务单的填写情况	10			
	时间性：每超时1min扣5分，超过3min终止考核				
合　　计		100			
最终得分（自评30%+互评30%+师评40%）					
说明：测评满分为100分，60~74分为及格，75~84分为良好，85分以上为优秀。60分以下的学生，需重新进行知识学习、任务训练，直到任务完成达到合格为止					

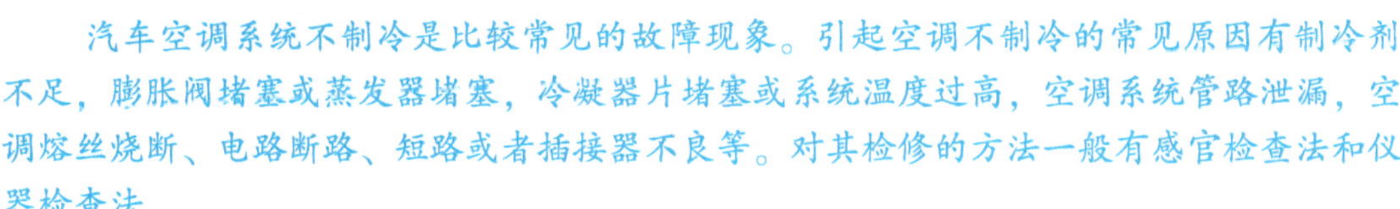

归纳总结

汽车空调系统不制冷是比较常见的故障现象。引起空调不制冷的常见原因有制冷剂不足，膨胀阀堵塞或蒸发器堵塞，冷凝器片堵塞或系统温度过高，空调系统管路泄漏，空调熔丝烧断、电路断路、短路或者插接器不良等。对其检修的方法一般有感官检查法和仪器检查法。

通过本任务内容的学习，作为维修技术人员，应该掌握汽车空调制冷系统的组成及工作原理，能够分析汽车空调制冷系统的控制电路，更重要的是，掌握汽车空调系统不制冷的故障诊断流程及零部件和电路的检测方法。但要掌握这些知识和操作技能，需要不断地思考与总结，并积极参与生产一线实践。下面提供的思考问题，请作答，并结合本任务内容，对自己的学习工作进行反思。

思考题

1. 简述汽车空调系统的组成。
2. 简述制冷循环工作过程。
3. 简述冷凝器的主要结构形式。
4. 简述电子检测仪的操作步骤。
5. 简述汽车空调的维护内容。
6. 简述制冷系统的检漏方法。
7. 简述汽车空调制冷系统抽真空的过程。
8. 简述汽车空调系统制冷剂充注。

任务二　汽车自动空调故障检测与修复

知识点：汽车自动空调系统的组成及工作原理；汽车自动空调系统主要部件的结构与原理。

能力点：汽车自动空调系统的故障诊断；汽车自动空调系统控制电路的检修。

任务情境

在汽车自动空调的使用过程中，经常会遇到空调系统不制冷、制冷量小等故障，导致汽车空调系统不能正常工作，失去空气调节和制冷的作用。

任务分析

完成此任务需要了解汽车自动空调系统的组成及工作原理，能够分析和检测汽车自动空调控制电路，掌握汽车自动空调系统的故障诊断。

任务实施的相关专业知识

一、电控自动空调系统的组成

电控自动空调系统的组成如图4-59所示，零件位置如图4-60所示。电控自动空调系统主要由通风、采暖、制冷、空气净化、操作和控制等部分组成，其中制冷系统、暖风系统和送风系统等与手动空调系统在结构上基本是相同的。电控自动空调系统是在手动控制空调系统的基础上，增加了控制系统，控制系统由传感器、空调ECU和执行元件等组成；而操作系统与送风系统是在手动空调系统的基础上增加了各种伺服电动机，并且操作系统有温度设定与选择开关，图4-61所示为LS400轿车电控自动空调系统的操作面板，各按键的功能见表4-2。

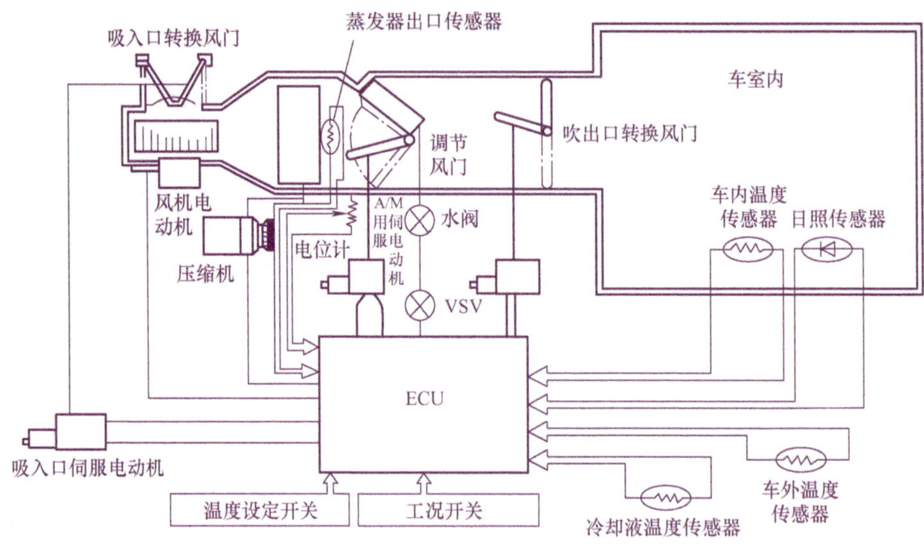

图4-59 电控自动空调系统的组成

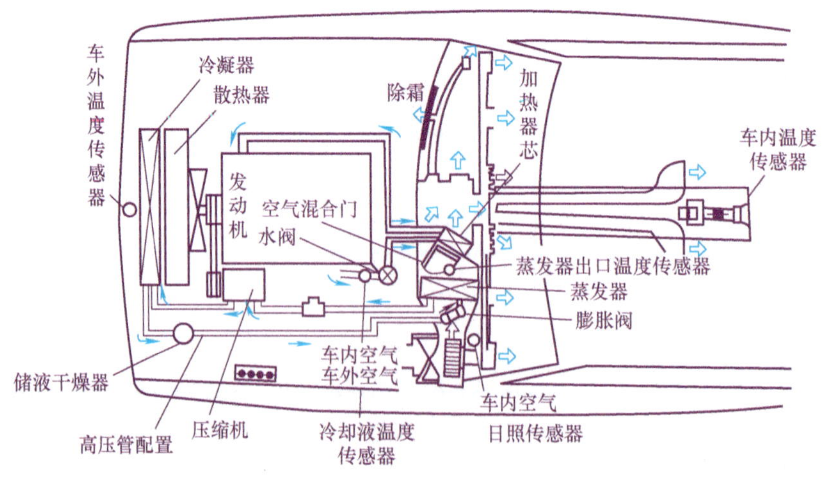

图4-60 自动空调系统的零件位置

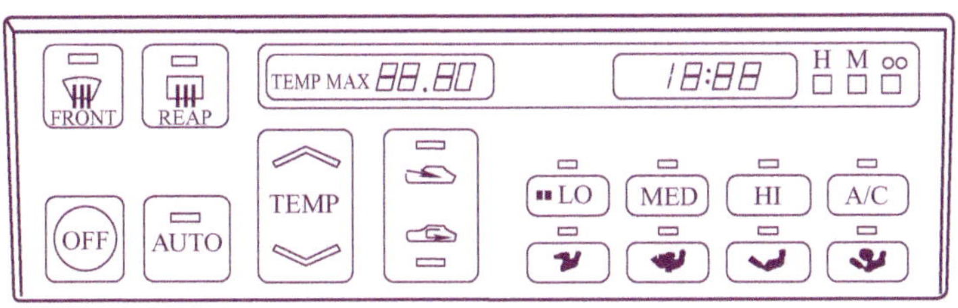

图 4-61　LS400 轿车电控自动空调系统的操作面板

表 4-2　LS400 轿车电控自动空调系统的操作面板

键　符	键　名	功　　能
OFF	停止	关闭鼓风机、压缩机及温度显示
AUTO	自动控制	将出风温度、鼓风机转速、进风方式、送风方式和压缩机的控制设置成“自动模式”
TEMP（︿）	温度控制	每按一次，温度设定增加 0.5℃，最高达 32℃
TEMP（﹀）		每按一次，温度设定降低 0.5℃，最低至 18℃
（外气导入键）	进风方式控制	置于“车外新鲜空气导入”模式
（内循环键）		置于“车内空气循环”模式
（吹脸键）	送风方式控制	置于“吹脸”模式
（吹脸及脚键）		置于“吹脸及脚”模式
（吹脚键）		置于“吹脚”模式
（吹脚及除霜键）		置于“吹脚及除霜”模式
FRONT	前风窗玻璃除霜开关	置于“前风窗玻璃除霜”模式
REAR	后风窗玻璃除霜开关	置于“后风窗玻璃除霜”模式
LO	鼓风机转速控制	置于“低速”模式。若空调控制正常，同时起动压缩机
MED		置于“中速”模式。若空调控制正常，同时起动压缩机
HI		置于“高速”模式。若空调控制正常，同时起动压缩机
A/C	空调工作指示	开启或关闭压缩机。若鼓风机不转，则此键不起作用

二、电控自动空调系统的工作原理

电控自动空调系统主要包括温度控制、鼓风机转速控制、送风方式控制、进气模式控制、压缩机控制等项目。下面将介绍其工作原理。

1. 温度控制

温度控制的目的是使车内空气温度达到车内人员设定温度的要求，并保持稳定。如图4-62所示，电控自动空调系统的温度控制系统，其基本组成包括车内温度传感器、车外温度传感器、日照传感器、蒸发器温度传感器、冷却液温度传感器、设定温度电阻器、自动空调ECU和空气混合伺服电动机等。

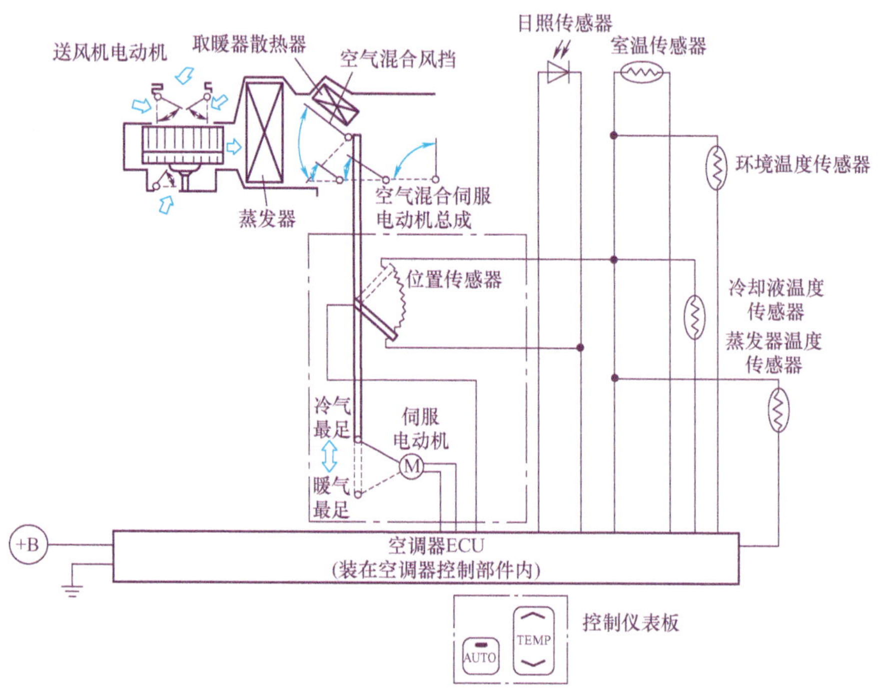

图4-62 电控自动空调的温度控制系统

ECU根据设定温度和车内温度传感器、车外温度传感器和日照传感器等信号，自动调节混合门的位置。一般来说，车内温度越高、车外温度越高、阳光越强，混合门就越接近“全冷”位置，ECU根据车内温度和车外温度控制空气混合门的位置。

2. 鼓风机转速控制

鼓风机转速控制的目的是调节降温或升温速度，稳定车内温度。

鼓风机转速控制系统的控制电路如图4-63所示。

(1) 自动控制　当按下“AUTO”键时，驾驶人用TEMP开关设定想要的温度。空调ECU根据输入信号（车内温度传感器、环境温度传感器和日照传感器）和温度设定，自动调整风机转速，若冷却液温度传感器检测到冷却液低于40℃，空调ECU便使鼓风机停止工作。

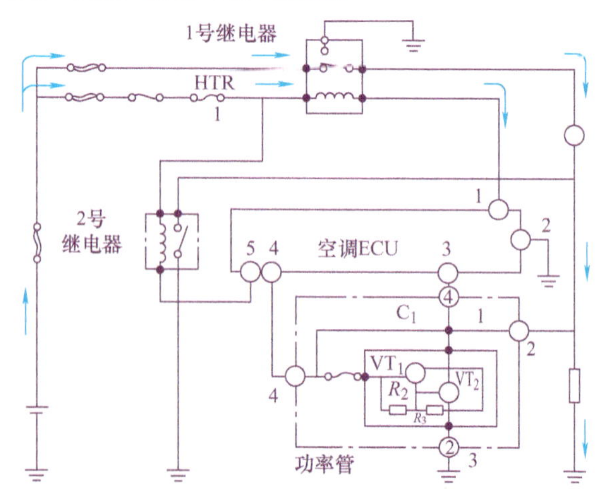

图4-63 鼓风机转速控制系统的控制电路

（2）手动模式控制

1）低速运转。

当按下“LO”（低速）键时，电路如图 4-63 所示，空调 ECU 的端子 1 和 2 导通，1 号继电器吸合，电流流经电动机及电阻 R_1 后搭铁，鼓风机电动机以低速旋转。

2）中速运转。

当按下“MED”（中速）键时，空调 ECU 的端子 1 和 2 导通，1 号继电器吸合，同时空调 ECU 的端子 4 间歇性地向功率管端子 4（基极）输入控制电流，使 VT_1 和 VT_2 间歇性导通，这样，风机控制电流流经电动机后可以间歇性地经功率管端子 2 和端子 3 搭铁。风机转速取决功率管的导通时间。

3）高速运转。

当按下“HI”（高速）键时，空调 ECU 的端子 5 和 2 导通，2 号继电器吸合，鼓风机控制电流经电动机和 2 号继电器触点后搭铁，电动机以高速旋转。

3. 气流方式控制

气流方式控制的目的是调节送风方向，提高舒适性。气流方式控制系统主要由传感器、ECU、气流方式控制伺服电动机和控制面板等组成。ECU 根据 T_{AO}。值控制气流方式，控制电路如图 4-64 所示。

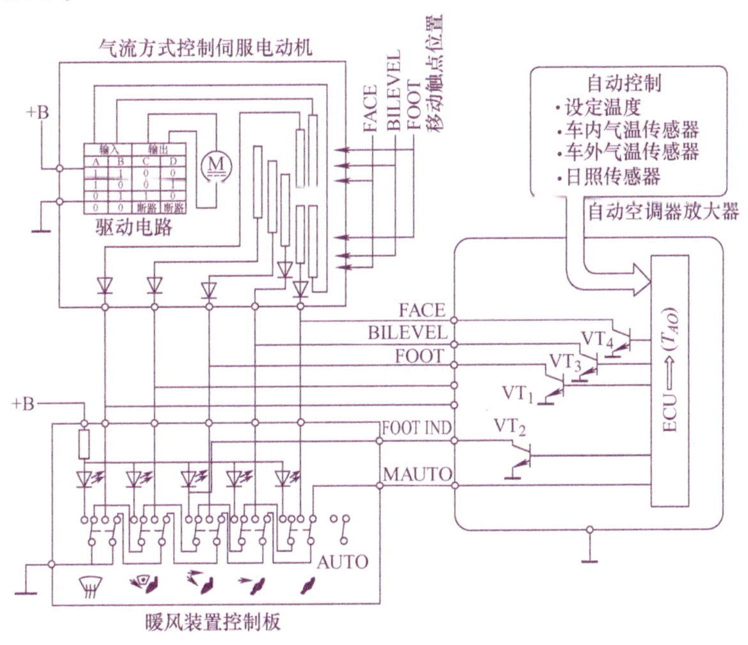

图 4-64　气流方式控制电路

当 T_{AO} 已从低变至高时，原来气流方式控制伺服电动机内的移动触点位于 FACE 位置。ECU 使 VT_1 导通，使驱动电路输入信号端 B 端通过 VT_1 搭铁为 0，A 端断路为 1。此时驱动电路输出端 D 端为 1，C 端为 0，电流由 D 端输出，C 端流回，电动机旋转，内部触点由 FACE 位移到 FOOT 位，电动机停转，出气方式由 FACE 方式转为 FOOT 方式。同时 ECU 使 VT_2 导通，使控制面板上的 FOOT 指示灯点亮。

当 T_{AO} 已从高变至中时，原来气流方式控制伺服电动机内的移动触点位于 FOOT 位置。

ECU 使 VT_3 导通，使驱动电路输入信号端 A 端通过 VT_3 搭铁为 0，B 端断路为 1。此时驱动电路输出端 C 端为 1，D 端为 0，电流由 C 端输出，D 端流回，电动机旋转，内部触点由 FOOT 位移到 BILEVEL 位，电动机停转，出气方式由 FOOT 方式转为 BILEVEL 方式。同时 ECU 控制控制面板上的 BILEVEL 指示灯点亮。

当 T_{AO}已从中变至低时，原来气流方式控制伺服电动机内的移动触点位于 BILEVEL 位置。ECU 接通 VT_4，使驱动电路输入信号端 A 端通过 VT_4 搭铁为 0，B 端断路为 1。此时驱动电路输出端 C 端为 1，D 端为 0，电流由 C 端输出，D 端流回，电动机旋转，内部触点由 BILEVEL 位移到 FACE 位，电动机停转，出气方式由 BILEVEL 方式转为 FACE 方式，同时 ECU 控制控制面板上的 FACE 指示灯点亮。

4. 进气模式控制

进气模式控制的目的是调节进入车内的新鲜空气量，使车内空气温度和质量达到最佳。

ECU 根据 T_{AO}值确定进气模式选择 RECIRC（车内循环）位移至 FRESH（车外新鲜空气），控制电路如图 4-65 所示。当 ECU 根据 T_{AO}值接通 FRS 晶体管时，触点 B 搭铁，电流方向为：蓄电池的点火开关→端子①→电动机→触点 B→端子③→FRS 晶体管→搭铁，电动机旋转，带动风门由 RECIRC（车内循环）位移至 FRESH（车外新鲜空气）位。

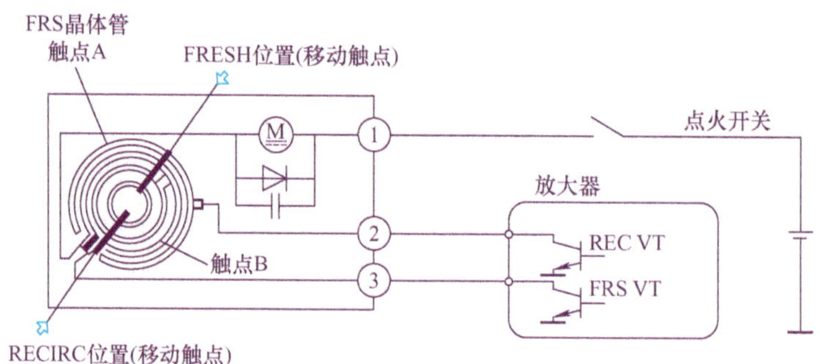

图 4-65　进气模式控制电路

该控制系统还有一种新鲜空气强制进气控制功能，当手动按下 DEF 开关时，将进气方式强制转变为 FRESH 方式，以清除风窗玻璃上的雾气。除此之外，进气模式控制还可改变新鲜空气与循环空气的混合比例。

5. 压缩机控制

（1）基本控制　ECU 根据车内温度、车外温度、蒸发器温度和设定温度等参数，自动控制压缩机的通断，调节蒸发器表面温度，并防止蒸发器表面结冰。

（2）低温保护　当车外环境温度低于某值（如 3℃或 8℃）时，压缩机停止工作，防止压缩机的损耗。

（3）高速控制　当发动机转速超过某转速时，压缩机停止工作，防止因压缩机转速过高而造成损坏。

（4）加速切断　当发动机处于急加速工况时，为了保证发动机足够的动力，压缩机暂时停止工作。

（5）高温控制　当发动机冷却液温度超过某值（如 109℃）时，压缩机停止工作，防止发动机冷却液温度进一步上升。

（6）打滑保护　当压缩机卡死导致传动带打滑时，压缩机停止工作，防止传动带负荷过大而断裂，进而影响水泵、发电机等的工作。

（7）低速控制　当发动机转速低于某转速（如600r/min）时，压缩机停止工作，防止发动机失速。

（8）低压保护　当制冷系统压力低于某定值时，压缩机停止工作，防止压缩机在系统制冷剂不足条件下工作，造成压缩机损坏。

（9）高压保护　当系统压力超过某值时，压缩机停止工作，防止空调系统瘫痪。

（10）可变排量压缩机的控制　可变排量压缩机有全容量（100%）运转、半容量（50%）运转和压缩机停止3种工作模式。ECU根据空调系统冷气负荷的大小，控制压缩机的排量变化，以减少能量的浪费。可变排量压缩机的控制系统主要有两种类型：一种是根据冷却液温度进行控制；一种是根据蒸发器表面温度进行控制。

根据冷却液温度进行控制的方法是：当发动机冷却液温度过高时，ECU根据冷却液温度传感器信号，控制压缩机按半容量模式运转，防止发动机过热；反之，当发动机冷却液低于某一值时，ECU控制压缩机按全容量模式运转，满足制冷需要。

根据蒸发器表面温度进行控制的方法是：当蒸发器温度大于某一值（40℃）时，ECU控制压缩机按全容量模式运转，降低蒸发器温度；当蒸发器表面温度低于某一值（40℃）时，ECU控制压缩机按半容量模式运转，以降低能耗；当蒸发器温度低于3℃时，ECU控制压缩机停止运转，防止损坏压缩机。

三、电控自动空调系统主要部件的结构与原理

1. 电控自动空调常用传感器

（1）车内温度传感器　车内温度传感器一般安装在仪表板下面。安装位置如图4-66所示，其作用是检测车内空气温度，ECU根据此信号控制出风口空气温度、鼓风机转速、气流方式、进气模式等。空调制冷时，车内温度越高，混合门越向“冷”的方向移动，出风口的温度就越低，鼓风机的转速就越高，以快速降温；进气门就处于内循环位置，以加快降温。

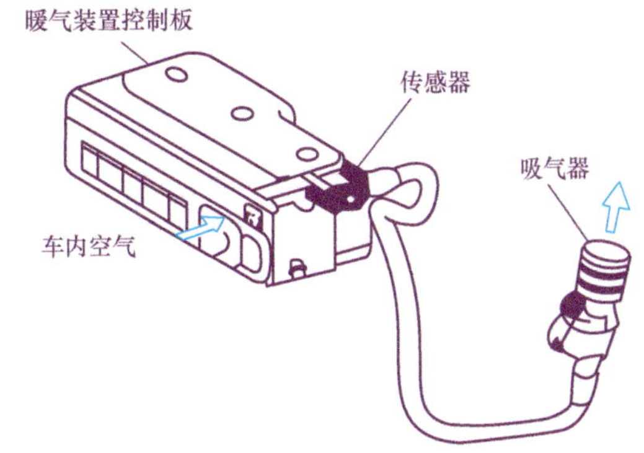

图4-66　车内温度传感器的安装位置

由于车内温度传感器安装位置较封闭，为了准确、及时地测量车内平均温度，必须采用强制通风装置将车内空气强制导向车内温度传感器。按强制导向气流方式不同，车内温度传感器可分为吸气器型车内温度传感器和电动机型车内温度传感器，两种传感器的结构分别如图4-67和图4-68所示。

（2）车外温度传感器　车外温度传感器一般位于车的前部，安装位置如图4-69所示。其作用是检测车外环境温度，ECU根据此信号控制出风口空气温度、鼓风机转速、气流方式、进气模式等。空调制冷时，车外温度高，混合门就向“冷”的方向移动，出风口温度降低，鼓风机的转速就越高，以加快降温；进气门就处于内循环位置，加快降温。

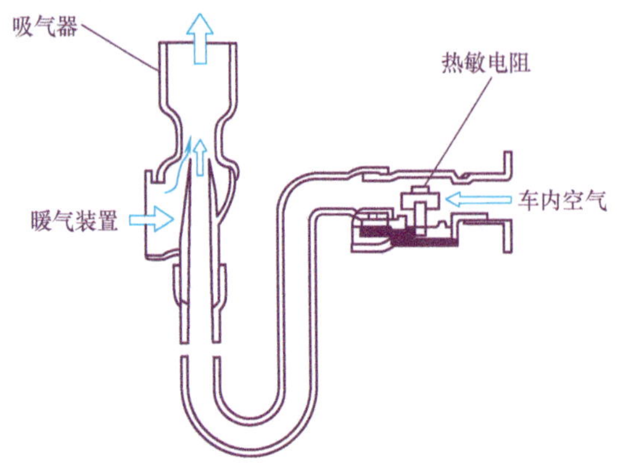

图4-67　吸气器型车内温度传感器

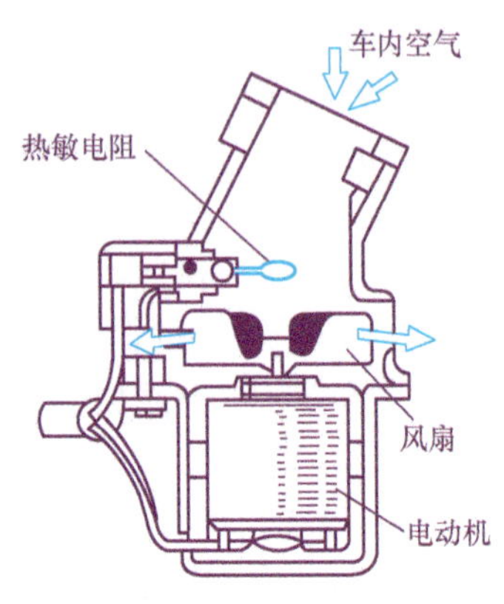

图4-68　电动机型车内温度传感器

（3）日照传感器　日照传感器安装在驾驶室仪表板上方容易接受阳光照射的位置处。其作用是检测阳光强弱，修正混合门的位置与鼓风机的转速。当阳光增强时，混合门移向“冷”侧，鼓风机转速提高；反之，当阳光减弱时，混合门移向“热”侧，鼓风机转速降低。

（4）空调蒸发器温度传感器　空调蒸发器温度传感器安装在蒸发器的表面。其作用：一是检测蒸发器表面的温度，修正混合门位置，调节车内温度；二是控制压缩机，防止蒸发器表面结冰。有些车型有两个蒸发器温度传感器，一个用来修正混合门位置，一个用来防止蒸发器表面结冰。

图4-69　车外温度传感器的安装位置

（5）冷却液温度传感器　冷却液温度传感器直接安装在暖风水箱底部的水道上，如图4-70所示，其作用是检测暖风装置加热芯的温度，修正混合门位置，控制压缩机和鼓风机。

（6）空调压缩机转速传感器　空调压缩机转速传感器安装在压缩机壳体上。其作用是检测压缩机的转速送到空调ECU或空调控制器，再与发动机转速进行比较，判断压缩机传动带是否打滑或断裂。当压缩机传动带打滑或断裂时，空调电脑或空调控制器控制压缩机停转，防止损坏压缩机。

（7）静电式制冷剂流量传感器　静电式制冷剂流量传感器安装在储液罐和膨胀阀之间，安装位置如图4-71所示。其作用是检测制冷剂流量，当制冷剂流量发生变化时，传感器以频率信号输入空调ECU，空调ECU根据此信号判断制冷剂流量是否正常。当出现异常时，利用监控系统进行报警。

2. 电控自动空调执行器

电控自动空调系统的执行元件主要包括控制伺服电动机（伺服电动机）、风机及压缩机电磁离合器等。图4-72所示为LS400轿车伺服电动机的安装位置，图4-73所示为伺服电动机控制的各种挡风板的位置，送风方式与各种挡风板的位置关系见表4-3。

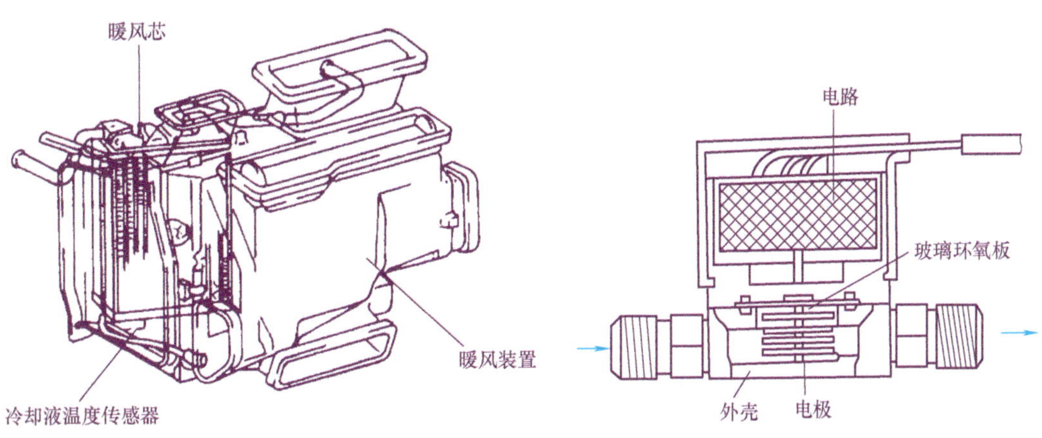

图 4-70　冷却液温度传感器安装位置　　图 4-71　静电式制冷剂流量传感器的安装位置

（1）进风控制伺服电动机　进风控制伺服电动机控制进风方式，其结构如图 4-74a 所示。电动机的转子经连杆与进风窗风板相连，当驾驶人使用进风方式控制键选择“车外新鲜空气导入”或“车内空气循环”模式时，空调 ECU 即控制进风控制伺服电动机带动连杆顺时针或逆时针旋转，从而带动进风窗风板闭合或开启，达到改变进风方式的目的。该伺服电动机内装有一个电位计随电动机转子转动，并向空调 ECU 反馈电动机活动触点的位置情况。

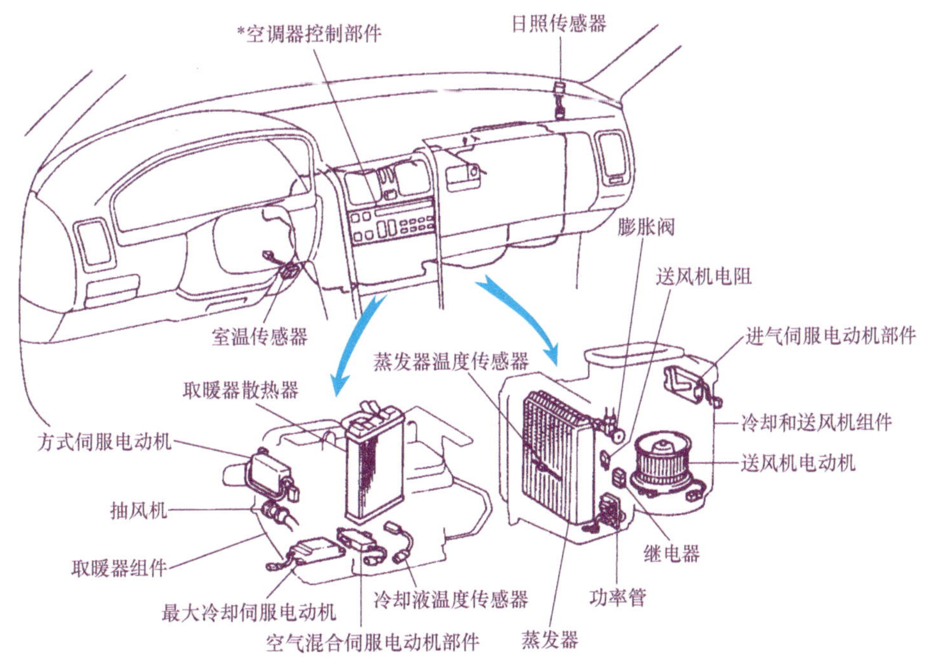

图 4-72　LS400 轿车伺服电动机的安装位置

进风控制伺服电动机与空调 ECU 的连接电路如图 4-74b 所示。当按下“车外新鲜空气导入”键时，电路为：空调 ECU 端子 5→伺服电动机端子 4→触点 B→活动触点→触点 A→电动机→伺服电动机端子 5→空调 ECU 端子 6→空调 ECU 端子 9→搭铁。此时伺服电动机转动，带动活动触点、电位计触点及进风窗风板转动，新鲜空气通道开启。当活动触点与触点 A 脱开时，电动机停止转动，空调进气方式被设定在“车外新鲜空气导入”状态，车外空气被吸入车内。

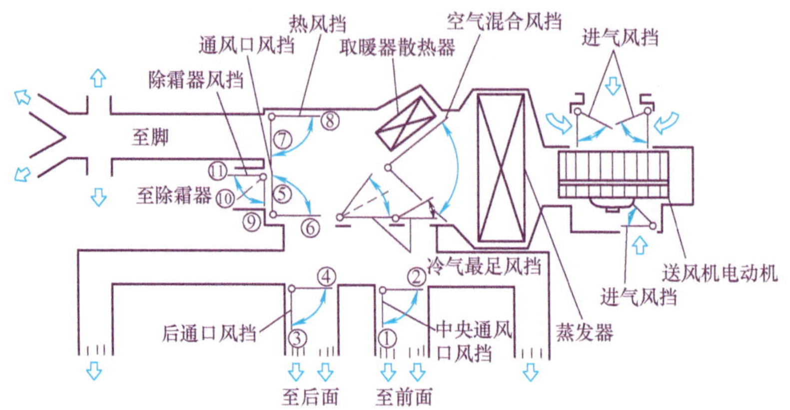

图 4-73　伺服电动机控制的各种挡风板的位置

表 4-3　送风方式与各种挡风板的位置关系

方式 通风口		通风口			热		除霜器	
方式	风挡位置	中央	侧面	后面	前面	后面	前面	侧面
脸	①③⑤⑦⑨	○	○	○				
脸和脚	①③⑤⑧⑨	○	○	○	○	○		
脚	②④⑥⑧⑨		○		○	○	○	○
脚/除霜器	②④⑥⑧⑩		○		○	○	○	○
除霜器	②④⑥⑦⑪		○				○	○

圆圈（○）的大小表示空气流量大小。

当按下“车内空气循环”键时，电路为：空调 ECU 端子 6→伺服电动机端子 5→电动机→触点 C→活动触点→触点 B→伺服电动机端子 4→空调 ECU 端子 5→空调 ECU 端子 9→搭铁。此时伺服电动机转动，带动活动触点、电位计触点及进风窗风板向反方向转动，关闭新鲜空气入口。同时打开车内空气循环通道，使车内空气循环流动。

当按下“自动控制”键时，空调 ECU 首先计算出所需要的出风温度，并根据计算结果自动改变进风控制伺服电动机的转向方向，从而实现进风方式的自动调节。

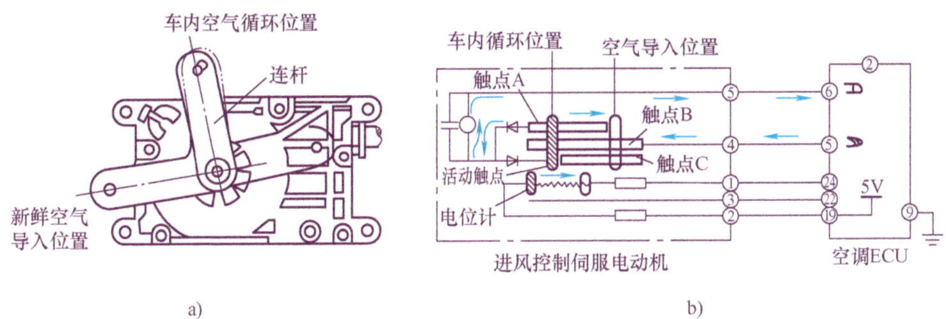

图 4-74　进风控制伺服电动机的结构与工作原理

a）结构　b）工作原理

（2）空气混合伺服电动机　空气混合伺服电动机连杆转动位置及电动机内部电路如图 4-75 所示，进行温度控制时，空调 ECU 首先根据驾驶人设置的温度及各传感器送入的信号，计算出所需要的出风温度并控制空气混合伺服电动机连杆顺时针或逆时针转动，改变空气混合挡风板的开启角度，从而改变冷暖空气混合比例，调节出风温度与计算值相符。电动机内电位计的作用是向空调 ECU 输送空气混合挡板的位置信号。

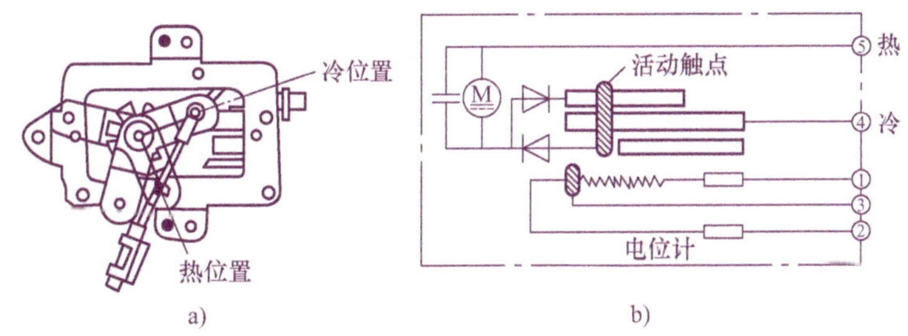

图 4-75　空气混合伺服电动机的结构与工作原理

a）结构　b）工作原理

（3）送风方式控制伺服电动机　送风方式控制伺服电动机连杆转动位置及电动机的内部电路如图 4-76 所示，当按下操作面板上的某个送风方式键时，空调 ECU 将电动机上的相应端子搭铁，由此电动机内的驱动电路将电动机连杆转动，将送风控制挡风板转到相应的位置上，打开某个通道。

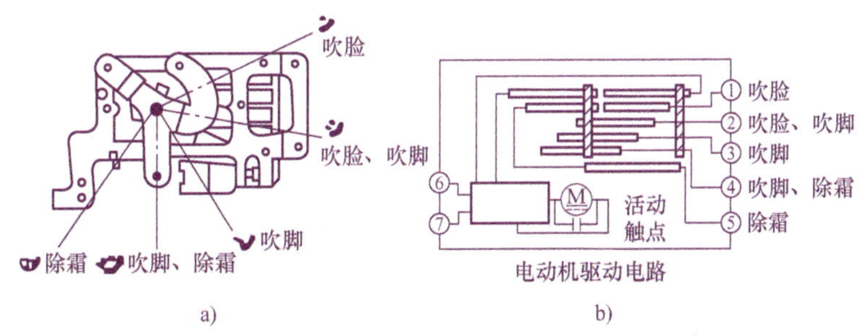

图 4-76　送风方式控制伺服电动机的结构与工作原理

a）结构　b）工作原理

当按下“自动控制”键时，空调 ECU 根据计算结果，在与人脸、脚等相对的几个位置自动改变送风方式。

（4）最冷控制伺服电动机　最冷控制伺服电动机的挡风板位置及内部电路如图 4-77 所示，该电动机的挡风板具有全开、半开和全闭 3 个位置。当空调 ECU 使某个位置的端子搭铁时，电动机驱动电路使电动机旋转，带动最冷控制挡风板位于相应的位置上。

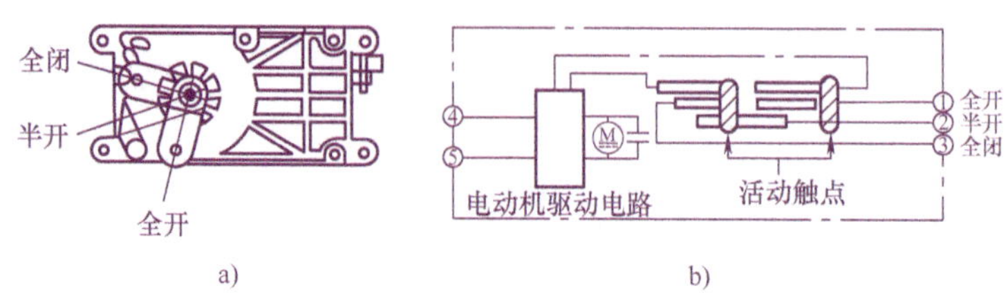

图 4-77　最冷控制伺服电动机的结构与原理
a）结构　b）工作原理

（5）可变排量压缩机　可变排量压缩机是在压缩机移动活塞的旋转斜盘上增加了一个可变排量机构，空调 ECU 根据冷却液温度传感器信号确定是否给可变排量机构的电磁线圈通电，从而控制压缩机的容量。

3. 电控自动空调 ECU

空调 ECU 与操作面板集成一体，它对各种传感器输入的信号和功能选择键输入的指令进行计算、分析比较后，发出指令，控制各个执行元件动作，使车内温度、空气流动状况等始终保持在驾驶人设定的水平上，极大地简化了操作，该系统主要用在高级轿车空调上。另外，空调 ECU 控制的汽车空调系统具有以下功能：

（1）空调控制　包括温度自动控制、风量控制、运转方式给定的自动控制、换气量控制等，满足车内空调对舒适性的要求。

（2）节能控制　包括压缩机运转控制、换气量的最适量控制以及随温度变化的换气切换、自动转入经济运行、根据车内外温度自动切断压缩机电源等。

（3）故障、安全报警　包括制冷剂不足报警、制冷压力高或低报警、离合器打滑报警、各种控制器件的故障判断报警等。

（4）故障诊断存储　汽车空调系统发生故障，ECU 将故障部位用故障码的形式存储起来，在需要修理时指示故障的部位。

（5）显示　包括显示给定的温度、控制温度、控制方式、运转方式的状态等。

任务实施

一、任务实施的环境

汽车自动空调制冷系统不能正常工作的原因一般有两个：一个是机械故障，即压缩机、冷凝器、蒸发器、膨胀阀等故障所致；二是电路或电控系统故障，如鼓风机控制电路或电控元件失效等故障。

二、任务实施的步骤

1. 电控自动空调的故障诊断

丰田雷克萨斯 LS400 轿车的自动空调系统，具有故障自诊断功能。诊断操作，可直接在

空调器控制按钮上进行。其诊断代码在温度显示屏处输出。如果在空调器运转中，出现压缩机同步传感器电路开路或制冷剂不足时，空调器控制总成上的 A/C 开关指示器灯便开始闪烁。当这种情况发生时，将显示压缩机同步传感器电路故障的诊断代码 22 和空调器制冷剂不足的诊断代码 Normal，表明空调器有故障。

一辆雷克萨斯 LS400 轿车自动空调系统诊断检查状态的操作方法，如图 4-78 所示。

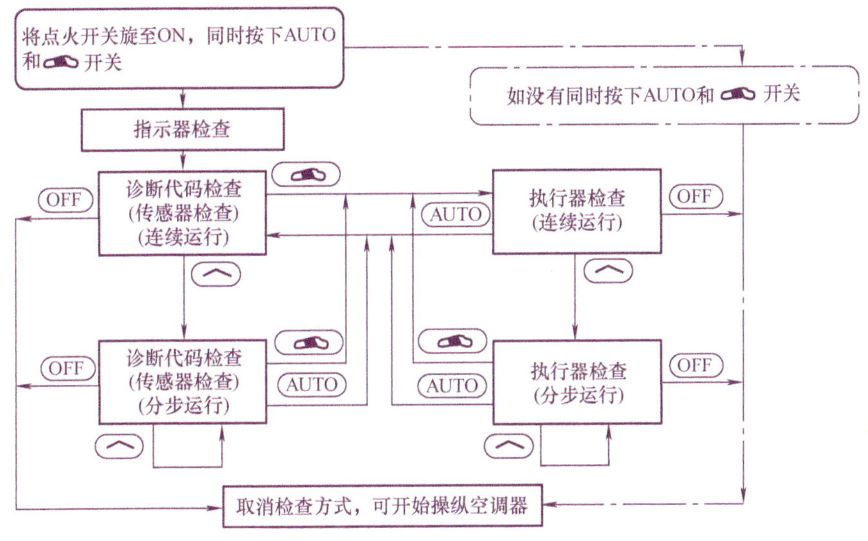

图 4-78　诊断检查状态的操作方法

（1）指示器检查

1）将点火开关置于 ON 位置，并同时按下空调器控制 AUTO 开关和 REC 开关。

2）查看所有指示器灯在 2s 间隔内，应连续闪亮 4 次。

3）在第二步指示器灯亮时，听察蜂鸣器声音。

说明：

①指示器检查结束后，诊断代码检查便自动开始。

② 如要取消检查状态，按下 OFF 开关。

（2）诊断代码检查

1）进行指示器检查。指示器检查完毕后，该系统即自动进入诊断代码检查状态。

2）读出仪表板温度显示屏上显示的代码，并根据诊断代码表所提示的故障部位进行检查排除。如要缓慢显示，可按 UPA 开关，将其改成步进运转。每按动一次 UPA 开关，改变一次显示。

说明：

①如果读出一个代码时蜂鸣器就响了，表明该代码所指示的故障继续发生。

②如果读出一个代码时，蜂鸣器未响，表明该代码所指示的故障早已发生（如插接器接触不良）。

③ 如果环境温度为 -30℃或更低，即使该系统工作正常，仍然可能输出故障码。

④诊断代码，由最小到最大，依次显示。

⑤如果是在光线暗的地方进行检查，可能显示诊断代码21（日照传感器不正常）。此时，应用灯光（如检查灯）照射日照传感器进行检查。如用灯光照射时检查，仍然显示诊断代码21，则可能是日照传感器有故障，应予以检修或更换。

3）仅在发生现时故障时，才显示压缩机同步传感器电路开路或短路（诊断代码22）。为了验证诊断代码22，可按下述步骤进行：

①使发动机运转，并进入诊断代码检查状态。

②按下REC开关，进入执行器检查状态，并设定第三步运转。

③按下AUTO开关，回到诊断代码检查状态。

④ 约3s后，显示诊断代码。

（3）诊断代码　雷克萨斯LS400轿车自动空调系统的诊断代码，见表4-4。

表4-4　雷克萨斯LS400轿车自动空调系统的诊断代码表

代　码	故障部位
00	正常
11	室温传感器电路开路或短路
12	环境温度传感器电路开路或短路
13	蒸发器温度传感器电路开路或短路
14	冷却液温度传感器电路开路或短路
21*	日照传感器电路开路或短路
22*	压缩机同步传感器电路开路或短路
31	空气混合风挡位置传感器电路开路或短路
32	进气风挡位置传感器电路开路或短路
33	空气混合风挡位置传感器电路开路 进气伺服电动机电路开路或短路 空气混合伺服电动机锁住
34	进气风挡位置传感器电路开路 进气伺服电动机电路开路或短路 进气伺服电动机锁住

*：仅在发生现时故障时，日照传感器和压缩机同步传感器开路才能检测出来。其他代码在现时故障（蜂鸣器发出声音）和过去故障（蜂鸣器不发出声音）时，均可检测出来。

（4）清除诊断代码

①取出2号接线盒中的IX/ME熔丝10s以上，从存储器中清除诊断代码。

②重新装回熔丝，并确认输出正常代码。

（5）执行器检查

1）进入传感器检查状态后，按动REC开关。

2）由于从温度显示20开始，每隔1s，便按顺序自动运转每个风窗、电动机和继电器，所以可用肉眼和手检查温度和空气流量。如要缓慢显示，可按动UP开关，改成步进运转。每按动一次UP开关，改变一次显示。

说明：

①当显示代码改变时，蜂鸣器发出响声。

②诊断代码，由最小到最大，依次显示。

2. 电控自动空调电脑控制电路的检修

以 LS400 轿车自动空调为例，控制电路如图 4-79 所示。

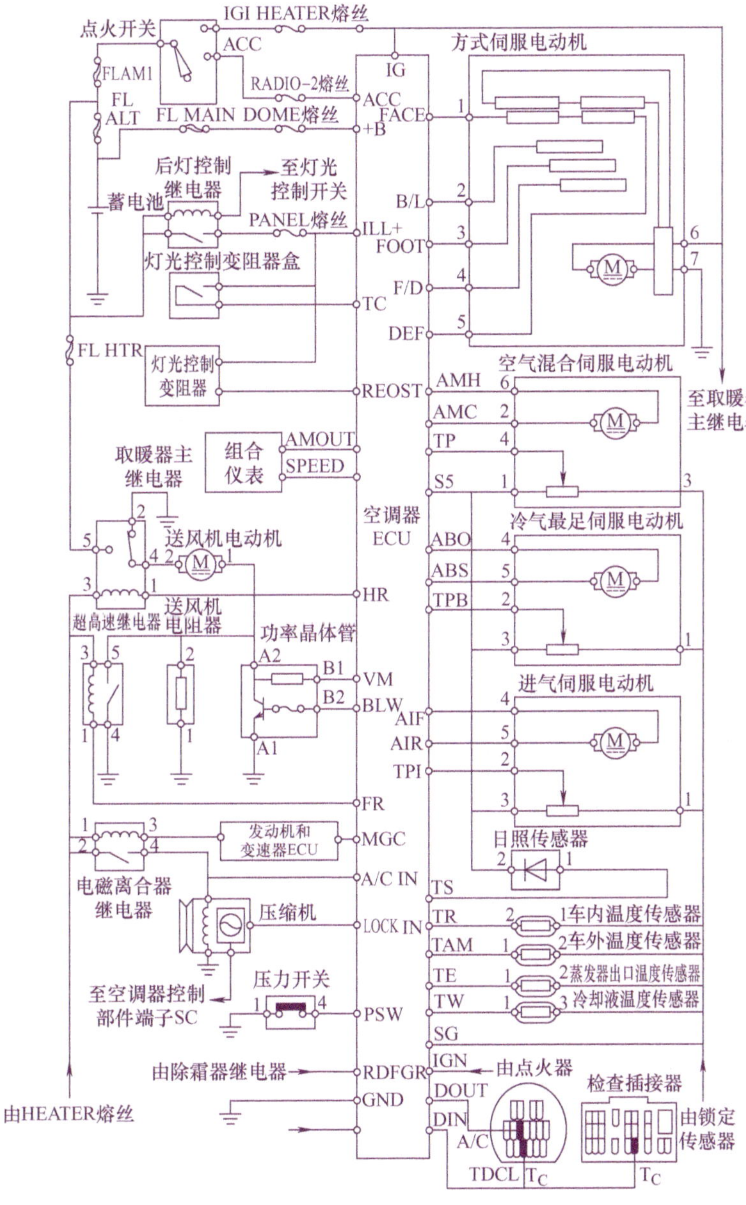

图 4-79　LS400 轿车自动空调系统控制电路

（1）电控自动空调电源电路的检修　拆下空调 ECU，保持插接器处于连接状态。测量端子 +B、IG、ACC 与 GND 间的电压，均应为 12V。若无 12V 电压，应检查相应熔丝及供电电路。当端子 +B 无电压时，空调 ECU 便不能存储故障码和设定工作状态。点火开关在

ACC档时，若空调显示器无显示，即为ACC电源故障。

（2）电控自动空调输入信号电路的检修　以LS400轿车自动空调为例。

1）车内温度传感器。车内温度传感器用于检测车内的温度，发送适当的信号给空调ECU。拆下仪表板1号下罩，脱开车内温度传感器插接器，检查车内温度传感器插接器两端子间的电阻，在25℃时，其阻值为1.6～1. 8kΩ；在50℃时，其阻值为0.5～0.7kΩ，且当温度升高时，其阻值逐渐降低。

2）车外温度传感器。车外温度传感器用于检测环境温度，发送适当的信号给空调ECU。

拆下前散热护栅，脱开车外温度传感器插接器，检查车外温度传感器插接器两端子间的电阻，在25℃时其阻值为1.6～1.8kΩ；在50℃时其阻值为0.5～0.7kΩ，并且当温度升高时，其阻值逐渐降低。

3）蒸发器温度传感器。蒸发器温度传感器用于检测冷却组件内的温度，发送适当的信号给空调ECU。拆下蒸发器出口温度传感器，检查蒸发器温度传感器插接器两端子间的电阻，在25℃时其阻值为4.5～5.2kΩ；在50℃时其阻值为2.0～2.7kΩ，并且当温度升高时，电阻逐渐降低。

4）冷却液温度传感器。冷却液温度传感器用于检测冷却液温度，发送适当的信号给空调ECU。当发动机温度较低时，这些信号用于预热控制。

拆下加热器组件和冷却液温度传感器，检查冷却液温度传感器插接器的端子1与3之间的电阻，在0℃时其阻值为1.56～17.5 kΩ；在40℃时其阻值为2.4～2.8 kΩ；在70℃时其阻值为0.7～1.0kΩ，并且当温度升高时，电阻逐渐降低。

5）日照传感器。日照传感器内通过光控二极管检测太阳能辐射，并将信号传给空调ECU。太阳能辐射强度越强，光控二极管的电阻越小，当传感器没有接收到太阳能辐射时，即使系统正常，也会显示诊断代码21。

拆下杂物箱，脱开日照传感器插接器，测其反向电阻，当传感器用布蒙住时，阻值为无穷大，掀开遮传感器的布并用灯光照射时约为4kΩ，当灯光逐渐移开时阻值逐渐增大。

6）压缩机锁止传感器。发动机每转一圈，压缩机锁止传感器便向空调ECU发送4个脉冲。若压缩机传动带或电磁离合器打滑，空调ECU将使压缩机停止工作，且指示器以1s间隔闪烁。

用千斤顶顶起汽车，脱开压缩机锁止传感器插接器，测量压缩机锁止传感器插接器端子之间的电阻，在25℃时其阻值应为530～650Ω；在100℃时其阻值应为670～890Ω。

7）压力开关。当制冷剂压力降得太低（系统压力低于0.22MPa）或升得太高（系统压力高于2.7MPa）时，压力开关将信号发送给空调ECU。当空调ECU收到这些信号时，输出信号给发动机和自动变速器ECU，通过“发动机和自动变速器ECU”断开压缩机继电器，并使电磁离合器断开。

拆下右侧前照灯，脱开压力开关插接器；接通点火开关，将压力表连接到制冷系统，当制冷剂气体压力改变时，检查压力开关端子1与4之间的导通情况。若压力在正常范围内时，压力开关不通，则为压力开关损坏。

8）点火器电路。空调ECU通过接收点火器送来的信号监测发动机转速。空调ECU利用发动机转速信号和压缩机转速信号，检测压缩机同步情况。

（3）电控自动空调执行器电路检修　以 LS400 轿车为例。

1）鼓风机电路。打开风扇和空调，若风机不转，应检查加热器继电器。取下继电器并连接继电器端子 4、5，风机应转动。否则，如测量继电器端子 1 与 3 间有电压，则为继电器损坏；连接继电器端子 4 与 5，若风机不转，则为风机电阻或电源故障；若风机不能调速，多为功率管（蒸发器组件内）损坏；若无高速，为高速继电器损坏。

2）空气混合伺服电动机及传感器电路。空气混合风门位置传感器安装在空气混合伺服电动机内，用于检测空气混合风门的位置，并将信号送入空调 ECU。空气混合伺服电动机及传感器电路不正常会引起无冷气、冷气不足等故障。

拆下空调 ECU，保持插接器处于连接状态。接通点火开关，改变设定温度，使空气混合风门起作用，并在每次改变设定温度时测量空调 ECU 插接器端子 TP 与 SG 间的电压，最冷控制时为 4V，当设定温度升高时，电压值应按直线规律逐渐降低，暖气最足时为 1V。若不正常，可取下加热器组件，脱开空气混合伺服电动机插接器，测量空气混合伺服电动机插接器端子 1 与 3 间的电阻，其正常值为 4.7～7.2kΩ。当空气混合伺服电动机以正确顺序运转时，测量空气混合伺服电动机插接器端子 4 与 3 间的电阻，最冷控制时为 3.76～5.76kΩ。当设定温度升高时，电阻值应按直线规律逐渐降低，暖气最足时为 0.94～1.44 kΩ。

3）进风控制伺服电动机及传感器电路。进风控制传感器安装在进气伺服电动机组件内，用于检测进风风门的位置，并将测得的信号送入空调 ECU。

接通点火开关，按下 REC/FRS 开关，改变在新鲜空气和再循环之间的进气，测量进气伺服电动机运转时传感器端子 TPI 与 SG 间的电压，在 REC 侧时约为 4V。当进气伺服电动机从 REC 侧移到 FRS 侧时，电压值应按直线规律逐渐降低，FRS 侧时应为 1V。若不正常，拆下加热器组件，脱开进气伺服电动机组件插接器，测量进气伺服电动机插接器端子 S5 与 SG（6 针插接器中端子 3 与 1）间的电阻，其正常值为 4.7～7.2kΩ。当进气伺服电动机以正确顺序运转时，测量在进气伺服电动机插接器端子 TPI 与 SG（6 针插接器中端子 2 与 1）之间的电阻，在 REC 侧时为 3.76～5.76kΩ，当进气伺服电动机从 REC 侧移到 FRS 侧时，电阻值应按直线规律逐渐降低，FRS 侧时应为 0.94～1.44kΩ。端子 4 与 5 之间应导通。

4）送风伺服电动机电路。送风伺服电动机电路根据从 ECU 来的信号使伺服电动机运转，改变每个送风风门的位置。当 AUTO 开关接通时，ECU 按照设定温度自动在吹脸、脸与脚之间和脚三种高度之间改变送风。当 AUTO 开关断开时，由手动开关选定某一位置。检修时先设定到执行器检查状态，按下 TEMP 开关，使其进入步进送风，再依次按该开关，检查气流送风变化情况，气流变化送风应从吹“脸最冷→脸→脸和脚→脚→脚和除霜器→除霜器”依次变化。否则可取下加热器组件，脱开伺服电动机插接器，将电源正极连接到端子 6，电源负极连接到端子 7，然后将电源负极依次接端子 1、2、3、4、5，则工作方式也应按上述顺序变化，否则为送风伺服电动机损坏。

5）最冷控制伺服电动机电路。最冷控制伺服电动机按从 ECU 来的信号控制最冷控制风门在开、半开、关 3 个送风状态之间转换。当 AUTO 开关接通时，通风口处在吹（脸）位置，空调 ECU 控制该风门在开、半开和关位置。当在吹（脚）或（脸和脚）位置时，该风门一直关闭着。检修时可设定到执行器检查状态，按下 TEMP 开关，使其进入步进送风，再按 TEMP 开关，根据风量和风门运转噪声检查风门能否转换。否则可拆下加热器组件，脱开最冷控制伺服电动机插接器，将电源正极连接到端子 4，电源负极连接到端子 5，然后将电源负极依次接端子1、2、3，若风门位置不能转换，为电动机组件损坏；若正常，则为配线或ECU损坏。

6）压缩机电路。空调ECU从端子MGC输出电磁离合器信号ON信号到发动机和自动变速器ECU。当发动机和自动变速器ECU接到此信号时，它从端子ACMG传送一个信号，接通压缩机电磁离合器继电器，于是压缩机电磁离合器接通。空调ECU也通过端子A/C IN监视电源电压是否供应到电磁离合器上。

拆下空调ECU，保持插接器处于连接状态，接通点火开关，按下一个风扇转速控制开关，检查在空调开关接通或断开时，空调ECU插接器的端子A/C IN与车身搭铁之间的电压，其正常值为：空调开关接通时，电压为蓄电池电压；空调开关断开时，电压为0V。再检查压缩机电磁离合器，脱开电磁离合器插接器，将电源正极导线连接到电磁离合器插接器端子上，电磁离合器应吸合，否则要修理或更换电磁离合器。

三、技能训练

【训练任务】某客户抱怨其驾驶的LS400空调系统不能正常工作，要求给予检修。

【训练建议】学生通过维修资料的查阅、课程网站、视频资料的学习以及教师的答疑，以小组讨论的方式，制订自动空调系统不能正常工作的诊断流程，也可参考以上任务实施的内容。

【评价建议】可用如下技能训练评价表对学生操作技能进行评价。

自动控制空调不制冷故障检测考核表

学生姓名					
测评日期		测评地点			
测评内容	自动控制空调不制冷故障检测				
考评标准	内　容	分值/分	自评	互评	师评
	工作着装、工作安全、卫生	10			
	正确使用解码器和万用表，每错一项扣4分	20			
	诊断空调系统的故障，每错一项扣4分	30			
	分析空调系统的故障并排除，每错一项扣2分	10			
	正确地运用、掌握安全操作方法，每错一项扣5分	20			
	工作任务单的填写情况	10			
	时间性：每超时1min扣5分，超过3min终止考核				
合　计		100			
最终得分（自评30%+互评30%+师评40%）					
说明：测评满分为100分，60~74分为及格，75~84分为良好，85分以上为优秀。60分以下的学生，需重新进行知识学习、任务训练，直到任务完成达到合格为止					

归纳总结

现在大部分汽车都采用了自动空调系统，即微机控制自动空调系统。自动空调系统利用温度传感器随时监测车内温度及车外环境温度的变化，并把检测到的信号送给空调ECU，空调ECU按预先编制好的程序对信号进行处理，并通过执行器对风机转速、出风温度、送风方式及压缩机工作状况等进行调节，从而使车内温度、湿度及空气流量始终保持在驾驶人设定的水平上。

通过本任务内容的学习，作为维修技术人员，应对汽车自动空调的组成及工作原理有一定的了解。汽车自动空调系统的控制电路分析、故障诊断是本任务完成的重点，但是要真正掌握这些知识和操作技能，还要不断地思考与总结，并且加强技能训练，只有这样，才能掌握这些内容，真正为己所用。下面提供一组思考问题，请客观地作答，并结合本任务内容，对自己的学习工作进行反思。

思考题

1. 简述电控自动空调系统的组成及工作原理。
2. 简述电控自动空调常用传感器的功用。
3. 简述电控自动空调ECU的功能。
4. 简述自动空调系统的常见故障。
5. 怎样读取自动空调系统的故障码？
6. 怎样检测车外温度传感器？
7. 怎样检测压缩机控制电路？

任务三　汽车暖风不热故障检测与修复

知识点：采暖系统的功用及分类；余热水暖式采暖系统的组成及工作原理；采暖系统主要部件的结构。

能力点：合理地选用工具；采暖系统的拆装。

任务情境

某客户驾驶的威驰轿车没有暖风，经检查，空调系统的通风装置无故障，所以怀疑热水循环回路的故障。

任务分析

完成本任务需要掌握采暖系统的功用及分类、采暖系统的组成及工作原理、采暖系统的拆装。

任务实施的相关专业知识

一、采暖系统的功用

采暖系统也称为暖风系统。在汽车空调系统中，采暖是重要的功能之一。另外，采暖系统还有调节车内温度与湿度、风窗玻璃除霜的功能。

二、采暖系统的分类

按热源不同，汽车空调采暖系统常见的可分为两种类型：余热式采暖系统与独立式采暖系统。余热式采暖系统按照取暖介质的不同可以分为水暖式和气暖式。现代轿车和一些货车广泛采用余热式采暖系统，也就是通过换热器将发动机冷却液的热量传给空气送出暖风。下面我主要介绍余热水暖式暖风系统。

三、余热水暖式采暖系统

余热水暖式采暖系统的工作原理如图4-80所示。发动机缸体内的一部分热水经热水阀、热水管进入加热器，经回水管通过水泵抽回到缸体水套内，热水如此周而复始地循环。空气在鼓风机作用下强迫通过加热器，空气被加热后送到乘室内用来取暖或除霜、除雾。它一般通过调节热水阀的开度或鼓风机转速来控制采暖量。这种方式能够充分利用发动机的余热，

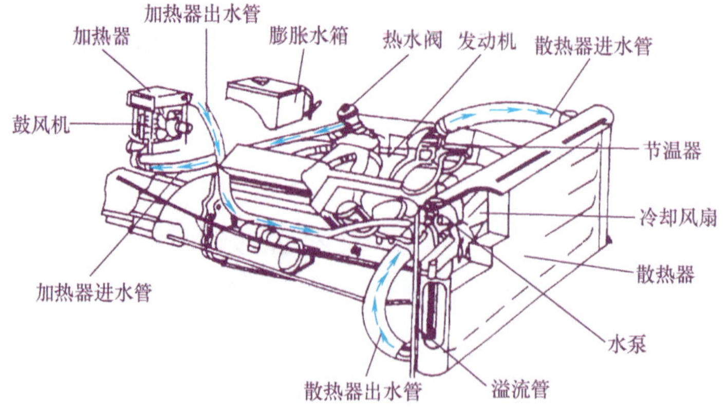

图4-80　余热水暖式采暖系统的工作原理

成本低、经济性好，并且结构简单、使用维修方便，但采暖热量受发动机工况的影响，停车怠速时热量较小，不能满足大型车辆及严寒地区车辆的使用。因此，多用于轿车、货车和中小型客车。

常见轿车余热水暖式采暖系统通风管道风门布置如图 4-81 所示。通过调整风门，可使暖风口吹入车内的热空气吹向人体足部或胸部，以保证驾驶人和乘客感觉舒适。除霜风门向风窗玻璃吹送热空气，以防止风窗玻璃结霜或结雾。

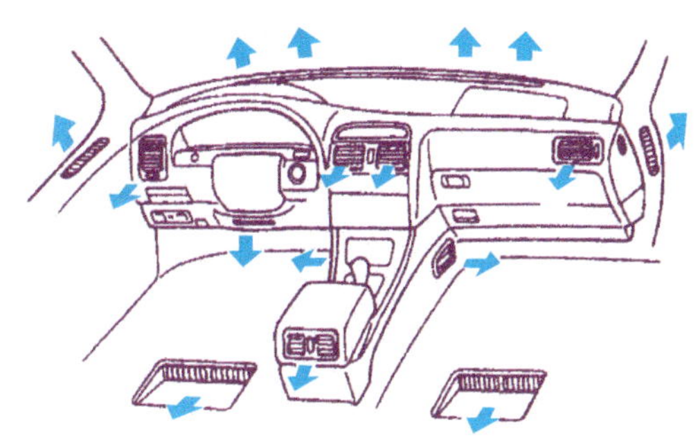

图 4-81　常见轿车余热水暖式采暖系统通风管道风门布置

四、采暖系统主要部件

(1) 暖风机总成　采暖系统的主要部件是加热器和鼓风机，两者组合成一体称为暖风机总成。余热水暖式采暖系统中装用的暖风机分两种：单独暖风机和整体空调器。

单独暖风机主要由加热器、鼓风机和外壳等组成，如图 4-82 所示。加热器的构造与蒸发器类似，也分管翅式和管带式两种，使用的材料有铜质和铝质。采暖系统工作时，冷却液自下而上流过加热器，这样可防止空气或蒸气存留在加热器内产生“气阻”。鼓风机实际就是一个风扇，它由电动机驱动。

整体空调器是将采暖系统加热器与制冷系统蒸发器装在一个壳体内，共用一台鼓风机，两者用阀门隔开，如图 4-83 所示。

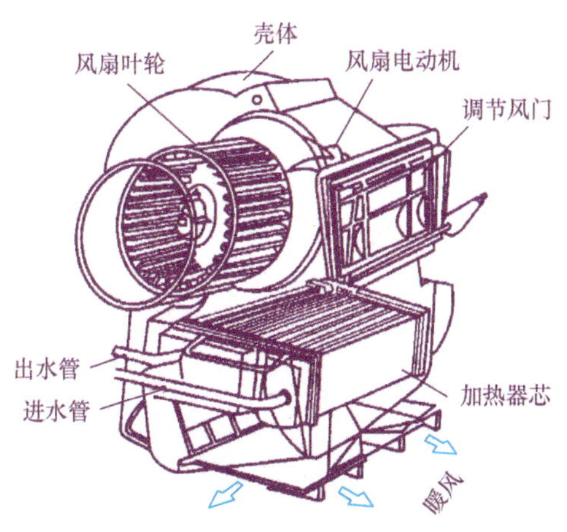

图 4-82　单独式暖风机

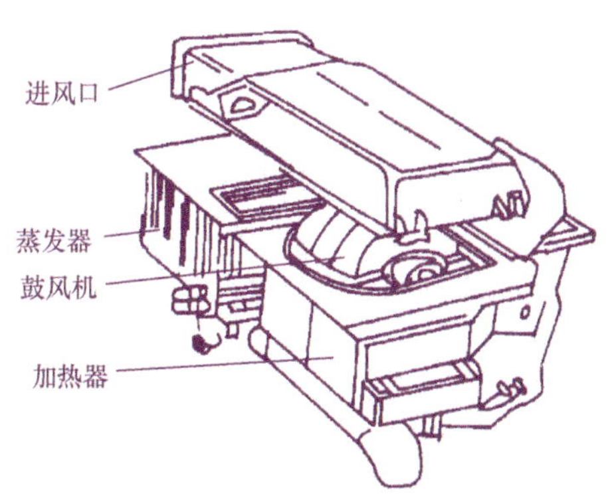

图 4-83　整体空调器

(2) 热水阀　热水阀安装在发动机与加热器之间的进水管中，用来控制加热器的热水通道。根据控制方式不同，热水阀分拉绳控制阀和真空控制阀两种。

拉绳控制阀应用在手动空调系统中，由驾驶人通过温度选择开关来拉动拉绳，使热水阀开启或关闭，其结构如图4-84所示。

真空控制阀可用在自动空调系统中，也可用在手动空调系统中。真空控制阀的结构如图4-85所示，主要由真空驱动器、活塞和阀体组成。真空驱动器的膜片左侧气室通大气，右侧气室为真空室，真空室装有膜片回位弹簧；需采暖时，将真空引至膜片右侧气室，在压差作用下，膜片克服弹簧力并带动活塞向右移动，热水阀开启；停止采暖时，释放膜片右侧气室真空，在回位弹簧作用下，膜片和活塞回位，热水阀关闭。真空源可由发动机进气管或真空罐提供。

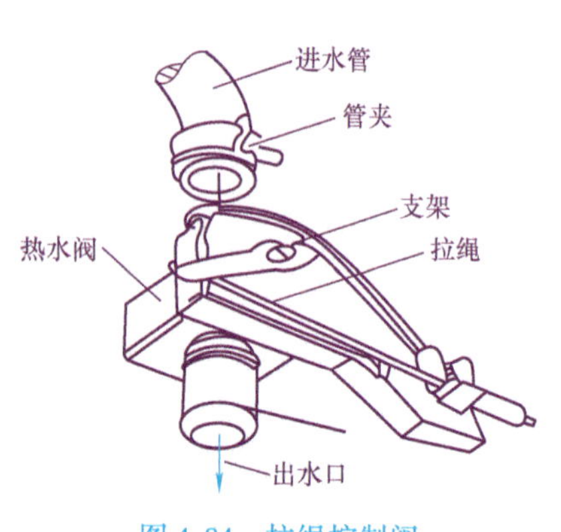

图4-84　拉绳控制阀

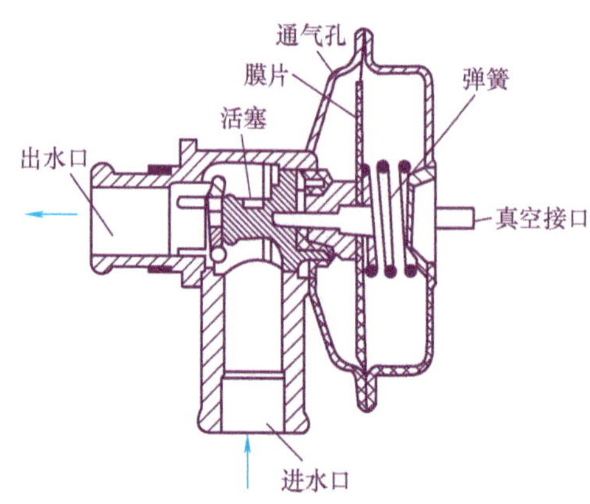

图4-85　真空控制阀

任务实施

一、任务实施的环境

采暖系统的故障可分别按热水循环回路和通风装置两方面检查，由于本任务通风装置故障已排除。热水循环回路的故障主要是管路堵塞、漏水或加热器控制阀没开启等原因。

二、任务实施的步骤

1. 拆卸

1）打开加热器控制和附件总成。

①松开6个锁扣，拉出加热器控制和附件总成，如图4-86所示。

②用螺钉旋具打开拉索夹箍的锁扣，拆下进气风窗控制拉索总成，如图4-87所示。

注意：勿扭弯拉索。如拉索弯曲，加热器或附件总成工作就会有故障。操作前，在螺钉旋具头部缠上胶带。

③用螺钉旋具打开拉索夹箍的锁扣，拆下空气混合挡控制拉索总成，如图4-88所示。

注意：勿扭弯拉索。如拉索弯曲，加热器或附件总成工作就会有故障。操作前，在螺钉旋具头部缠上胶带。

④用螺钉旋具打开拉索夹箍的锁扣，拆下除雾风窗控制拉索总成，如图4-89所示。

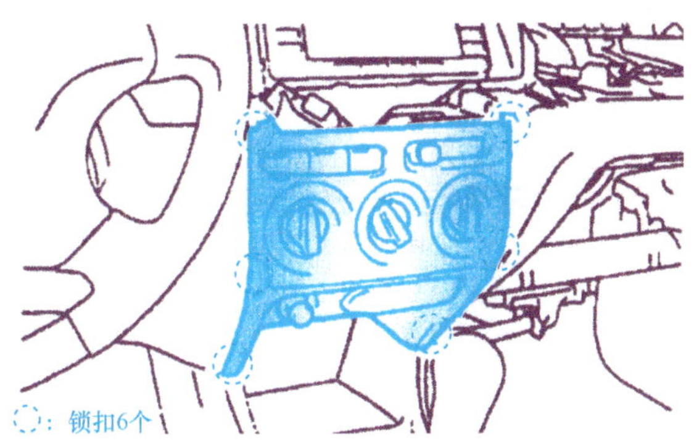

图 4-86　松开锁扣，拉出加热器控制和附件总成

图 4-87　打开锁扣，拆下进气风窗控制拉索总成

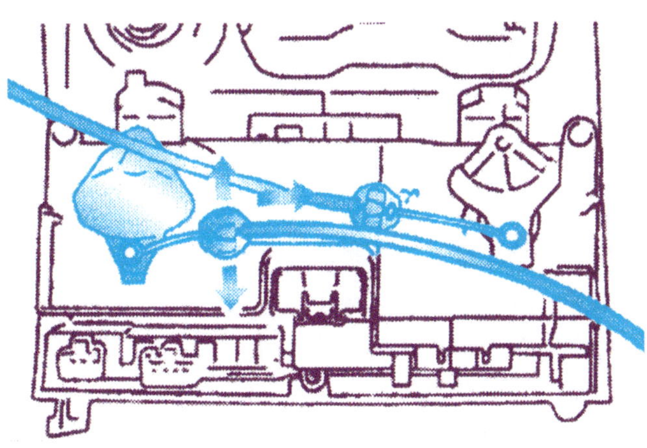

图 4-88　打开锁扣，拆下空气混合挡控制拉索总成

注意：勿扭弯拉索。如拉索弯曲，加热器或附件总成工作就会有故障。操作前，在螺钉旋具头部缠上胶带。

⑤断开所有插接器，拆下加热器控制和附件总成。

2）拆下 3 个加热器控制旋钮，如图 4-90 所示。

3）拆下 2 个螺钉和中下部仪表控制面板总成，如图 4-91 所示。

4）松开固定锁扣，拆下进气风窗控制杆，如图 4-92 所示。

5）拆下加热器或鼓风口控制总成。

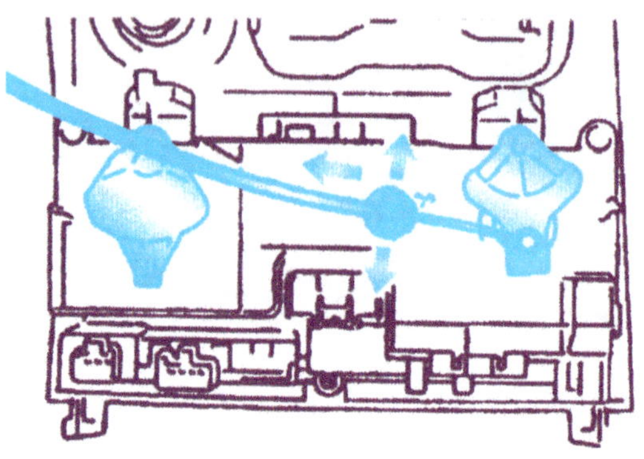

图 4-89　拆下除雾风窗控制拉索总成

图 4-90　拆下加热器控制旋钮

图 4-91　拆下仪表控制面板总成

图 4-92　拆下进气风窗控制杆

2. 安装

1）在加热器控制杆上安装除雾风窗控制拉索总成内的拉索端头。

2）在拉索夹箍上安装除雾风窗控制拉索总成。

3）在加热器控制杆上，安装空气混合风窗控制拉索总成的内拉索。

4）在拉索夹上，安装空气混合风窗控制拉索总成的外拉索。

5）在加热器控制杆上，安装进气风窗控制拉索总成的内拉索。

6）在拉索夹上，安装进气风窗控制索总成的外拉索。

注意：勿扭弯拉索。如拉索弯曲，加热器控制和附件总成就会出现故障。

7）连接各连接件，安装加热器控制和附件总成。

注意：

1）勿扭弯拉索。如拉索弯曲，加热器控制或附件总成就会出现故障。

2）操作加热器控制旋钮，检查控制杆在内循环和外循环位置都能停下，确认无回弹。

3）从加热器和附件总成拉动拉索，检查外拉索应不能拉动。

三、技能训练

【训练任务】某客户驾驶的威驰轿车没有暖风，经检查，空调系统的通风装置无故障，所以怀疑热水循环回路的故障。

【训练建议】学生通过维修资料的查阅、课程网站、视频资料的学习以及教师的答疑，以小组讨论的方式，制订本训练任务的诊断流程。

【评价建议】可用如下技能训练评价表对学生操作技能进行评价。

汽车空调暖风系统故障检修考核表

学生姓名					
测评日期		测评地点			
测评内容	汽车空调暖风系统故障检修				
考评标准	内　容	分值/分	自评	互评	师评
	工作着装、工作安全、卫生	10			
	实验前的准备，每错一项扣4分	20			
	正确操作汽车空调暖风系统，每错一项扣4分	30			
	正确诊断汽车空调暖风系统，每错一项扣4分	10			
	分析空调暖风系统的故障并排除，每错一项扣2分	20			
	工作任务单的填写情况	10			
	时间性：每超时1min扣5分，超过3min终止考核				
合　计		100			
最终得分（自评30%+互评30%+师评40%）					
说明：测评满分为100分，60~74分为及格，75~84分为良好，85分以上为优秀。60分以下的学生，需重新进行知识学习、任务训练，直到任务完成达到合格为止					

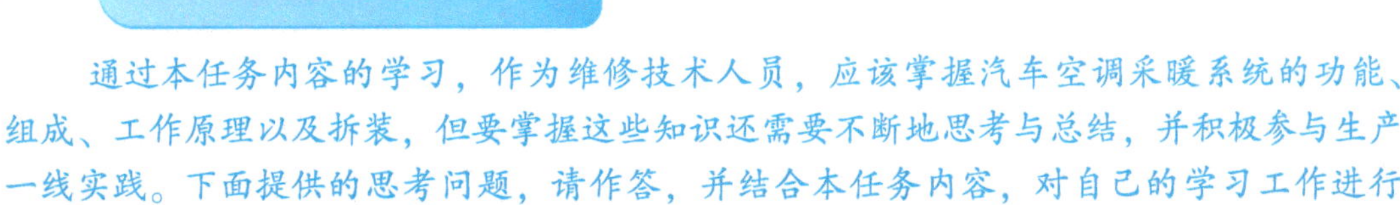

归纳总结

通过本任务内容的学习，作为维修技术人员，应该掌握汽车空调采暖系统的功能、组成、工作原理以及拆装，但要掌握这些知识还需要不断地思考与总结，并积极参与生产一线实践。下面提供的思考问题，请作答，并结合本任务内容，对自己的学习工作进行反思。

思考题

1. 简述采暖系统的功用。
2. 简述余热水暖式采暖系统的组成及工作原理。

任务四 汽车通风系统故障检测与修复

知识点： 通风系统的分类；空调操纵系统。
能力点： 合理选用工具；熟练拆装空调滤清器。

任务情境

一辆一汽丰田威驰轿车一年多没使用过空调，最近使用后发现车厢内有异味，要求给予检修。

任务分析

完成此任务需要了解空气净化装置、空调操作系统、空调滤清器的更换。

任务实施的相关专业知识

一、通风系统

将新鲜空气送进车内，取代污浊空气的过程，称为通风。汽车空调的通风方式一般有动压通风、强制通风和综合通风三种。

1. 动压通风

动压通风也称自然通风，它利用汽车行驶时对车身外部所产生的风压为动力，在适当的地方开设进风口和排风口，以实现车内的通风换气目的。

轿车的进风口设在汽车前部的正压区，而且此处都设有进气阀门和内循环空气阀门，用来控制新鲜空气的流量。排风口设置在轿车尾部负压区，动压通风时，轿车通风时的空气流动如图 4-93 所示。

图 4-93　轿车通风时的空气流动

2. 强制通风

强制通风是利用鼓风机强制将车外空气送入车厢内进行通风换气的通风方式。在冷暖一体化的汽车空调上，大多采用通风、供暖和制冷的联合装置，将外部空气与空调冷暖空气混合后送入车内，此种通风装置常见于高级轿车和豪华旅行车上。

3. 综合通风

综合通风是指一辆汽车上同时采用动压通风（自然通风）和强制通风两种通风方式。最简单的综合通风系统是在自然通风的车身基础上，安装强制通风扇，根据需要可分别使用和同时使用。

二、空气净化装置

汽车空调系统采用的空气净化装置通常有空气过滤式和静电集尘式两种。

空气过滤式空气净化装置在空调系统的送风和回风口处设置空气滤清装置，它仅能滤除空气中的灰尘和杂物。其结构简单，只需定期清理过滤网上的灰尘和杂物即可，故广泛用于各种汽车空调系统中。

静电集尘式空气净化装置则是在空气进口的过滤器后再设置一套静电集尘装置或单独安装一套用于净化车内空气的静电除尘装置。它除具有过滤和吸附烟尘等微小颗粒的杂质作用外，还具有除臭、杀菌、产生负氧离子以使车内空气更为新鲜洁净的作用。

三、汽车空调配气方式

汽车空调已由单一制冷或取暖方式发展到冷暖一体化方式，由季节性空调，发展到全年性空调，真正起到空气调节的作用。系统根据空调的工作要求，可以将冷、热风按照配置送到驾驶室内，满足调节需要。

图 4-94 所示是汽车空调配气系统的基本结构，它通常由三部分构成：第一部分为空气进入段，主要由用来控制新鲜空气和室内循环空气的风门叶片和伺服器组成；第二部分为空气混合段，主要由加热器、蒸发器和调温门组成，用来提供所需温度的空气；第三部分为空气分配段，使空气吹向面部、脚部和风窗玻璃上。它们是通过手动控制钢索（手动空调）、真空气动装置（半自动空调）或者电控气动（全自动空调）与仪表板空调控制键连接动作，

执行配气工作的。

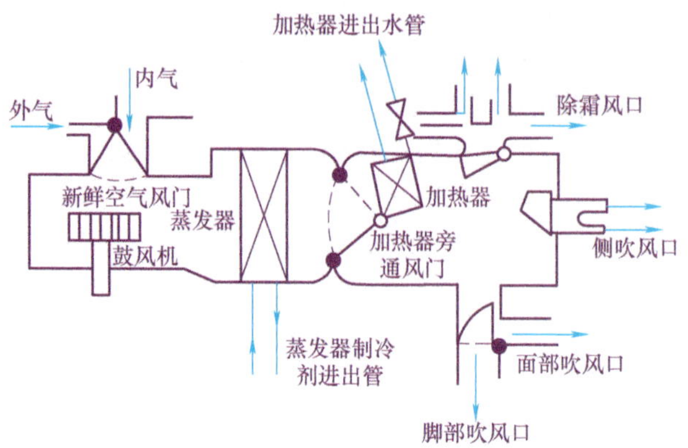

图4-94　汽车空调送风系统

空调送风系统的工作过程如下：新鲜空气+车内循环空气→进入风机→空气进入蒸发器冷却→由风门调节进入加热器的空气→进入各吹风口。

空气进入段的风门主要控制新鲜空气和室内循环空气的比例，在夏季室外空气气温较高、冬季室外温度较低的情况下，尽量开小风门，以减少冷、热气量的损耗。当车内空气品质下降，汽车长时间运行或者室内外温差不大时，这时应定期开大风门。一般汽车空调空气进口段风门的开启比例为15%～30%。

加热器旁通风门主要用于调节通过加热器的空气量。顺时针旋转风门，开大旁通风门，通过加热器空气量少，由风口4、5、7吹出冷风；反之，逆时针旋转风门，关小旁通风门，这时由风口4、5、6、7吹出热风供采暖和玻璃除霜用。

四、空调操纵控制系统

空调操纵系统的功用是对制冷系统与加热系统进行控制，调节车内的空气温度、风量、流向，确保空调系统正常工作。

手动温度控制装置及操纵机构又分为两种类型：一种是由仪表板上的旋钮通过拉索控制温度门及空气分配门开度；另一种是由仪表板上的拨杆通过拉索控制温度门开度，通过真空伺服机构控制空气分配门开度。

下面以威驰轿车空调的操纵系统为例，介绍空调操纵系统的工作过程。

1. 空调旋钮开关

手动空调控制系统包括空调按钮开关、车内空气循环按钮开关、空气分配旋钮开关、鼓风机旋钮开关、温度旋钮开关等，如图4-95所示。

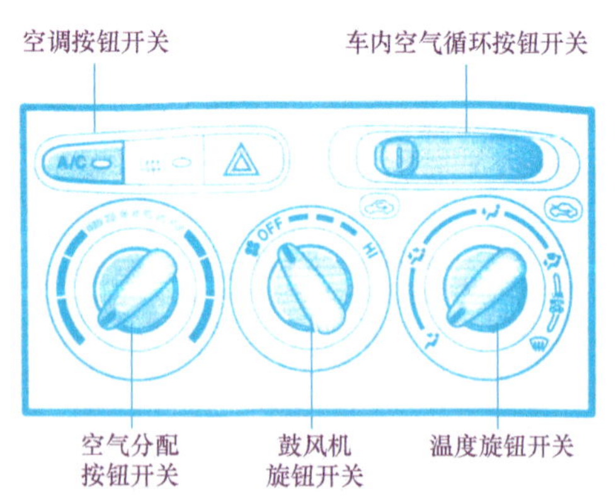

图4-95　威驰轿车空调按钮开关

（1）空调按钮开关　按下该开关，空调系统起动，开关内的符号“AC”同时点亮。再

按一下该开关，空调系统关闭，开关内的符号“AC”熄灭。

(2) 车内空气循环按钮开关　按下该开关，车内循环系统起动，按钮内的指示灯同时点亮。此状态下，车外空气不能进入车内，系统自车内吸入空气，并不断在车内循环。再按一下该开关，即可关闭车内循环系统，同时，指示灯熄灭。

(3) 温度旋钮开关　顺时针旋转该开关，提高车内温度；逆时针旋转该开关，降低车内温度。可按需要，用此开关将车内温度调至适宜状态。

(4) 鼓风机旋钮开关　鼓风机转速设为4档，用以调节空气流量。低速行驶时，鼓风机应以低速运转；开关处于“OFF”档时，关闭鼓风机和空调装置。

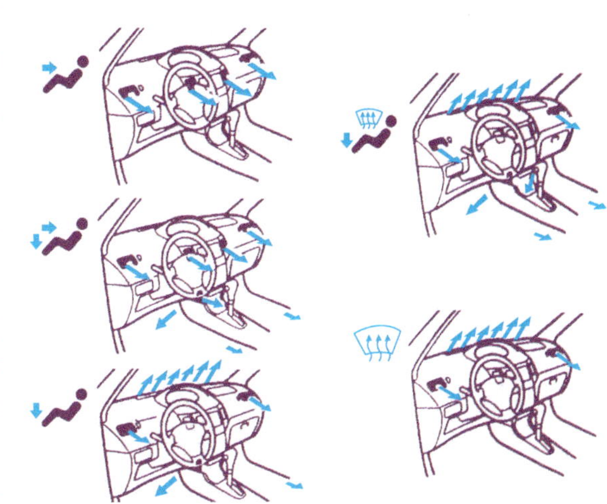

图4-96　出风口布置

(5) 空气分配按钮开关　转动该按钮选择气流通风口。

2. 出风口的调节

所有出风口输出的新鲜空气是否加热还是输出冷风，均取决于温度旋钮开关、空调按钮开关和车内空气循环按钮开关。出风口的空气分配均由空气分配按钮开关控制。开关对应的符号及控制风口见表4-5。出风口布置如图4-96所示。

表4-5　开关对应的符号及控制风口

开关对应符号	气流来源
	气流主要来自仪表板通风口
	气流来自地板通风口和仪表板通风口
	气流主要来自地板通风口
	气流来自地板通风口和风窗玻璃通风口
	气流主要来自风窗玻璃通风口

送风高度取决于滚花旋钮的位置，左右拨动出风格栅内的滚花旋钮可横向改变气流方向，如图4-97所示。

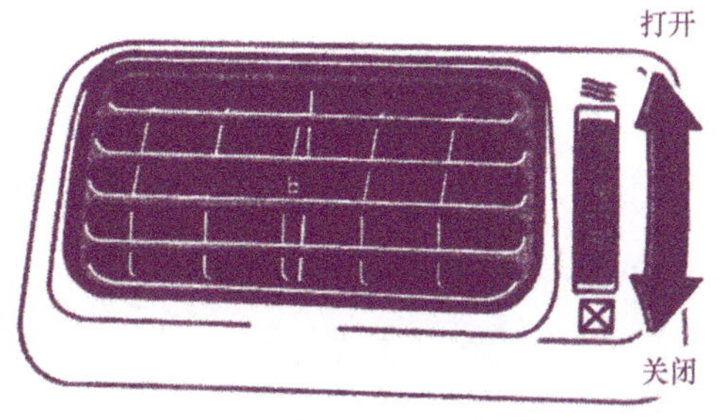

图4-97　侧通风口控制旋钮

具体操作如下所述：

(1) 暖气

1) 将鼓风机旋钮开关旋转到除“OFF”以外的任意档位。

2）将温度旋钮开关右旋到红色区。

3）为了进行快速升温，先将车内空气循环按钮开关旋到档，选择再循环空气数秒，为了不使车窗起雾，车厢升温之后，再将车内空气循环按钮开关旋到档。

4）将空气分配旋钮开关旋至档。

5）空调按钮开关关闭。

注意：在风窗玻璃除霜或除雾的同时，选择档，使车厢升温。

（2）空调制冷

1）将鼓风机旋钮开关旋到除“OFF”以外的任意档位。

2）将温度旋钮开关右旋到蓝色区。

3）为了进行快速降温，先将车内空气循环按钮开关旋到档，选择再循环空气数秒，车厢降温之后，再将车内空气循环按钮开关旋到档。

4）将空气分配旋钮开关旋至档。

5）空调按钮开关打开。

（3）通风

1）将鼓风机旋钮开关旋到除“OFF”以外的任意档位。

2）将温度旋钮开关右旋到蓝色区。

3）将车内空气循环按钮开关旋到档。

4）将空气分配旋钮开关旋至档。

5）空调按钮开关关闭。

（4）除雾

1）将鼓风机旋钮开关旋到除“OFF”以外的任意档位。

2）将温度旋钮开关左旋到蓝色区来降温，或右旋至红色区来升温。

3）将车内空气循环按钮开关旋到档。

4）将空气分配旋钮开关旋至档。

5）空调按钮开关打开。

注意：在潮湿的气候，冷气不要吹在风窗玻璃上，否则室内外的温差将引起严重的起雾。

（5）除霜

1）将鼓风机旋钮开关旋到除“OFF”以外的任意档位。

2）将温度旋钮开关右旋至红色区来升温。

3）将车内空气循环按钮开关旋到档。

4）将空气分配旋钮开关旋至档。

5）空调按钮开关关闭。

注意：风窗玻璃除霜时要使车厢升温，可选择档。

任务实施

一、任务实施的环境

空调滤清器是异味产生最重要的原因，如果安装不到位或者过滤性能不好，都有可能产生异味。

二、任务实施的步骤

1. 空调滤清器的安装位置

空调滤清器的安装位置如图 4-98、图 4-99 所示。

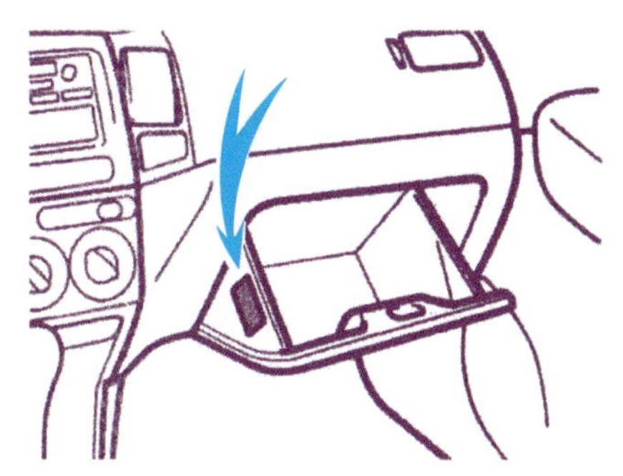

图 4-98　空调滤清器的安装位置（一）

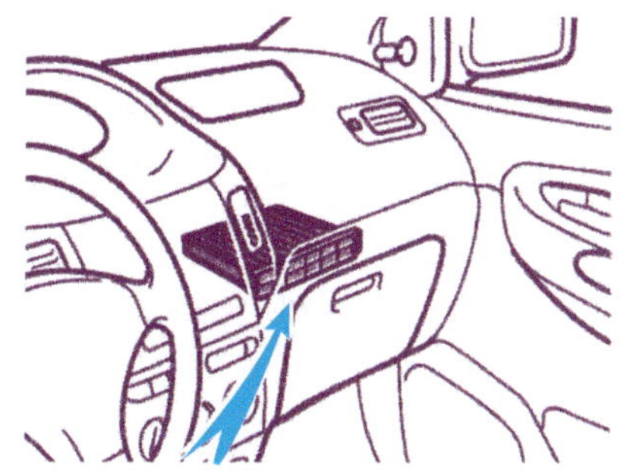

图 4-99　空调滤清器的安装位置（二）

2. 空调滤清器的检查及更换

经过长时间的使用，空调滤清器将被堵塞。如果感到空调或暖气的气流工作效率极端减弱或车窗很容易起雾，则必须更换空调滤清器。

（1）按杂物箱的两侧解开挂钩　如图 4-100 所示。

（2）从滤清器的出口处取出滤清器盒　如图 4-101 所示。

（3）从滤清器盒中取出滤清器　如图 4-102 所示。

（4）检查滤清器的表面　如果不是非常脏，可以用压缩空气从背面吹干净，不要对滤清器清洗或上油。如果很脏，则必须更换。

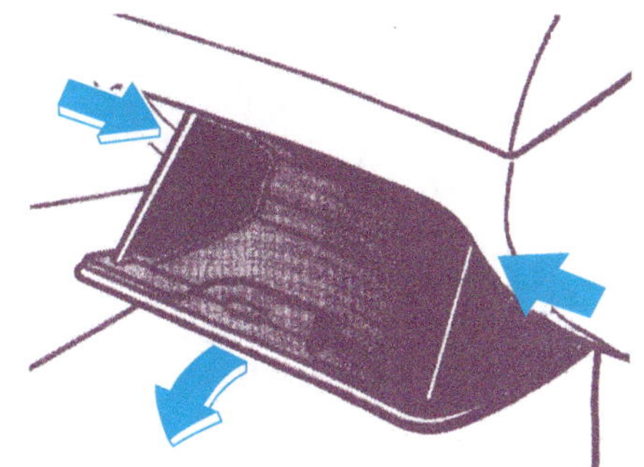

图 4-100　按杂物箱的两侧解开挂钩

（5）滤清器的更换

1）更换注意事项。在把滤清器装回到滤清器盒中时，需保证滤清器平的一面向下而有纹路的一面向上。

2）更换周期。在正常路面上行驶时，每行驶 30000km 需要更换滤清器。在多尘路面上行驶时，每行驶 15000km 需要更换滤清器。

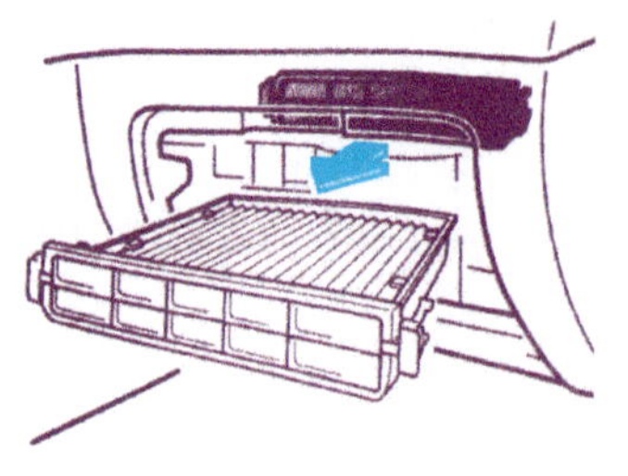

图 4-101　取出滤清器盒

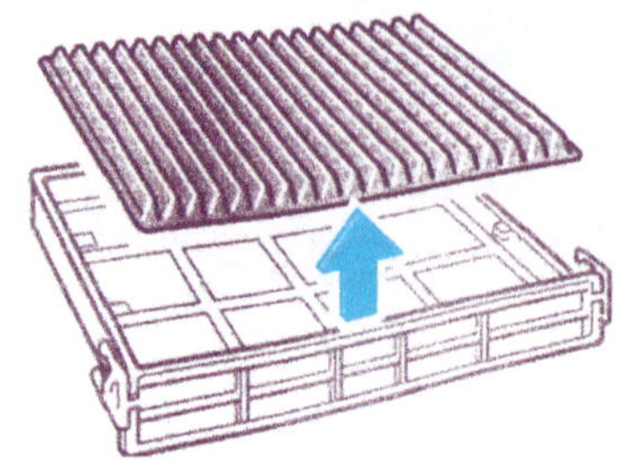

图 4-102　取出滤清器

三、技能训练

【训练任务】学会使用空调操纵控制系统；学会更换空调滤清器。

【训练建议】学生通过维修资料的查阅、课程网站、视频资料的学习以及教师的答疑，以个人独立的方式完成本次训练任务。

【评价建议】可用如下技能训练评价表对学生操作技能进行评价。

汽车空调送风系统故障检修考核表

<table>
<tr><td>学生姓名</td><td colspan="5"></td></tr>
<tr><td>测评日期</td><td></td><td>测评地点</td><td colspan="3"></td></tr>
<tr><td>测评内容</td><td colspan="5">汽车空调送风系统故障检修</td></tr>
<tr><td rowspan="8">考评标准</td><td>内　　容</td><td>分值/分</td><td>自评</td><td>互评</td><td>师评</td></tr>
<tr><td>工作着装、工作安全、卫生</td><td>10</td><td></td><td></td><td></td></tr>
<tr><td>正确选择和使用工具，每错一项扣 4 分</td><td>20</td><td></td><td></td><td></td></tr>
<tr><td>能够按正确步骤操作空调的出风控制系统，每错一项扣 4 分</td><td>30</td><td></td><td></td><td></td></tr>
<tr><td>能够按正确步骤检查及更换空调滤清器，每错一项扣 4 分</td><td>10</td><td></td><td></td><td></td></tr>
<tr><td>正确地运用、掌握安全操作方法，每错一项扣 5 分</td><td>20</td><td></td><td></td><td></td></tr>
<tr><td>工作任务单的填写情况</td><td>10</td><td></td><td></td><td></td></tr>
<tr><td>时间性：每超时 1min 扣 5 分，超过 3min 终止考核</td><td></td><td></td><td></td><td></td></tr>
<tr><td colspan="2">合　　计</td><td>100</td><td></td><td></td><td></td></tr>
<tr><td colspan="2">最终得分（自评 30% + 互评 30% + 师评 40%）</td><td></td><td></td><td></td><td></td></tr>
<tr><td colspan="6">说明：测评满分为 100 分，60 ~ 74 分为及格，75 ~ 84 分为良好，85 分以上为优秀。60 分以下的学生，需重新进行知识学习、任务训练，直到任务完成达到合格为止</td></tr>
</table>

归纳总结

通过本任务内容的学习，作为维修技术人员，应该掌握汽车空调系统采用的空气净化装置、空调配气方式、空调操纵控制系统、空调滤清器的更换等。但要掌握这些知识还需要不断地思考与总结，并积极参与生产一线实践。下面提供的思考问题，请作答，并结合本任务内容，对自己的学习工作进行反思。

思考题

1. 汽车空调的通风方式有几种？
2. 简述汽车空调的配气方式。
3. 简述空调滤清器的检查及更换过程。

项目五
汽车音像系统的故障诊断与修复

学习目标

通过本单元任务的学习，学生将具备汽车音响系统维修和检修的能力。

能够：

- 掌握汽车音响系统的组成及工作原理。
- 掌握汽车音响系统的使用与维护。
- 掌握汽车音响系统的故障诊断方法和检修技巧。
- 掌握常用故障诊断设备和维修工具的使用方法和技巧。

工作任务

在现代汽车上，大多数都配备有收音机、磁带放音机、CD/VCD/DVD 以及大功率、多喇叭立体声环绕音响系统。和家庭音响一样，汽车音响具有比较复杂的操作按键和完善的功

能，一旦操作、维护不当或选装的元件不匹配等，就有可能会导致音响系统的故障。

本任务主要对汽车音响系统的组成及工作原理进行概述，使同学们对汽车音响系统有一个比较全面的了解和认识，同时要掌握汽车音响系统的维护和检修。

任务一　汽车音响系统的维护与检修

知识点：汽车音响系统的组成及工作原理；汽车音响系统的控制电路。

能力点：汽车音响系统的使用与维护；汽车音响系统的检修。

任务情境

在使用汽车音响系统的过程中，如果使用、维护不当，就可能会造成汽车音响系统出现故障。

任务分析

完成此任务需要了解汽车音响面板上各按钮的作用和正确的操作方法。而检修汽车音响时，首先要熟悉汽车音响系统的类型、组成、工作原理和控制电路。

任务实施的相关专业知识

一、汽车音响系统的组成

从结构上来说，汽车音响与家用音响没有较大的差别，都是由主机、放大器、扬声器、天线及相关附件（均衡器、音声处理器等）组成。

1. 主机

主机也称为“音源”，主要有汽车收放机和激光唱机。

（1）收放机的组成　收放机由机芯部分和电路部分组成。机芯部分是指驱动磁带的机械构件部分。电路部分包含收音电路、放音电路、音量音调平衡电路及音频功率放大器等部分。

（2）激光唱机　激光唱机又称为CD（CompactDisc）。激光唱机具有优异的电声指标，其信噪比和动态范围远远优于传统的电唱机。激光唱机具有自动选曲、程序重放、遥控操作等功能，激光唱片又不易磨损，曲目丰富，成为汽车音响的重要组成部分。

2. 放大器

放大器的作用是将各种节目信号进行电压放大和功率放大，然后推动扬声器发出声音。

放大器一般由前置放大器、功率放大器和环绕声放大器等组成，如图 5-1 所示。

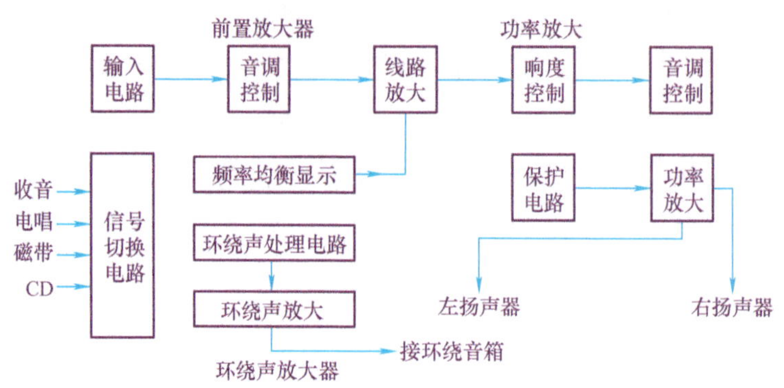

图 5-1　放大器的电路组成框图

3. 扬声器

扬声器俗称喇叭。扬声器的作用是将放大器放大的信号转变成声音。扬声器的种类很多：形式上有电动式、电磁式、压电式、气动式、温差式和离子式等；频响范围有高音、中音、低音和全频扬声器；结构上有内磁式和外磁式；外形有圆形、椭圆形和号筒形等；匹配阻抗有 4Ω、8Ω 和 16Ω 等；每种系列扬声器都有不同的口径和功率，扬声器口径越大，一般来说低频响应越好，相应的功率也越大。

4. 电动天线的组成

电动天线，又称为自动天线，它是通过电动机控制天线升降的。电动天线由开关、电动机、继电器、减速机构和天线等组成。

5. 其他声音设备及附件

其他声音处理设备包括均衡器、声音处理器和电子分频器等。

二、汽车音响的工作原理

1. 收音机的工作原理

在无线电广播信号传播过程中，由于人们听到的音频信号是低频信号，能量很小，不能进行远距离传送。为此，必须通过将音频信号调制成高频电波才能远距离传递。调制是使载波信号某项参数（如幅度、频率或相位）随调制信号的变化而变化，从而将调制的信号“装载”到载波的过程。即把被传送的低频信号“装载”到高频信号上，再由发射天线发送。通常把被传送的低频信号称为调制信号，把运载低频信号的高频信号称为载波。常用的两种调制方式分别是调幅和调频。

调幅即使载波的幅度随调制信号幅度变化而变化（频率不变），从而将调制信号（音频信号）“装载”到载波信号的过程。

调频即使载波的频率随调制信号（音频信号）频率变化而变化（幅度不变），从而使调制信号“装载”到载波信号的过程。

收音机收音过程是要获得原来调制声音（音频）信号，为此必须通过解调（将高频载波滤去，因为人的耳朵听不到高频音），才能把低频的调制信号从经过调幅或调频的高频信号中分离出来。调幅波的解调过程称为检波，调频波的解调过程称为鉴频。

典型的汽车收放机电路原理框图如图 5-2 所示。

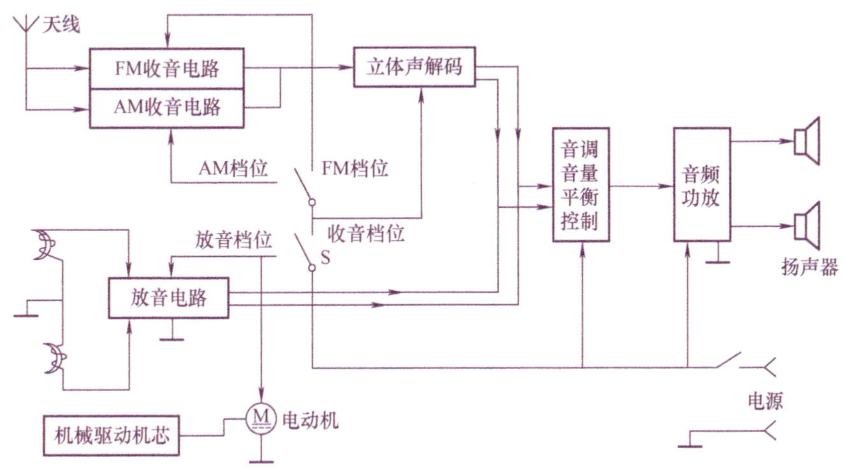

图 5-2　典型的汽车收放机电路原理框图

（1）调频收音工作过程是

1）调谐器变频：调谐器变频工作过程框图如图 5-3 所示。

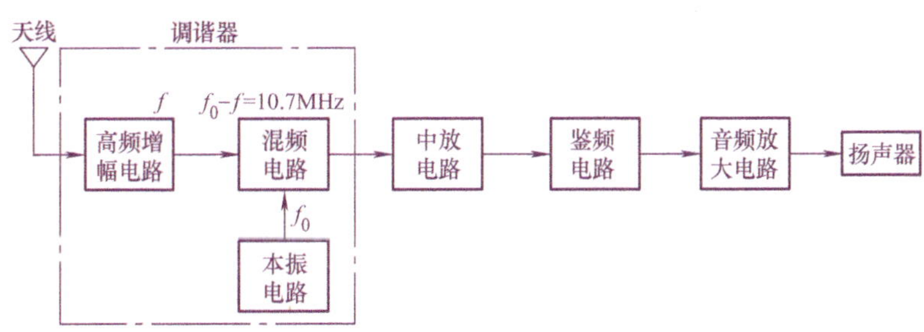

图 5-3　调谐器变频工作过程框图

调谐器又称为高频头，主要由输入电路、高频放大器、变频器（包括本振）等组成。它是将天线接收到的调频广播信号进行选频、放大，将信号变换成一个 10.7MHz 调频中频信号输出。

高频增幅：把天线所获得的电波在调谐器中进行增幅，与此同时去除干扰波。

变频：混频电路与本振电路构成变频电路。该电路能够把接收到的高频载波信号调变成中频信号。FM 调谐器工作过程实际上是变频的过程，最后得到固定的中频调频信号，其频率为 10.7MHz。

2）中频放大：即对中频信号进行调谐和放大，为整个收音电路保证一定的增益，从而保证后级电路有足够幅度的调频波。

3）鉴频：经过中频处理的 FM 变频波，在检波电路中去除运载波，以析出立体声导向信号（19kHz）和立体声左右方向信号（L，R）的合成信号（L－R，L＋R），并将这些信号送至立体声解调电路。

4）立体声解调：立体声解调器又称为立体声解码器。其作用是把由中频放大部分送来的鉴频立体声复合信号（L－R，L＋R）还原成 L、R 两个声道的信号。

5）音调音量平衡控制：从前置放大级送来的音频信号（AM/FM）或磁带放大器输出的音频信号，通过音调控制电路、音量控制电路和音量平衡电路，来获得高、低音调、音量大小和校正左右声道的音量差别。

6）音频功放：音频功放利用音频功放电路即左右声道功率放大电路，使左右声道的音频功率足够放大，能驱动喇叭正常工作；同时也保证放大性能参数是一致的。

7）喇叭（扬声器）：喇叭的作用是将已放大的音频信号通过喇叭电路使喇叭发出声音。

（2）调幅收音工作过程　调幅收音工作原理框图如图 5-4 所示。

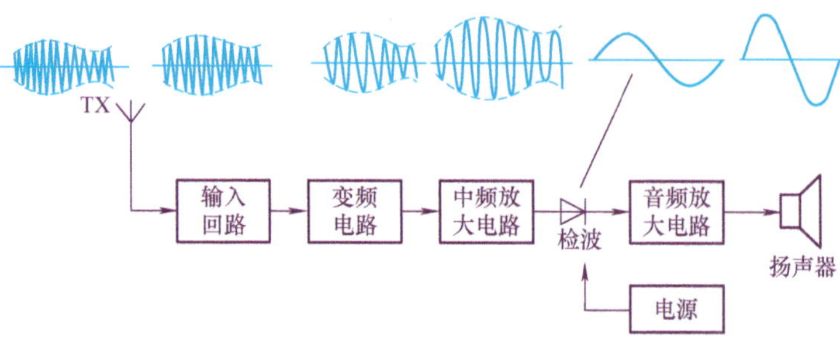

图 5-4　调幅收音工作原理框图

1）变频：天线接收到高频调幅信号，由输入回路选择出所要接收的高频调幅的信号，送入变频器，经混频后得到一个 465kHz 中频。

2）中频放大：中频放大电路的作用是放大 465kHz 中频信号，再送入检波器进行检波。中频放大电路是调幅收音电路中的重要部分，其性能优劣，对收音机的灵敏度、选择性及保真度等技术指标有着决定性的作用。

3）检波：检波器的作用是“检出”调制在高频载波上的音频调制信号，检波电路实际上是利用了二极管的单向导电性及电容、电阻的 RC 充放电的特性而完成的。检波后得到的音频送入立体声解调电路，再经过音调音量平衡控制，进入功放电路，由喇叭放音。

2. 放音机工作原理

磁带放音机是把录在磁带上的磁信号转变成电信号（放音）的装置。当在磁带放音机播放盒式磁带时，盒式磁带的磁信号被变为电信号。此信号被放大器放大并发送给扬声器，从扬声器发出声音。许多磁带放音机配备放大器、AM/FM 收音机、CD 等装置。

放音机机械部件有磁头和磁带。磁头是一个制造精密的电磁铁，它由铁心、线圈和屏蔽外罩组成。磁带主要是由带基及磁性层构成。带基通常由聚酯等塑料薄膜制成；磁性层由磁粉、粘合剂和添加剂构成，磁带具有高的矫顽磁力和剩磁。

（1）放音的原理　录制的磁带与放音磁头接触，并以录制速度相同的速度通过，根据放音磁头线圈上的磁场强度和磁性材料的方向产生电动势。电动势的信号被变为与录制时同样的音响信号。此信号被放大器放大并发送到扬声器，并从扬声器输出。

（2）磁带放音机的装带机构及工作原理　要正确回放录下的声音，必须以等速卷绕盒式磁带，等速卷绕盒式磁带的机构以等速旋转录音机主动轮，用橡皮辊（紧带轮）夹住磁带并从卷轴上拉出磁带。它在带盘上使用了一个制动器并在其上应用反向张力，这样磁带不会松弛。卷带盘必须卷取录音机主动轮送来的磁带，不产生松弛。因为卷带一侧的转速按照卷取量发生变化，当电动机转动打滑时，离合器将转动传送到卷带盘，这样保证了磁带以等

速卷取。

3. 电动天线工作原理

天线的升降是通过改变电动机的旋转方向实现的剩磁通，有些汽车的电动天线用单独的天线开关进行控制，多数则是由收音机开关联动控制，在收音机打开的同时接通电动天线控制电路，电动机转动使天线升起；在关闭收音机时，天线又同时下降。

4. 激光唱机

激光唱机由激光唱片和激光唱盘机两部分组成。

激光唱片又称为 CD 碟。激光唱片的结构主要是在唱片面上“加工”出无数的“岛”与“坑”，“坑点”的长度和彼此间的距离不同，可以组合成多种信息，“坑点”的表面上镀有金、银或铝反射膜。在激光唱片放唱时，激光束对唱片的表面进行扫描。光束照射在“坑”上时，会产生部分的绕射，光束照射在“坑”与“坑”之间的“岛”即点平面时，激光会全部反射回去。激光束的反向光，根据“坑点”之间的长短不同而得到强弱不同的光信号，如图 5-5 所示。

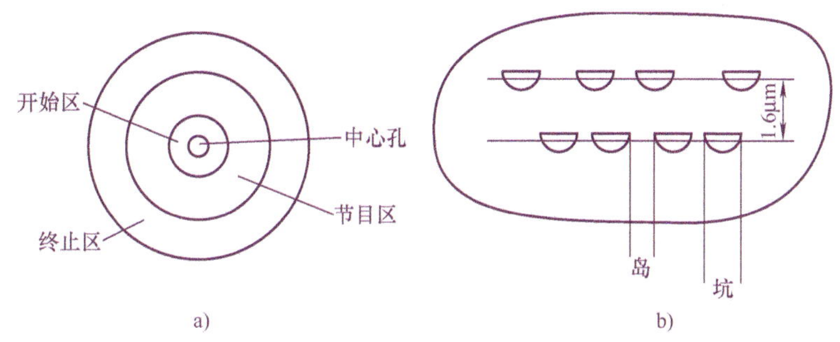

图 5-5　激光唱片的结构

激光唱盘机又称为 CD 机。激光唱盘机主要由激光拾音器、伺服传动机构、数模转换系统、控制及显示电路等组成，如图 5-6 所示。

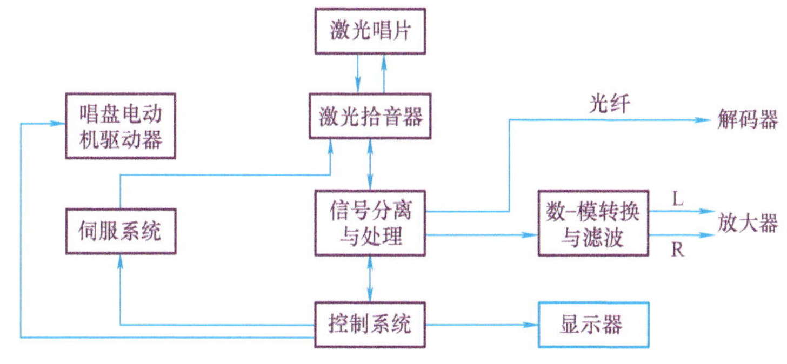

图 5-6　激光唱盘机的结构框图

（1）激光拾音器　激光拾音器又称为光学头，是激光唱机的信号传感器，按工作方式分为单光束和三光束两种。三光束激光拾音器是用主光束读取信号，两侧的副光束可测量循迹偏离，以保证主光束的准确工作。单光束拾音器则用单一光束兼顾读取信号和测量循迹偏离误差。目前日本生产的激光唱机多为三光束方式，飞利浦生产的激光唱机多为单光束方

式。三光束方式循迹准确，但成本较高；单光束方式结构简单，成本较低。

激光拾音器由激光源、聚光镜、反射镜等组成。以单激光束拾音方式为例，激光源产生一束0.8μm的光源，通过偏棱镜和聚光镜射在CD唱片的信号凹点上。一个激光唱片上最多可录25亿个凹点，信号凹点的长度及彼此间隔随音乐信号的变化而不同。在凹点处，由于反射光干涉，返回聚光镜的光量少，在没有凹点处，唱片表面光滑如镜，反射光全部返回聚光镜。光电接收器根据聚光镜返回光量的多少判断出凹点的有无，并以数字0或1输出电平信号。在扫描过程中，激光拾音器随唱片的转动由内向外拾取信号。

（2）信号分离与处理电路　激光拾音器输出的电信号送入信号分离与处理电路。该电路中的数据分离器能正确识别左、右声道信号及各种信号代码，分离后的信号送至信号处理器。信号处理器将含有音频信号的数字信号进行解码，使其变成标准的脉冲编码，送至数/模转换电路，同时信号处理器还将同步信号、纠错信号及电动机测速信号检出，将有关的控制信号送至控制系统。激光唱机中的信号分离与处理均采用大规模集成电路实现。飞利浦公司的SAA7210和索尼公司的CX2305是目前比较常见的专用芯片，内含信号分离、解码、纠错、测速等多种功能。

（3）伺服系统　伺服系统采用聚焦伺服电路和循迹伺服电路，处理CD唱片转动中的误差及唱片误差。聚焦伺服可保证CD唱片的信息区正好位于聚光镜的聚焦平面上，循迹伺服用来克服唱片加工精度不好所引起的误差。自动稳速伺服电路，通过测速传感器给出的校正误差信号来控制电动机，使之转动稳定。

（4）数-模转换电路　数-模转换电路又称为D-A转换器，在激光唱机中也称为DAC，用于将激光拾音器送来的数字信号转换成音频模拟信号。D-A转换电路输出的信号经滤波后，可直接送往放大器。

（5）控制系统和显示器　控制系统对激光拾音器等传送的数字信号进行分析，获得各种控制依据，并对电动机、伺服系统和显示器实施控制。

显示器用来显示各种控制信息，如正在放唱的曲目号、放唱方式、放唱时间等。显示系统由单片微处理器和LED显示屏组成，激光唱机的显示屏一般做得较大，以适应多种信息显示的需要。

三、汽车音响系统的使用

下面以SS-40型汽车收放机为例介绍汽车音响系统的使用，SS-40具有电子式锁相环合成收音系统和高功率自动换向盒式放音系统。具有自动预置（6个预置键）、自动搜索、手动调谐、远/近接收转换、放音自动换向、音调控制、防盗等功能，有三个调频波段和一个调幅波段。SS-40的面板结构示意图如图5-7所示，各部件功能说明如下：

1）电源开关、音量控制和拉出平衡控制钮。这三个控制旋钮为同轴套装，在做平衡调节时应拉出。旋钮向左旋则增加左声道的音量；向右旋则增加右声道的音量；中间点为通常设置或正常收听。

2）衰减控制。当使用四个扬声器时，旋转此旋钮可调节前后扬声器的声音平衡。

3）存储（ME）键。按下此键，则显示屏上显示（ME）达5min，这时按下6个预置键中的任何一个，那个键被设置为当时调谐的那个电台。当希望听其中的一个电台时，先设置好调幅/调频波段，然后按下那个电台的设定键。

4）波段切换（BAND）键。这一开关只用来选择收音波段的，波段按以下顺序切换：

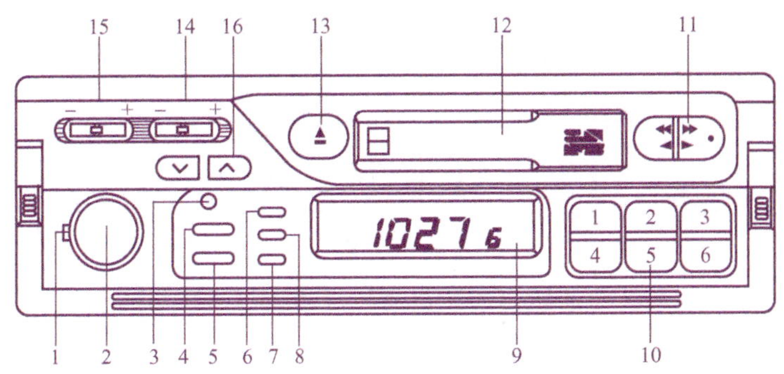

图5-7　SS－40的面板结构图

1—衰减控制　2—电源开关、音量控制和拉出平衡控制钮　3—存储键　4—波段切换键　5—搜索键　6—当地电台控制开关　7—自动存储键　8—立体声/单声道键　9—液晶显示屏　10—预置键　11—放音和快进快退键　12—磁带仓门　13—出盒键　14—高音控制　15—低音控制　16—手动调谐

调频1（FM1）→调频2（FM2）→调频3（FM3）→中波（MW）→调频1（FM1）。同时在显示屏即显示选定的波段。如果按选中的一个调频电台以立体声播音，则显示“ST”指示。

5）搜索（SEEK）键。按下这个按键，则接收频率自动向高频端移动，当接收到一个电台时自动停止。若信号较弱，则可能不会停止，这种情况下需用手动方式调整。

6）当地电台控制（LOC）开关。使用这个键来接收拥有较多地方电台的大城市的电台。当指示灯亮时，收音机调谐到最强信号的那些电台。

7）自动存储（AMS）键。按下该键后，机器自动地把信号最强的电台分配给了设定的按键。它从收音机当前的调频波段开始，检查起始点以上的每个电台的信号强度，那些被赋予“强”的电台，分配给设定的按键，当分配完6个电台后，该机又回到了设定的第一号按键；在调幅波段，电台将自动地按顺序分配。

8）立体声/单声道（ST/MO）键。在接收调频立体声电台时，把立体声/单声道键设定在立体声位置。立体声指示灯在接收到立体声电台时亮。如果收听立体声广播时由于距离远而引起噪声，或山地及其他障碍物引起干扰，则将此键设在单声道上可以提高收听效果。

9）液晶显示（LCD）屏。显示屏记录的信息主要有两个方面：接收频率、功能显示。

10）预置键（1～6）。这些键允许立刻选择所设置的电台，它们有记忆能力，一共可预置（一个中波段，三个调频段）24个电台。

11）放音和快进/快倒键。当快进和快倒两键中任何一个按下和锁住，磁带将按指示灯的方向向前走带。当磁带放到头时，会自动回放，速度回到正常。当要在磁带结束前结束快进或快倒时，轻轻按下反方向键，回放速度将回到正常。这可以在任何时间按下“FF”和“REW”键，使带子回走，走带方向的修正在“LCD”上显示。

12）磁带仓门。磁带仓门即磁带插入口，一面向右放入，机器就会自动放音。

13）出盒（EJECT）键。按下此键磁带即退出。当带子退出后，该机自动回到收音方式。

14）高音控制（TREBLE）键。此键可以改变高音的强度。

15）低音控制（BASS）键。此键用于改变低音的强度。

16）手动调谐（TUNING）键。此键有两个，用手动调谐、预置之用。按“∧”键，则频率上升，按“∨”键，则频率下降。

四、汽车音响系统控制电路原理图

以SS－40机的简化框图（图5-8）为例，主要由以下几部分组成：

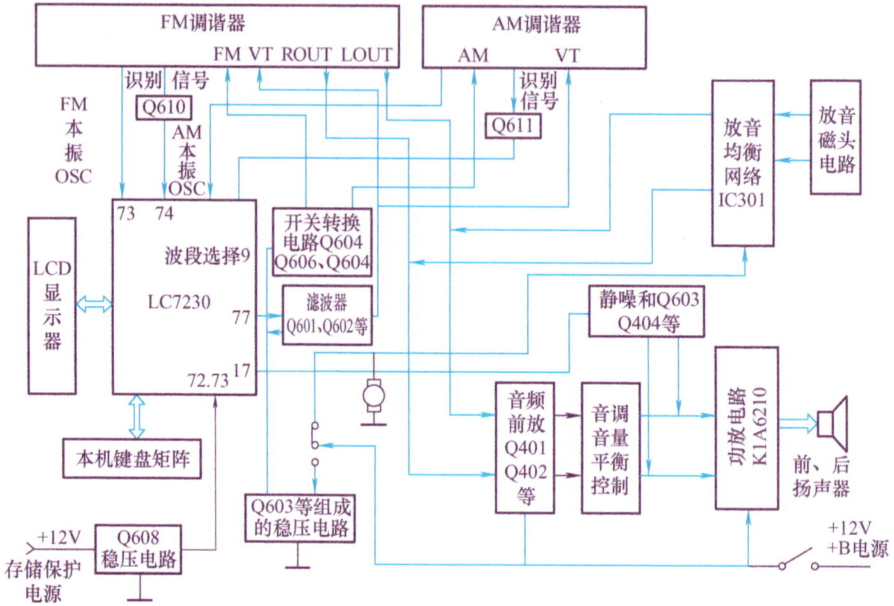

图5-8　SS－40机的简化框图

1）调频调幅收音电路，该部分由两块小电路板构成，立装在机内后侧右部，其中一块用屏蔽罩罩住。

2）数字调谐选台电路。它主要由编号为IC601、型号为LC-7230数字调谐集成电路、液晶显示屏、键盘电路以及时钟振荡电路等组成。

3）磁带放音前置放大电路。它主要由编号为IC301、型号为LC-8125P及其外围的有关电路组成。

4）音频前置放大电路（编号为Q401、Q402）。

5）静噪控制开关电路（编号为Q403、Q404）。

6）音频功放电路。主要由型号为KIE6210AH集成电路及外围电路组成。

7）线路输出放大电路（编号为Q701、Q702）。

8）由编号为Q603组成的稳压电源，主要是为数字调谐集成电路型号LC-7230提供工作电源；由编号为Q608组成的稳压电源，为LC-7230提供存储备用电源。

任务实施

一、任务实施的环境

SS－40型汽车收放机发生故障时，维修技术人员可利用音响系统的组成及控制电路图，制订诊断流程，然后逐项检测。

二、任务实施的步骤

（1）显示屏有显示，但收不到信号

1）检修思路。这种故障一般都是由于调谐电压（VT）电路异常引起的。正常情况下，

在进行搜索选台时，随着扫描频率从低到高，调谐电压（VT）也应随着由小到大发生变化。也就是 Q601 管集电极上的电压在调频时为 0.8～6.6 V，在调幅时为 0.8～7.5 V。如果测得 VT 电压无变化且保持在一个固定的电平上，此时压控振荡器也就处于一个固定的频率上。虽然液晶显示屏看上去频率能从低到高进行扫描，实际上，收音电路输入回路和本振回路频率根本没变，这主要是 VT 没有发生变化引起的。故在检修本例故障时，应由此入手进行检查。

2）检修技巧。

首先测量 LC-7230 集成电路“77”脚的电压，在调幅 1503 kHz 频率时应为 1.1 V，看是否正常。如果测得的“77”脚电压不正常，且检查外围电路元件未损坏的话，一般都为 LC-7230集成电路本身损坏；如果测得“77”脚上的电压正常，再检查低通滤波器电路中的 Q601、Q602 晶体管是否损坏，电阻 R603 是否正常。

（2）显示屏不亮

1）检修思路。分两种类型：一类是显示屏无显示而收音正常；另一类是收音也失效。第一类很明显是显示屏损坏或其供电电路中断，至于第二类故障大多是由于控制系统未工作或显示屏损坏引起的。检修时，应重点对 LC-7230 的供电电压及晶体振荡电路进行检查。

2）检修技巧。首先检查 LC-7230“72”或“73”脚上的约为 4.9V 电压是否正常。如检查“72”“73”脚上的电压正常，则故障多出在 4.5 MHz 的石英晶体振荡电路上。若测得 LC-7230“72”脚、“73”脚上的电压异常，则应检查整机与紫色引出线串接的熔断器盒内的 1A 熔断器是否熔断。若保险丝无问题，再测量 Q608 管的各极电压，如电压异常，则应检查 ED602 稳压二极管，R623、R624、C609、C608 等器件是否正常，若外接器件均无问题，则故障可能在 Q608 本身损坏。若检查供电无问题，则故障多发生在 4.5 MHz 石英振荡器，这部分电路如果失效，不但不能提供锁相环电路的参考频率，而且整个控制电路也由于没有计算脉冲而无法工作。检修时，可用示波器检查 LC-7230“80”脚上是否有 4.5MHz 的振荡信号。如无示波器，也可用高灵敏度的万用表，检测“80”脚搭铁电压（约交流 2V），然后用一只 0.047μF 电容并接在石英振荡器两端，此时如果万用表测得的电压起明显的变化（约为 2.8 V），则说明振荡电路工作正常。如果测得的振荡电路已经停止振荡，则多为 4.5MHz 晶体严重漏电或外接电容 C601、TC601 其中一个损坏。如检查上述元件均无问题，则可能是 LC-7230 集成电路内部损坏，对此，只有更换新品。

（3）调频收音正常，调幅收不到台

1）检修思路。由于调频收音正常，说明 LC-7230“77”脚外接的低通滤波器电路本身无问题，“77”脚有 VT 电压输出，故障可能是由于 LC-7230 输入的调幅本振信号异常或集成电路本身损坏引起的，而导致调幅本振信号异常的原因大多是由于调幅收音头组件内有元件异常引起的，应重点对这部分电路进行检查。

2）检修技巧。首先将整机置于调幅收音状态，测量 Q602 管集电极电压在搜索选台时是否变化，如无变化，则再测 LC-7230“75”脚上应为 1.2V 的电压是否正常。如不正常，则一般都为 LC-7230 集成电路本身损坏，需更换新品。如测得的“75”脚上的电压正常，则说明故障发生在调幅头组件板上。检查调幅收音组件板电路时，应重点对高频放大、混频电路以及各变容二极管、旁路电容等进行检查。如测得变容二极管正常，其他元件也无问题，则应重点检查调幅本振信号输送到 LC-7230 集成电路“75”脚途中电路是否有断裂处，

C616 电容是否正常。

（4）调幅收音正常，调频收不到电台

1）检修思路。由于调幅收音正常，说明 LC-7230 “77” 脚外接的低通滤波器电路无问题，“77” 脚有电压输出，故障可能由于 LC-7230 输入的调频本振信号异常或集成电路损坏或 R633 断路引起的，而导致调频本振异常的原因大多是由于调频头组件内有元件异常引起的，应重点对这部分电路进行检查。

2）检修技巧。首先将整机置于调频状态，测量 Q602 管集电极电压在搜索选台时是否变化。如无变化，再测 LC-7230 集成电路 “74” 脚上的 4.85V 电压是否正常。如不正常，一般都为 LC-7230 集成电路本身损坏，需更换新的集成电路。如测得 “74” 脚上的电压正常，则说明故障发生在调频组件板上。检查调频组件板电路时，应重点对各变容二极管、旁路电容进行检查。判断变容二极管正常与否同判断一般的二极管一样，比较正、反向电阻的差别即可。如测得变容二极管正常，其他元件无问题，则应重点检查调频本振信号输送到 LC-7230集成电路 “74” 脚的途中线路是否有断路处。

（5）手动调谐正常，自动调谐锁不住电台

1）检修思路。LC-7230 集成电路在进行自动选台过程中，集成电路内的识别电路对输入至集成电路的中频信号进行识别，当确定为收到电台时，自听（SD）系统就将调谐电压锁定在接收频率上，以此来完成调谐选台的自锁功能。如果出现调频接收锁不住台的现象，则应重点检查调频头组件输出端送至 LC-7230 集成电路 “71” 脚调幅中频识别信号是否正常。如果出现调幅接收锁不住台现象，则应重点检查调幅收音组件输出端送至 LC-7230 “71” 脚的调幅中频识别信号是否正常。

2）检修技巧。如故障属调频接收锁不住台，则应检查调频头组件中频输出端到 LC-7230 “70” 脚之间的元器件。应检查 C613 电容是否变质脱焊、虚焊；Q610 管是否损坏；R628 是否变质、脱焊、虚焊；C614 电容是否开路。如果检查上述元器件均无问题，则再测集成电路 LC-7230 “70” 脚上应为 1.2V 的电压是否正常。如不正常，则一般都为集成电路本身损坏，需换新品。如故障属调幅自动调谐锁不住台，则应重点检查调幅收音组件的中频信号输出端到 LC-7230 “71” 脚之间的元器件。应检查 C615 电容是否失效或虚焊、脱焊；Q612 管是否损坏；R629、R630 是否变质或虚、脱焊；C614 电容是否开路。如果检查上述元件均无问题，则再测集成电路 LC-7230 “71” 脚上应为 1.2V 电压是否正常。如不正常，则一般都为集成电路本身损坏，需更换新品。需要说明的是，LC-7230 有一部分功能损坏，并不说明所有功能损坏，这一点应引起注意。

三、技能训练

【训练任务】SS-40 收放机手动调谐正常，自动调谐锁不住电台。要求给予检修。

【训练建议】个人独立完成。学生可通过自己设计诊断流程图，然后按要求逐项检测。

【评价建议】可用如下技能训练评价表对学生操作技能进行评价。

汽车音响系统的维护与检修考核表

学生姓名					
测评日期		测评地点			
测评内容	汽车音响系统的维护与检修				
考评标准	内容	分值/分	自评	互评	师评
	工作着装、工作安全、卫生	10			
	工具的选用，每错一项扣4分	20			
	正确诊断汽车音响故障，每错一项扣4分	30			
	正确排除汽车音响故障，每错一项扣4分	10			
	正确地运用、掌握安全操作方法，每错一项扣5分	20			
	工作任务单的填写情况	10			
	时间性：每超时1min扣5分，超过3min终止考核				
合　计		100			
最终得分（自评30% + 互评30% + 师评40%）					
说明：测评满分为100分，60~74分为及格，75~84分为良好，85分以上为优秀。60分以下的学生，需重新进行知识学习、任务训练，直到任务完成达到合格为止					

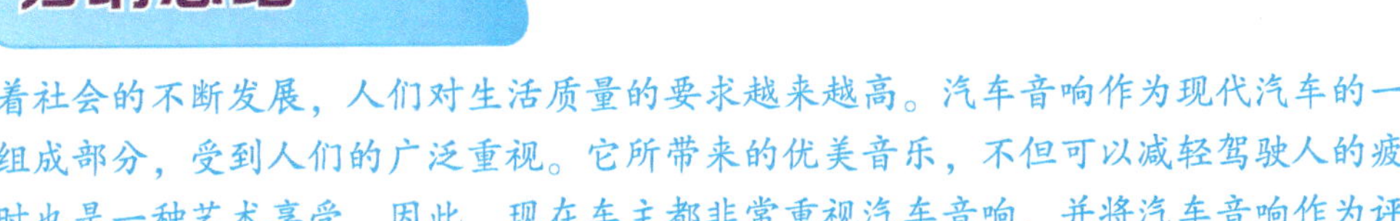

归纳总结

随着社会的不断发展，人们对生活质量的要求越来越高。汽车音响作为现代汽车的一个重要组成部分，受到人们的广泛重视。它所带来的优美音乐，不但可以减轻驾驶人的疲劳，同时也是一种艺术享受。因此，现在车主都非常重视汽车音响，并将汽车音响作为评价汽车舒适性的依据之一。

通过本任务内容的学习，作为维修技术人员，应该对汽车音响系统的组成及工作原理有一定的了解。汽车音响的检修是本任务的重点，但是，要真正掌握这些知识和操作技能，还要不断地思考与总结，并付诸行动训练，只有这样，才能掌握这些内容，真正为己所用。下面提供一组思考问题，请客观地作答，并结合本任务内容，对自己的学习工作进行反思。

思考题

1. 简述汽车音响系统的组成。
2. 简述收音机的工作原理。
3. 简述激光唱盘机的使用与维护注意事项。

拓展提高

一、汽车收音机干扰抑制措施

在汽车上通常有些电气设备在使用过程中会发射电磁波，这种电磁波频率范围很广，对无线电设备形成干扰的频率范围也很广，会使得汽车上及其周围数百米处的收音机、电视机及其他无线电装置无法正常工作。汽车电气设备工作时，汽车收音机的主要干扰来自点火系统、充电系统和附属电器设备。这种干扰可能是通过天线或沿着导线传到收音机的。

在查找干扰源之前，首先要检查收音机搭铁是否良好，以及天线的搭铁，即天线与车身的接触是否良好。为此，也要检查天线微调电容器是否良好。微调电容器是装在收音机侧面或正面的一个小螺钉。先将收音机调到波段约为 250m（1200Hz）的一个弱台，然后用一把小螺钉旋具旋转该螺钉，直到获得最大信号强度为止。

大多数收音机干扰很容易识别：随着发动机转速提高而音调增高的“呜呜”声，是由发动机引起的；随着发动机转速提高而增强的噼啪声或嘀嗒声，则是由点火产生的；其他的噪声来自一些电器部件，如风窗玻璃刮水器或者加热器风扇，只是在开动这些电器时才会发生。

1. 点火系统的干扰

这种干扰当汽车发动机正常运转时，点火线圈次级线圈产生的高压电在高压线、分电器和火花塞之间传输及跳火时，伴随有高频电波产生，其频率从数百千赫到数百兆赫，一般的中频收音机和电视机都会受到不同程度的影响。如果火花塞导线以及点火线圈到分电器的导线是炭芯的（可以根据标在导线外表皮的电阻值识别），这种导线具有抑制干扰的能力。如果导线受到拉伸或损坏，则这种抑制能力就有可能消失，应该更换。另外，火花塞的干扰抑制器，则可以装在火花塞的盖帽里。在案例中提到的 Q20R-U11 型号的火花塞的中心电极内就装有抑制干扰成分的电阻器。

2. 发电机的干扰

发电机电刷和整流器、调节器的触点工作时产生的火花，发射电磁波，也会使收音机产生杂音。不论交流或直流发电机，都可以在其输出端并联一个电容器来抑制干扰。电容分布的具体位置和电容量的大小由各种车型情况而定。

3. 其他电器的干扰

转向闪光器、油压表、冷却液温度表、燃油表传感器、喇叭、刮水器电动机、电动门窗玻璃升降器电动机等，在工作过程中，触点在闭合与分离时出现火花，同样也会使收音机产生杂音。要防止以上的无线电干扰，除了从电子设备本身采取抗干扰措施外，还可以采用在电源至电器和地面之间安装电容的办法来抑制干扰。

另外，将容易发射无线电波的电器设备和有高频电流流过的导线或车载电脑（如 EFI、ECT、ABS 等电脑）传感器输入信号导线用密织的金属网或金属管遮盖，并使其搭铁。这样，不管是这些电器发射出来的高频电磁波，还是这些电磁波对其他电气元件辐射，遇到金属屏蔽后，由于电磁感应就在金属屏蔽内产生寄生电流，将电磁波能量变成热能而消耗掉，从而减少了干扰。

二、汽车音响的使用与维护

1. 收音机的使用与维护

收音机在使用过程中的注意事项：

(1) 接收天线应良好可靠　汽车音响的接收天线有拉杆天线（手动和自动）和后风窗玻璃上的条状金属膜天线（也称为印刷天线）两种。在接收调幅广播和调频广播时，拉杆天线应拉出，确保收听效果。天线与收音机的连线应可靠，拉杆天线应保持干燥、无锈蚀并升降灵活，手动拉杆天线要及时收回。

(2) 注意防止干扰　当汽车在电磁干扰较强的场合时（如接近雷达、无线电发射台及电焊切割等场合），应停止使用收音机。

(3) 用好电台存储功能　数字式收音机可存储电台的频段。使用时将平时经常收听的节目存储在收音机内，由于收音机的记忆作用，重新开机后，记忆便生效。

2. 磁带放音机的使用与维护

(1) 对磁头进行定期消磁　放音磁头经常与磁带接触，很容易产生剩磁。磁头产生剩磁后会影响放音质量，如高频信号衰减、噪声增大等，因此应定期对磁头进行消磁。可用专用的磁头消磁器，将盒式消磁器装入带仓内，在断开主机电源的情况下，按下放音键，消磁器上的红色指示灯点亮，表示开始对磁头进行消磁；指示灯熄灭，表示消磁完毕。为彻底消磁，还可连续消磁几次。

(2) 定期清洗磁头　对磁头应进行定期清洗，因为磁头上经常沾有来自磁带上的磁粉，不去掉不仅影响放音质量，而且还容易结垢腐蚀磁头，可采用清洗带，涂上清洗剂后便可按下放音键，让清洗带在仓盒内转动，把磁头上的磁粉等脏物去掉。还可用无水酒精棉球对磁头表面进行擦洗，注意棉球应裹在木杆上，不要用金属镊子夹棉球擦洗，避免划伤磁头表面。

除了对磁头的清洗之外，还要清除机壳内的灰尘，特别是印制电路板上的灰尘。最好用吹气法或吸尘器吸灰法，即用高压氮气等不易燃烧的气体吹出线路板上的灰尘，或将吸尘器管换较小的吸尘头，吸出机壳内的灰尘，注意不要损坏元件。不具备上述条件时，可用酒精棉球擦除灰尘，但要注意棉球易被焊点拉出丝来，残留在机壳内造成故障；擦完后要待酒精挥发后才能开机使用。

(3) 定期注油　磁带放音机的机芯在长期使用后，相互配合的零件间原有的润滑油可能自然挥发，致使传动部件的摩擦阻力明显增大，失去转动的灵活性，引起机械噪声增大，降低了机芯的力学性能，给配合零件间加注润滑油，能减少摩擦阻力和摩擦损耗，提高传动件的传递效率，提高机芯的使用寿命。

给传动部件加油，机芯的转动部件主要有电动机主轴、轴承及各轮轴承等。它们通常为含油轴承，在制造过程中已经注入过一定的润滑油，工作一定时间后需进行补充，可用油针或钢丝沾一定的油珠滴入轴承孔内或轴根部位。

给按键的导向部位注油，机芯各种功能按键，在正常操作情况下应轻快灵活，手感舒适。由于按键的次数太多，其润滑部位的摩擦阻力可能增大，当操作按键觉得很费力时，应向按键涂油。

3. 激光唱盘机的使用与维护注意事项

1）正确取放唱片：打开唱片仓盘后，要将唱片的标签面朝上放入仓盘。如唱片装反，将无法放唱。

2）对于设有数字信号接口的CD唱机，应尽量使用该接口，将输出的信号送至外接的数字解码器，最后送到放大器，这样可获得更优良的音质。

3）当天冷或下雨时，如果CD播放机内部结露或有水滴，则需进行通风或用清洁剂来清洗。否则，播放机可能会跳道或开不起来。

4）不要将其他物品放到唱片盘上，也不要将两张唱片重叠在一起放唱，否则会加重驱动系统的负担，并可能造成损坏。

5）在不平整的道路上行驶时，则会导致严重的振动，播放机会跳道，所以要小心。

6）在使用时，要避免灰尘进入CD机，激光头被灰尘沾污后，其透光率会大大降低，致使读取功能下降，速度跟不上而形成障碍。

7）CD机长时间使用的机械部分，要定期进行清洁和润滑。

8）汽车CD机的结构复杂，拆装烦琐，修理一般应送专业维修店去做。

任务二　汽车视频系统故障检测与修复

知识点： 汽车用VCD影碟机的组成及工作原理；汽车用DVD影碟机的组成及工作原理。

能力点： 汽车用VCD影碟机的检修；汽车用DVD影碟机的检修。

任务情境

某客户所驾驶的轿车的视频系统功能异常，要求给予检修。

任务分析

完成此任务需要了解该轿车的视频系统的类型和组成及工作原理，同时要掌握视频系统的检修思路和步骤。

任务实施的相关专业知识

一、汽车用 VCD 影碟机

1. 组成

车用 VCD 影碟机是构成汽车视频系统的重要组成部分，是移动影院的视频信号源。目前，中、大型的长途客车和旅游客车上普遍装用了车用 VCD 系统，而且为了使用方便，一般都还配有多片式自动换片机。

VCD 影碟机主要由 CD 机芯、伺服电路、系统控制电路、MPEG-1 视音频解码电路、PAL/NTSC 编码器、音频电路和 RF 变换器等构成，如图 5-9 所示。

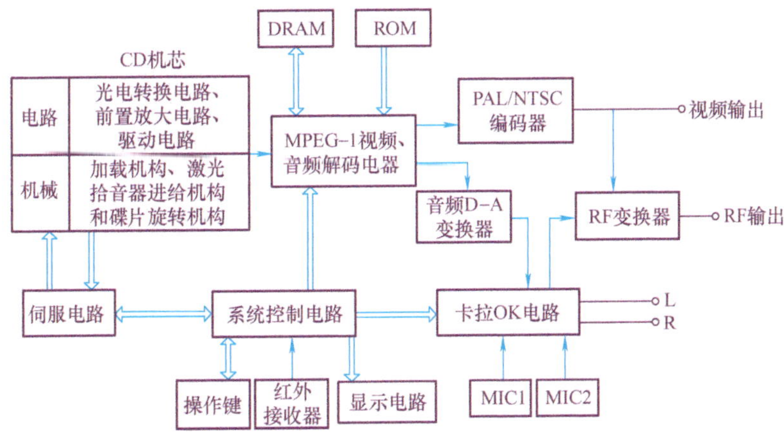

图 5-9　汽车 VCD 影碟机的基本结构

（1）CD 机芯　这部分与 CD 唱机相同，主要由电路部分和机械部分组成。电路部分主要包括光电转换电路、前置放大电路和驱动电路等。机械部分主要由光盘加载机构、激光拾音器进给机构和碟片旋转机构组成。

（2）伺服电路　伺服电路用于保证激光拾音器从光盘上准确地拾取信息。它包括聚焦伺服电路、循迹伺服电路和进给伺服电路。

1）聚焦伺服电路。通过聚焦线圈控制激光拾音器的上下移动，以保证激光聚焦在光盘上的信息轨迹面上。

2）循迹伺服电路。通过循迹线圈控制激光拾音器的水平微动，以保证激光焦点沿着光盘上的信息轨迹移动。

3）进给伺服电路。通过进给电动机驱动，以便带动激光拾音器沿着光盘上的信息轨迹

从最内圈移动到最外圈，或使激光拾音器进行跳跃移动。

（3）系统控制电路　系统控制电路用于控制 VCD 影碟机按用户的要求进入各种工作方式，操作电路设置在操作板上，操作板上还有外接收器和显示器，接收遥控操作指令，显示 VCD 的工作方式、播放节目和时间。

（4）MPEG-1 视、音频解码电路　它是 VCD 影碟机的核心部分，主要用于将压缩的视频和音频信号还原成未经压缩的视频和音频信号。

（5）PAL/NTSC 编码器　通过用户对系统控制电路的操作，按用户的要求，把 MPEG-1 解码出的视频信号编排成 PAL 或 NTSC 的电视制式信号，与彩电工作原理一样。

（6）音频电路　音频 D-A 变换器是将 MPEG-1 解码电路输出的数字音频信号还原成模拟音频信号。

（7）RF 变换器　RF 变换器主要用于把视频信号和音频信号变换成电视广播的频道信号。

2. 工作原理

车用 VCD 影碟机的工作原理如图 5-10 所示。它的工作顺序是在系统的微机指令控制之下进行的。

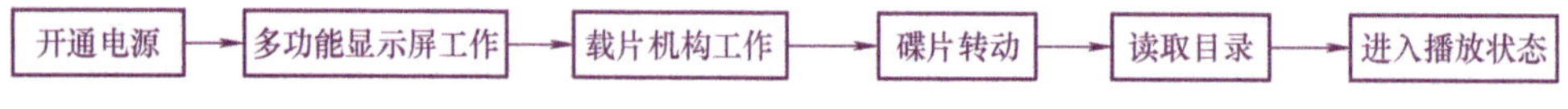

图 5-10　车用 VCD 影碟机的工作原理

3. 汽车 VCD 影碟机的检修

（1）车用 VCD 影碟机的检修步骤　车用 VCD 影碟机的故障检修步骤如图 5-11 所示。

（2）车用 VCD 影碟机的检修

1）汽车 VCD 影碟机的检修思路。当 VCD 影碟机出现故障时，如无声无像、声像不稳等，首先应判断是否 CD 部分出了故障，因为它是声像的公共通道。判断的方法是播放一张 CD 音乐碟片，若能正常播放，显示稳定均匀，则故障不在 CD 部分；若 CD 碟片也不能正常播放，则首先应检修 CD 部分。

当故障在 VCD 部分时，应根据图像和声音的有无，进行故障部分划分。当出现声像全无时，应检查 CD- ROM 解码器和 MPEG-1 解码器。因为这是数据的公共通道，而且由于声像解码互锁的关系，无论是音频解码或视频解码损坏，都会引起解码停止。对于 CL480 系列单片解码芯片，无论是音频解码或是视频解码损坏，都必须更换 CL480 系列芯片。

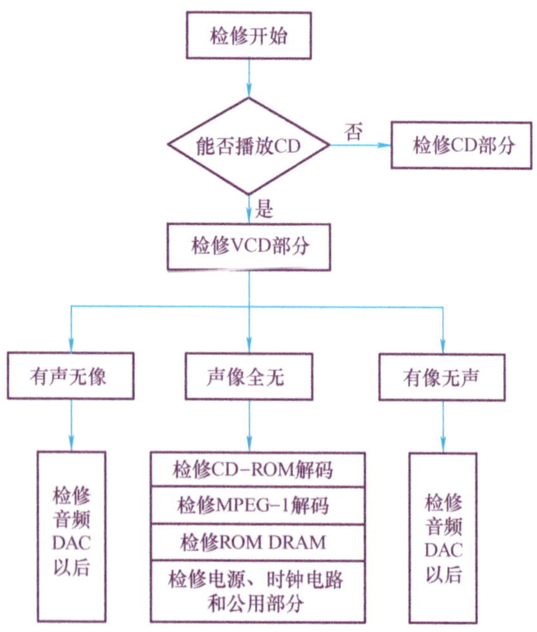

图 5-11　车用 VCD 影碟机的故障检修步骤

检修声像全无的故障，思路应扩大到解码芯片和外围电路，如电源电路、时钟电路、DRAM电路和EPROM电路，若所有硬件和接线都没有查出问题，可将同型机的EPROM更换一试，看是否是EPROM内部软件有误。

当声音和图像只出现其一时，必须在解码输出以后，包括解码器至DAC电路的引线、DAC电路、时钟信号电路、同步信号电路、参考电压电路等，还有DAC以后的电制式编码电路和复合同步信号电路，彩色副载波信号电路、电源电路以及输出放大电路，逐级检查、判断、排除故障。

2）车用VCD影碟机的检修方法。车用VCD影碟机常见故障有碟片不旋转和无法读取目录信号，其具体检修方法如下：

①碟片不旋转。初步诊断中主要观察的部件是激光拾音器和主轴电动机。要求观察的各项动作均对应着与动作相配合的工作电路或执行部件，如果察觉出某项动作过程不正常，就可以提高诊断进程，有利于正确、迅速排除故障。初步诊断主要观察激光拾音器的三个动作过程，它们分别对应着滑动控制、聚焦搜索和激光控制系统。激光头进入内圈时，聚焦物镜应做上下搜索动作，同时激光管点高呈暗红色。

还要判断主轴电动机的旋转趋势，如果存在这种趋势，则可将检修判断位置一下子移到主轴驱动单元，暂时可以不必按详细诊断过程逐节判断。FOK信号是需详细诊断的关键检查信号，它对主轴电动机是否旋转有直接影响。在无FOK信号的情况下，应该弄明白FOK信号的形成与哪些系统有关，在此列出三个有待检查的系统，其中有的系统是否需要检查可以结合初步诊断的结果而进行。碟片不旋转的故障诊断流程如图5-12所示。

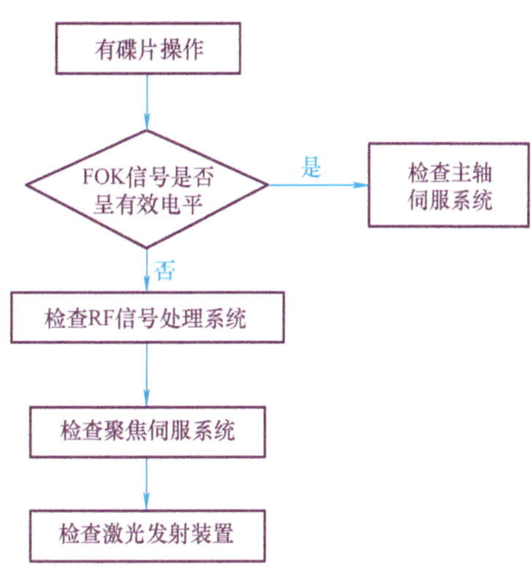

图5-12　碟片不旋转的故障诊断流程

②无法读取目录信号。初步诊断是检查激光拾音器组件滑动机构在主轴电动机旋转起动时，激光拾音器组件离开原来静止的起始位置，朝外运行，以便激光头读取目录。如果在检查中发现主轴电动机旋转后，激光拾音器组件很快由内向外滑行，说明跟踪伺服系统存在故障的可能性比较大，则可进一步检查滑动机构是否存在卡死、传动不良等情况，另外，多功能显示屏工作状况以及主轴电动机的起转速度均属观察之列。

详细诊断的关键信号是眼图（RF波形），眼图幅度必须符合一定范围要求，一般在维修手册上均提供该项数值，其次注意眼图菱形孔的清晰程度。如果眼图无法正常出现或幅值偏小的话，应该检查跟踪伺服系统，包括跟踪线圈和跟踪激光传感器。另外，RF信号系统内的激光接收、RF信号放大的异常都会引起眼图幅度下降。在观察到眼图比较正常的情况下，可以考虑数字信号处理内的锁相环频率是否正确，若频率偏移过多，使锁相失锁，以致影响同步信号的提取。目录信号读取显示与子码译码和传输均有关联，在排除故障时应逐一检查判断。诊断流程如图5-13所示。

二、汽车用 DVD 影碟机

1. 组成

DVD 影碟机采用先进的信号调制和纠错方式，生产工艺与 CD 唱机、VCD 影碟机有所不同。DVD 影碟机可以兼容已有的 CD- DA、CD- ROM、CD- R、CD- RW、CD-1、PhotoCD 以及 VCD 等多种格式的光盘，即 DVD 影碟机上可以读取 CD、VCD 等光盘数据信息，但 VCD 影碟机、CD 唱机不能读取 DVD 光盘数据。

DVD 影碟机的组成与 VCD 相似，它是由机芯、伺服电路、解码电路和控制电路组成。但由于 DVD 的碟片结构与 VCD 不同，因此，DVD 影碟机机芯、伺服电路也与 VCD 不同。

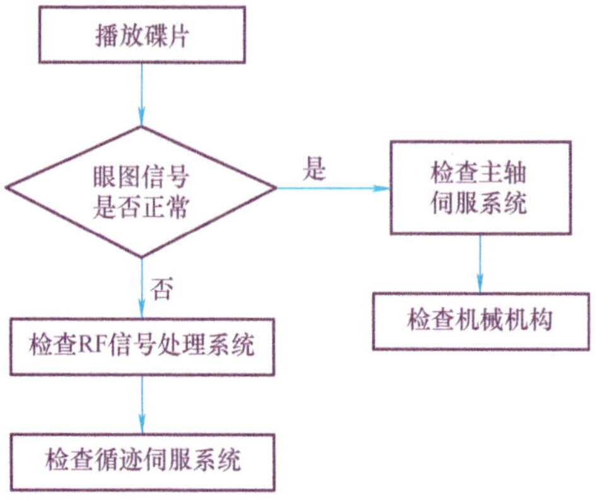

图 5-13　无法读取目录信号故障诊断流程

2. 工作原理

DVD 影碟机和 VCD 影碟机同为激光数字音视设备，除了激光拾音器、MPEG- 2 视频解码器、AC-3 或 MPEG-2 音频解码器以及电源电路大多采用开关电源，与 VCD 影碟机有所不同外，其他工作原理和机械结构基本相同。

3. 汽车用 DVD 影碟机的检修

（1）车用 DVD 影碟机检修注意事项

1）DVD 碟片是双面结构，DVD 影碟机机芯上装有 U 形导轨，以便 DVD 激光拾音器读碟时从 A 面转到 B 面，或从 B 面转到 A 面用。U 形导轨润滑不足或有异物阻挡，都会使激光拾音器不能转换到位，出现播放故障。

2）DVD 影碟机电源大多采用开关电源，而 VCD 影碟机大多采用直流串联稳压电源。开关电源容易出现振荡管或振荡集成电路停振，无电压输出，而使 DVD 影碟机不能工作。电源电路是 DVD 影碟机排除故障的重点检查部位。

3）DVD 影碟机可向下兼容播放 CD 唱片和 VCD 碟片，有些机型是采用另设一个激光拾音器来完成该项工作的。该激光拾音器出现故障，机械运行不到位，就会造成 DVD 激光拾音器无法到位拾取信号，出现播放故障。

4）DVD 影碟机大多加有地区密码，不是该地区的 DVD 碟片不能在该地区 DVD 影碟机上播放，修理时需辨别清楚，以免误认为是 DVD 影碟机的故障。

5）DVD、VCD 和 CD 信号均送入数据处理集成电路进行数据同步识别，再分别送入 CD-DA 数据处理集成电路和 CD-ROM、DVD-ROM 数据解压集成电路进行数据处理。所以可以通过先播放 CD 唱片，再播放 VCD 碟片，最后播放 DVD 碟片的方法来分离故障部位。

CD 唱片能正常播放而 VCD、DVD 碟片不能播放，则故障必定在数据处理集成电路。

（2）车用 DVD 影碟机故障检修　汽车 DVD 影碟机故障的检修与汽车 VCD 影碟机相同。

任务实施

一、任务实施的环境

当汽车视频系统发生故障时，维修技术人员要查阅资料了解该车辆视频系统的类型、控

制电路等，制订诊断流程，然后逐项检测。

二、任务实施的步骤

下面以丰田花冠为例介绍汽车视频系统的检修。

1. 主机不工作

检修主机电源的步骤如下：

（1）初步检查

1）检查车上熔丝盒内主管音响的熔丝，确定熔丝熔断，更换熔丝。

2）检查机器上的熔丝，确认熔丝熔断，更换熔丝。

（2）拆卸音响主机

1）细致观察音响主机在前面平台的安装结构，做好拆卸准备工作。

2）按照拆卸步骤开始拆卸主机（注意：不可以用螺钉旋具拆卸，因螺钉旋具金属杆比较圆滑，容易割破革剥皮面，撬断塑料装饰框）。

3）将拆卸下来的主机与外线插头拔下，打开车内电子点火钥匙门开关，测量留在车上一端插头电压，并刻记在主机电源引脚位置上，用于维修机器测试。

（3）直观检查主机电路

1）检查主板电源电路，发现电路上存在明显烧黑、烧裂、爆裂的元器件，及时更换。

2）检查电路板在线元器件，发现有元器件的引脚虚焊、脱焊，连接插件松动，应对虚焊引脚加锡固定，并插紧连接插件。

3）检查印制铜箔线电路，发现印制电路有腐蚀氧化断点，对腐蚀断点进行清洗，并加锡焊牢，接好断路点。

4）发现电源印制电路有烧断起撬现象，将万用表选在 10Ω 电阻档，测量烧断电路电阻，若电阻为 0Ω，说明烧断电路存在击穿短路元器件，沿烧断电路往下查，检查沿线贴片二极管、贴片晶体管、IC 电路等。

（4）检测电源线路贴片元器件

1）在线测量电源线路贴片二极管，测量二极管正反向电阻，发现二极管有击穿烧断者，更换。

2）在线测量电源线路贴片晶体管，测量晶体管基极与集电极、发射极间正反向电阻，发现晶体管有击穿烧断者，更换损坏管（注意：不要随意从电路板上焊下贴片晶体管，因贴片晶体管引脚比较短，易折断。怀疑被测管异常，可在电路中查找相同型号管对照测量一下，必要时再将被检测管从电路中焊下加以确认）。

（5）检测微处理器外围电路：

1）检查贴片电容，对变值失效电容实施更换。

2）检查振荡电路，主要检查振荡晶体。

3）检查贴片二极管、贴片晶体管。

（6）测量电源启动电路电压

1）测量电源 12V 电压，外线双电源同时进入机内否，若异常，必须接好外线电源。

2）测量前面板与主板电路连接插件 CN04 各引脚电压，若插件第⑥引脚无 3.0V 电源开关启动电压，沿电源开关启动引脚电路往电源方向查，检查沿线贴片二极管、晶体管。

3）测量前面板与主板电路连接插件 CN04 各引脚电压，若插件第⑥引脚 3.8V 电源开关

启动电压正常。沿⑥引脚电路往微处理器方向查，确认微处理器启动引脚位置（位置号为69），测量⑥引脚3.9V电压正常否，电压正常，则故障在微处理器内部。否则，故障在⑥引脚与69引脚之间的电路，必须检查这段电路。

（7）检修注意事项

1）不要随意焊动电路板上的元器件，因音响一般不会有严重的故障产生。

2）不要调整在线可调元器件，不做没有意义的事情。

3）描绘主要电路走向图，主要描绘电源电路图、电源启动电路图，供再次遇到相同型号的机器维修时参考。同时做好维修记录，便于查阅。

4）收集改装车闲置下来的音响，以及无法修复报废音响，用于拆件或收藏。

5）必要时可与本部轿车销售商家取得联系，讲明音响故障现象，由商家提供维修信息。例如：音响电路设有保护产品的相关启动程序，因用机不当，这些程序遭到破坏，商家会告知，并帮助解决。对此，维修人员不得随意改动电路，避免人为造成音响严重损坏。

2. 整机无声

检修功放IC电路的步骤如下：

（1）直观检查

1）功放块表面严重烧裂，更换功放块。

2）功放块引脚脱焊，将引脚加辒焊牢。

3）功放电路元器件引脚虚焊，必须加锡焊牢。

4）功放电路印制铜箔线腐蚀，发现氧化锈斑，必须除掉氧化物，连接腐蚀断点。

（2）测量功放块在路电压

1）电源引脚12V电压正常，其他引脚无电压，则检查功放推动电路。沿⑬引脚STBY（等待）电路往中央处理器方向查；这条电路直通微处理器④引脚，并在机器工作时输出3.0V电压推动功放电路启动。经测量，若微处理器无3.0V电压输出，则故障在微处理器内部电路，系局部电路损坏。若微处理器3.0V电压输出正常，则故障在两引脚间连线，为印制电路开路。

2）各引脚电压正常，则检查信号电路，沿功放块引脚输入端信号电路往主板方向查，检查沿线贴片二极管，检查印制铜箔线电路。这种故障主要是电路二极管击穿或者烧断，信号被阻断。另外，印制铜箔线电路出现腐蚀氧化现象，电路被腐蚀引发开路，同样会阻断信号传送，而且腐蚀现象比较常见。

（3）检查音频前级电路

1）检查音频前级IC电路周边元器件，发现有元器件引脚虚焊，焊好虚点。

2）检查音频前级IC电路信号输入端与信号输出端电路，发现印制电路腐蚀，清理腐蚀电路，并重新焊好断点。

3）检查音频前级IC电路信号输出静噪电路，发现贴片晶体管开路，更换损坏贴片晶体管。

4）测量音频前级IC电路在路电压，若输入端电压正常，输出端无电压，则更换该IC电路。但注意，音频前级IC电路损坏现象并不多见，不可随意更换。

（4）检查二次放大电路

1）发现功率管严重烧裂，更换功率管。

2）发现个别元器件严重烧黑、烧裂、爆裂，更换损坏元器件。

3）发现个别元器件引脚虚焊、脱焊，连接导线折断、插件脱落，应及时将虚焊点接好、恢复折断导线、插紧连接插件。

4）发现推动二次放大电路启动用导线线径较细，更换粗线。

（5）功放电路损坏的应急维修　将损坏功放块从主机上拆下，将输入端信号线直接接在二次放大电路信号输入端，利用二次放大电路直接发声。

3. 主机正常，单碟机不工作

检修单碟机电源、激光唱头的步骤如下：

（1）直观检查

1）检查碟仓口行程开关，如开关触点接触不良、变形，导线脱焊等，可实施处理。

2）检查碟机与主板的连接插件，发现插件脱落、接点脱焊，应及时恢复。

3）检查碟机电路板元器件，发现有元器件引脚虚焊、个别元器件烧黑、铜箔电路烧断、应分别对虚焊引脚加锡固定、更换烧黑元器件、接好铜箔线断路点。

（2）检查碟机电源

1）将音响主机由平台弹出。

2）将碟片推入碟仓，观察显示屏，屏面无播放 CD 符号显示，取下机械组件，测量机械与主板连插件各引脚电压，各引脚无电压，初步描绘引脚电路图，由图判断电源引脚电路，沿电源引脚电路往主板电源方向查。沿线设 VT201、VT202 两只贴片晶体管，检查贴片管，检查该管偏置 R117、R118 电阻。

3）将碟片推入碟仓，观察显示屏。屏面显示 CD 符号，取下机械组件，测量机械与主板连接插件 CN07 电压，电源引脚 5.0V 电压正常。再测量碟仓口行程开关引线 0.8V 电压，无电压，沿引线往主板上查，沿线设 VT213，检查该管。若行程开关引线 0.8V 电压正常，则检查碟机微处理器。

（3）检查激光唱头

1）观察激光唱头有无光束，若无光束，则检查激光二极管。

2）观察寻迹线圈上下移动否，若不移动，则检查寻迹线圈伺服电路。

3）将激光唱头组件滑向外侧，选择播放 CD 项。若唱头组件不能滑回原位，则检查激光唱头组件与电路板连接线，若发现折断，连接断点或者更换连线。

4）清洗激光唱头，更换新碟片，无效，调整激光唱头偏流试之。

4. 主机正常，DVD 不工作

检修 DVD 电源的步骤如下：

（1）直观检查

1）检查碟仓口行程开关，如开关触点接触不良、变形、导线脱焊等，可实施处理。

2）检查碟机与主板连接插件，发现插件脱落、接点脱焊，应及时修复。

3）检查碟机电路板元器件，发现有元器件引脚虚焊、个别元器件烧黑、钢箔电路烧断，应分别对虚焊引脚加锡固定、更换烧黑元器件、接好铜箔线断路点。

（2）检查碟机电源

1）将碟片推入碟仓，观察显示屏，屏面无播放 DVD 符号显示，取下机械组件，测量机械与主板连插件 CN04 各引脚电压，若各引脚无电压，初步描绘引脚电路图，由图判断电源引脚电路，沿电源引脚电路往主板电源方向查，沿线设 VT035、VT036 两只贴片晶体管，检查贴片管，检查该管偏置 R011、R012 电阻。

2）将碟片推入碟仓，观察显示屏。屏面显示 DVD 符号，取下机械组件，测量机械与主板连接插件 CN04 电压，电源引脚电压正常，测量碟仓口行程开关引线 0.6V 电压，若无电压，沿引线往主板上查，沿线设 VT029，检查该管。若行程开关引线 0.6V 电压正常，则检查碟机微处理器。

（3）检查激光唱头

1）观察激光唱头有无光束，若无光束，则检查激光二极管。

2）观察寻迹线圈上下移动否，若不移动，则检查寻迹线圈伺服电路。

3）将激光唱头组件滑向外侧，选择播放 DVD 项。若唱头组件不能滑回原位，则检查激光唱头组件与电路板连接线，发现折断，连接断点，或者更换连线。

4）清洗激光唱头，更换新碟片，若无效，试一下调整激光唱头偏流。

5. 视屏不工作

检修视屏电源的步骤如下：

（1）初步检查

1）查连接视屏电缆线，发现电缆线折断、电缆线破损，应及时修复或更换。

2）测量连接视屏电缆线 12V 电压，若无电压，查电源熔丝。若电压正常，查视屏内电路板线路。

（2）直观检查

1）按压视屏电源启动键，若视屏不亮，查连接视屏电缆线，若电缆线插头脱落，应插紧。

2）查视屏连接 DVD 一端电缆线，若连接 DVD 一端插头脱落，必须插紧。

（3）检查视屏电路

1）查视屏电路板电源电路，发现电源电路有明显烧黑、烧裂、爆裂的元器件，应更换。

2）查视屏电路板电源电路，发现印制电路有明显烧断、起撬、断点，则测量烧断电路电阻，若电阻为 0Ω，查后续电路，将短路故障排除。

3）查视屏视放电路、行电路、高压电路等。

三、技能训练

【训练任务】一辆丰田花冠轿车主机正常，DVD 不工作。要求给予检修。

【训练建议】个人独立完成。学生可通过自己设计诊断流程图，然后按要求逐项检测。

【评价建议】可用如下技能训练评价表对学生操作技能进行评价。

汽车视频系统故障检测与修复考核表

<table>
<tr><td>学生姓名</td><td colspan="5"></td></tr>
<tr><td>测评日期</td><td></td><td>测评地点</td><td colspan="3"></td></tr>
<tr><td>测评内容</td><td colspan="5">汽车视频系统故障检测与修复</td></tr>
<tr><td rowspan="8">考评标准</td><td>内容</td><td>分值/分</td><td>自评</td><td>互评</td><td>师评</td></tr>
<tr><td>工作着装、工作安全、卫生</td><td>10</td><td></td><td></td><td></td></tr>
<tr><td>工具的选用，每错一项扣4分</td><td>20</td><td></td><td></td><td></td></tr>
<tr><td>正确诊断汽车视频系统故障，每错一项扣4分</td><td>30</td><td></td><td></td><td></td></tr>
<tr><td>正确排除汽车视频系统故障，每错一项扣4分</td><td>10</td><td></td><td></td><td></td></tr>
<tr><td>正确地运用、掌握安全操作方法，每错一项扣5分</td><td>20</td><td></td><td></td><td></td></tr>
<tr><td>工作任务单的填写情况</td><td>10</td><td></td><td></td><td></td></tr>
<tr><td>时间性：每超时1min扣5分，超过3min终止考核</td><td></td><td></td><td></td><td></td></tr>
<tr><td colspan="2">合　计</td><td>100</td><td></td><td></td><td></td></tr>
<tr><td colspan="2">最终得分（自评30%+互评30%+师评40%）</td><td></td><td></td><td></td><td></td></tr>
<tr><td colspan="6">说明：测评满分为100分，60~74分为及格，75~84分为良好，85分以上为优秀。60分以下的学生，需重新进行知识学习、任务训练，直到任务完成达到合格为止</td></tr>
</table>

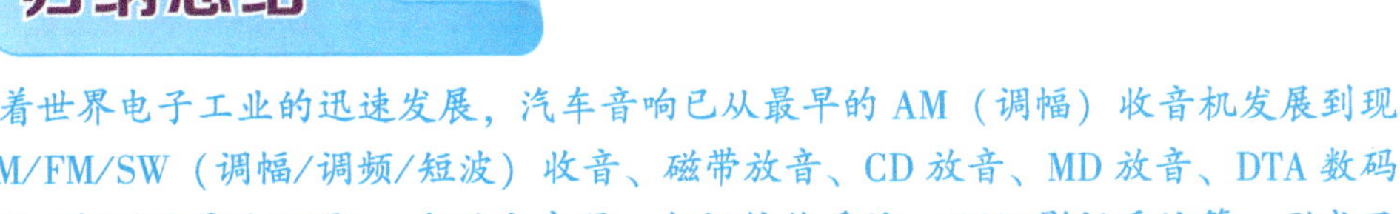

归纳总结

随着世界电子工业的迅速发展，汽车音响已从最早的AM（调幅）收音机发展到现在具有AM/FM/SW（调幅/调频/短波）收音、磁带放音、CD放音、MD放音、DTA数码音响、DSP（数码信号处理器）、电子分音器、电视接收系统、VCD影视系统等，形成了多功能、数字化、逻辑化、多性能、高指标、大功率输出的立体声系统。

通过本任务内容的学习，作为维修技术人员，应该对汽车视频系统的组成及工作原理有一定的了解。汽车视频系统的检修是本任务的重点。但是，要真正掌握这些知识和操作技能，还要不断地思考与总结，并付诸行动训练，只有这样，才能掌握这些内容，真正为己所用。下面提供一组思考问题，请客观地作答，并结合本任务内容，对自己的学习工作进行反思。

思考题

1. 简述汽车用VCD影碟机的组成及工作原理。
2. 简述汽车用VCD影碟机的检修步骤。
3. 简述汽车DVD影碟机的检修注意事项。

拓展提高

一、汽车音响防盗功能的类型

汽车音响防盗功能的类型归纳起来主要有三类。

1. 音响随身带防盗

这类汽车音响在设计时，将主机设置为可移动方式，用户离开汽车时可将音响随身带走，以防被盗。

2. 不可拆卸式防盗

这种防盗方式是在上述防盗类型的基础上改进而来的，也属机械式锁紧防盗方式，它将上述的可拆移走方式改变为不可拆卸锁紧装置方式。这种汽车音响一旦被盗，其主机部分将变为不可拆卸或强行拆卸即损坏，通常是利用电磁铁及其他机械锁定装置来实现防盗功能的。

3. 密码式防盗

这是一种电子防盗方式。它是通过音响面板上的按键给汽车音响输入一定的数据（所谓的设定密码）后来实现防盗的。当驾驶人设定密码并进入防盗状态后，音响系统必须输入驾驶人设定的密码，否则不能工作。这种防盗方式的音响系统可较容易地拆下，但密码不正确时，音响系统不工作。

二、音响防盗功能的判断及锁止

1. 音响是否具有防盗功能的判断

如果在音响面板上或后车门三角窗等处发现如下标志：ANTI-THEFT、CODE、SECURITY，则说明该车音响具有防盗功能。

2. 如何避免无意中锁止音响

1）在进行维修时，若不知道音响密码，千万不要断开蓄电池的电源线。

2）在更换蓄电池时，必须先并接一新的蓄电池后再拆旧的蓄电池，拆下电机或变速器

时，也必须采取一定的措施保证维修中途音响不会断电。

3）不要误拔音响熔断器。有些车系的音响和发动机微电脑清除故障码共用一个熔断器，如本田轿车，故必须特别注意不要随意断开该熔断器。

4）锁车时应断开所有的用电器，以防止蓄电池因完全放电而导致音响被锁止（即自动锁死）。

5）需要说明的是：一般而言，音响断电后，由于其内有一只容量较大的存储电压保持电容的存在，故也需要一定的时间使这只大容量电容放完电后，才会使音响锁止。例如道奇子弹头面包车上的音响，断电1h以后才会锁止。

3. 音响锁止时的显示

若音响面板上的液晶显示屏上显示“CODE”或“......”等符号，则表示音响已被锁止，需要解码，即需要输入正确的密码进行解码后，才能恢复正常的使用。

三、汽车音响产生锁止的原因

汽车音响具有防盗系统的标志通常是在说明书上或主机、电路原理图等上标注有“ANTI-THEFT-SYSTEM”（防盗系统）等标志。轿车在使用和维修过程中，如果发生以下情况，具有防盗功能的汽车音响就会锁止。

1）拆下蓄电池的电缆线后，主机断电后未能及时提供存储保持电源。

2）蓄电池严重亏电，不能维持汽车音响的存储保持电源电压。

3）音响的电源熔断器因故熔断或拔下了音响熔断器。

4）音响电源电路有断线处，使音响无存储保持电压。

5）拔下了音响电源插头等。

目前，在国内行驶的2.0L以上排量的轿车中，约有60%的音响系统属于原装防盗音响，这些音响系统一旦锁死，除非由车主输入正确的密码，否则将永远不能使用。此时，一台身价几千元甚至上万元的镭射音响，仅能闪烁“CODE”或“SEC”等字样，而不能发出半点声音。

四、汽车音响密码的获取途径

汽车音响密码的获取方法较多，归纳起来主要有两种方法。

1. 在原车上查找

用户在购买新车时，要注意夹在音响使用手册中的密码卡。有些车型的密码还可以在以下几个地方找到：

1）音响机壳上面的某一部位。

2）点烟器盒背面的某一地方。

3）文件箱内或其背面的某一位置上。

4）驾驶人一侧车门上的某一部位。

5）行李箱CD机的机壳上的某一位置。

6）发动机电喷控制系统ECU（微电脑）的背面的某一部位。

2. 用读码器读取

现代汽车音响防盗密码存储集成电路一般采用EEPROM，并以串行形式连接在电路中，其中以24C系列和93C系列存储集成电路在汽车音响上应用较多。没有正确的密码是不能正常使用音响的，从而达到不会被他人非法使用的目的。如果不小心丢失了密码，就必须使用数据编程器来读出音响里面 EEPROM 原来的密码数据，加以换算，得到正确的密码。

五、汽车音响锁止后常用的解码方法

音响解码是指，音响的防盗功能将音响锁住后，使音响恢复使用功能的操作方法。

1. 已知音响密码的解码

在已知音响密码的情况下，输入正确的密码，即可解码。其输入方式有两种：顺序输入和逐位输入。

（1）顺序输入　如密码为 3456，则按音响面板上的 3、4、5、6 键（通常多为选台预置按键）就完成了。该方法适用于宝马、奥迪 A6、本田等系列车型的音响。

（2）逐位输入　如密码为 3456，则按音响面板上的选台预置键：1 键 3 次、2 键 4 次、3 键 5 次、4 键 6 次，就完成了。这种方法适用于沃尔沃、绅宝、道奇子弹头等系列车型的音响。

如果输入的密码不正确，音响将出现蜂鸣声，或液晶显示屏上出现“SAFE”字样。这时，需耐心等待 1h 后方可重新输入密码。

如果多次输入了错误的密码，则需要等待更长时间，方可重新输入密码，甚至有可能将音响永久锁住。

2. 用通用码解码

在不知道本机密码的情况下，可以输入该系列音响的通用码进行解码。

1）宝马系列车型的阿尔派音响的通用密码为：62463 或 22222。

2）起亚系列车型音响的通用密码为：12345 或 6263。

3）沃尔沃系列车型音响的通用密码为：3111 或 3113。

4）本田系列车型音响的通用密码为：3443。

需要说明的是：采用通用码解码的方法只能运用一次，如以前已经使用过一次，则不能再使用。

3. 无密码的解码方法

如不知本机的密码，且通用码也无法解码时，就需要用逻辑分析仪或者专用音响解码器解码。其步骤与方法如下：

1）从中央仪表台上拆出音响机身，拔下线来。

2）打开音响机身上盖，拆下磁带仓，露出底层的主电路板。

3）仔细检查主电路板，必要时打开机身下盖，寻找如下几种型号的集成电路：93CA6、85C82、24C81A、4558 等。

这些集成电路都是 1KB 的可擦写存储器，音响在出厂时已将密码写入了这些存储器之中。这些存储器中的内容是可以调出和重新写入的。可以使用专用的拆装集成电路的热风枪来拆下这些存储器，把它们插在专用插座上，用逻辑分析仪或者专用音响解码器来调出存在某些特殊地址字节的内容，即密码，也可以改动密码。最后，再用热风枪将这些存储集成电路重新焊接在主电路板上，按照所调出的密码在音响面板上用键重新输入，就可以将音响解锁。

这些密码存储器集成电路在接收到正确的密码后，向主 CPU 输入一个指令，令主 CPU 启动引导程序，音响就可以正常工作了。

4）如没有专用的逻辑分析仪或音响解码器，对本田雅阁（HONDA ACCORD）等车型，也可将密码集成电路 93C46 拆下来，即可永久解锁，由此也可使音响恢复使用。

项目六

汽车导航系统的故障诊断与修复

学习目标

通过本单元任务的学习，将具备汽车导航系统的功能及工作原理并具备诊断和修复导航系统的能力。

能够：

- 掌握汽车导航系统的功能。
- 掌握汽车导航系统的结构与工作原理。
- 掌握汽车导航系统的工作过程。
- 熟练地使用检测设备。
- 掌握汽车导航系统的故障诊断。

工作任务

汽车是一种快捷、迅速、机动灵活的高效运输工具，在现代物流运输中得到了广泛的使用，而随着汽车保有量的不断增长，道路交通状况日趋严峻。选择最佳的路径，使其能在最短的时间和路程内到达目的地，是现代汽车运输业的重点问题。因此，卫星定位导航系统（GPS）作为一种全天候、全球覆盖、三维定位、三维定速、定时、高精度、快速、高效率的定位系统在汽车上得到了广泛的应用。

本任务主要对汽车导航系统的功能、结构及工作原理进行概述，使学生对汽车导航系统有一个比较全面的了解和认识，同时要掌握汽车导航系统的检修。

任务 汽车导航系统故障检测与修复

知识点： 汽车导航系统的功能；汽车导航系统的结构与工作原理；汽车导航系统的工作过程。

能力点： 检测设备的使用；汽车导航系统的检修。

任务情境

某客户驾驶的宝来轿车导航系统工作不正常，要求给予检修。

任务分析

完成此任务需要了解汽车导航系统的功能，掌握汽车导航系统的结构及工作过程、导航系统的检修，能够合理地使用检测工具。

任务实施的相关专业知识

一、汽车导航系统的概念

汽车导航系统是一种极先进的仪器，加置于现有的音响系统上，能够侦测汽车在行驶途中的位置，协助驾驶人在陌生的道路环境中，通过电子地图与话音指南，准确地掌握前往目的地的路线。导航系统之所以能够侦测到汽车的现在位置，有赖于全球定位系统（GPS）卫星与汽车上专用天线的配合；然而，假如汽车处于隧道之内，天线便无法接收从卫星传送的

电波，而需要采用感应器与车速脉冲两者结合的方法，修正汽车的当前位置。此外，驾驶人可以利用放大或缩小比例的功能，简易地将地图拉近或拉远，以更细微或更宏观的角度来审视目前的所在地。

二、汽车导航系统的功能

1. 对目的地进行最佳线路检索

该系统可以直接输入地名、经纬度、电话号码等进行路线检索，并能快捷地提供一条到达目的地的最佳路线，还能实时获得汽车自身所在位置和目的地的坐标，以及全部行驶的直线距离、速度、时间及前进方向。

2. 具有瞬时再检索功能

由于道路堵塞、路段施工或走错了路等意外情况，对系统所推荐的最佳路线行不通时，要有瞬时自动再检索功能，舍去因车辆堵塞、道路施工、走错路等路线而提供出新的路线可行性。因为该功能是在行驶中进行的，要求快速检索，所以 CPU 应具有高速运算能力。

3. 为检索方便应提供丰富的菜单和记录功能

整个系统必须建立十分丰富的地名索引，大约应记录 1000 万件住所地名，30 万人口以上城市的电子地图应分十层表示，可以用街道、胡同、门牌号数检索。电话号码可根据不同局号、类别应记录 1100 万件以上，提供比例尺为 25m 的街道增强型地图（还应留有用户自行设置电话号码的地址空间，供用户随时调用存取）。

4. 在适当时间内提供实时语音提示

为使驾驶人事先了解行驶中路面变化情况，该系统在适当时间内做出语音提示，例如一般道路在 300～700m 之前，高速公路在 2000m、1000、500m 之前（按当前行驶速度）分别向驾驶人说明前方路况情况及可更改的方向、十字交叉路口名称、高速公路分支点、进出口、禁止左拐、禁止驶入的单行线等提示，同时应有中、英文两种语音电路供选择。目前已有配备语音识别单元的系统，用语音来指导道路的检索。例如用会话形式呼出“××区××街道××胡同”电子地图上立即显示出汽车位置、到达目的时间、前进方向等信息，不过这种语言必须事先登录，还要增加语音识别单元的硬件。目前在美国已推出语音导航系统。

5. 扩大十字路口周围建筑物和交通标志功能

凡行驶在交叉十字路口前 300m 处，高速公路进出口前 300m 处，都要自动显示扩大了的十字路口附近全画面图，指出汽车位置、交叉点的名称、到交叉点的距离、拐弯后的道路名称及方向。这种通过开窗程序自动表示交叉路口全画面的扩大图是汽车导航中的一项最主要功能。

6. 扩展功能

为了及时了解路面车辆情况，该系统设有多种扩展接口，以便与交通管理部门、邮电部门、建筑部门的 VICS、ATIS、IIS 联网。

VICS 是专门收集和处理各方面交通信息和停车场空缺的信息，并不断生成新的信息，通过多路调频发射和在一般道路上设置的远红外光标的发射，及在高速公路上设置的无线电波光标发射。这三种手段提供道路上每一时刻的实时变通信息，然后由 VICS 的专用接收机接收，在电子地图上分三层方法显示，第一层用文字表示，第二层用图形表示，第三层用图形表示。在地图画面上用红色和橙色线路的亮灭表示道路的堵塞和拥挤状况，用绿色线路表

示没有汽车的道路（通畅的路线），从而供行驶的汽车回避堵塞和拥挤的路段，实现自动选择道路和无阻挡行驶。图 6-1 所示为交通信息通信系统框图。

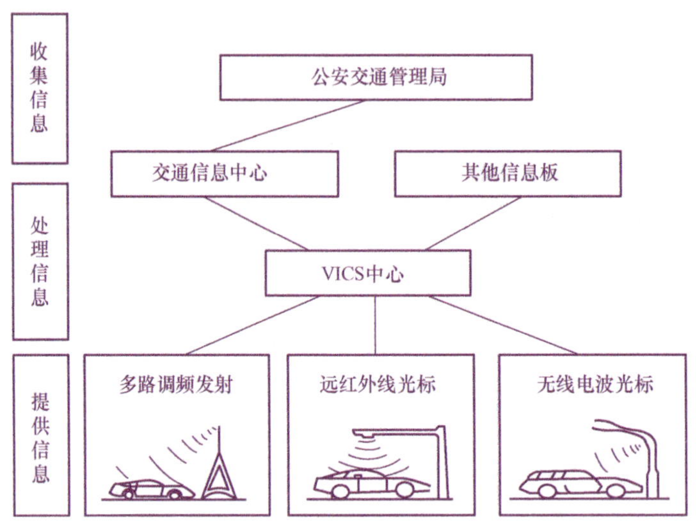

图 6-1　交通信息通信系统框架图

现代汽车导航系统中使用了高速 CPU，大容量的光盘系统、大屏幕的液晶显示器以及高速数字通信软件，使得汽车导航系统中的通信系统飞速发展。通信系统的操作系统嵌在 ROM 中，通过它可以直接上因特网，在电子地图画面上显示因特网信息，浏览万维网，发电子邮件，进行文字处理，提供远程无线移动计算。

7. 导航系统和娱乐系统部件共用

汽车电子设备的迅速发展，许多复杂电路被集成到车辆结构中，自然许多导航部件可与娱乐设备集成为一体。导航系统中的导航信号接收机、控制系统、存储器、可视显示设备、声音设备可同时支持导航和娱乐。

集成收放机可设计成由 AM/FM 收音机、GPS、蜂窝电话和寻呼信号共用。为降低控制设备的复杂和不方便，可开发声音激发控制、可变结构转向盘控制机、可变结构反馈显示器等控制方式。CD -ROM、硬盘或内存卡可用来作为外部存储器，同时，CD- ROM 播放器可用来作为存储数字地图库和导航软件，也可用来播放音乐；内存卡可作为导航系统的存储设备，也可用于其他的移动办公设备。显示监视器可用于导航地图显示和商业 TV 台。类似的，扬声器可用于聆听引导指令、普通 AM/FM 广播和免提蜂窝电话。

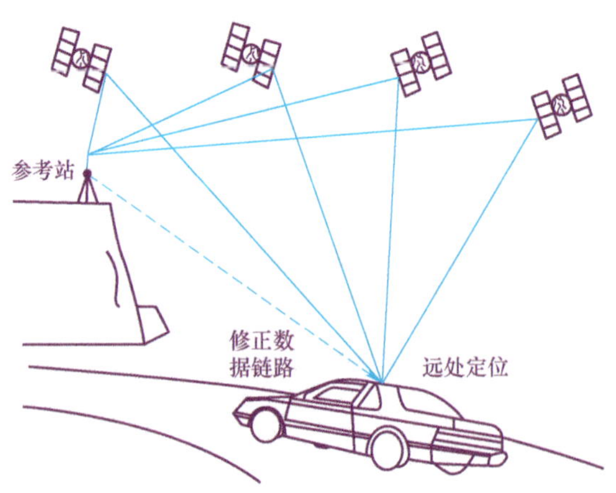

图 6-2　汽车导航系统的定位原理

三、汽车导航系统结构与工作原理

汽车导航系统的定位原理如图 6-2 所示。内置的 GPS 天线接收到来自环绕地球

的24颗GPS卫星中至少3颗所传递的数据信息，由此测定汽车当前所处的位置。车载导航仪内部装有存储大量电子地图信息的CD-ROM，通过GPS卫星信号确定的位置坐标与此相匹配，便可确定汽车在电子地图中的准确位置。

汽车导航系统主要由电子计算机、方位检测设备、电子道路数据及显示器组成，如图6-3所示。车辆前座中央有约6in（1in＝2.54cm）的显示器，可显示道路地图和其他有关交通信息，其数据由CD-ROM提供。车的前、后部各装有GPS接收天线，GPS接收器装在行李箱内，地磁传感器装在车顶，在车轮上装有车速传感器，转向机构上装有转向角传感器等。有关信息经导航微处理器（ECU）统一管理，通过显示器显示汽车导航。

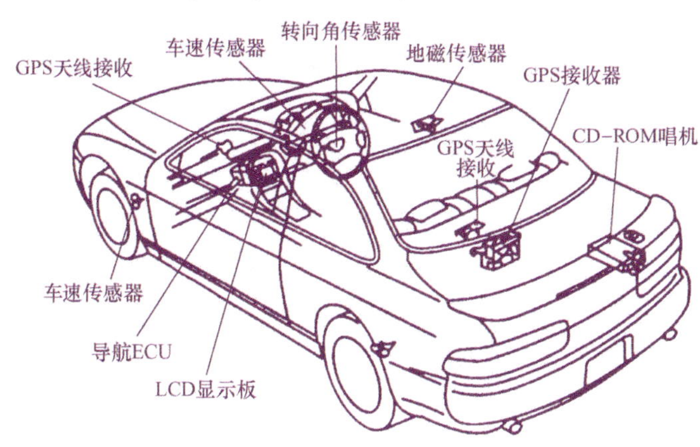

图6-3　汽车导航系统的组成和布置

该系统可为一辆以上的车辆提供其在地球表面上的导航，它可在任一给定时间内精确确定车辆在道路网中的位置。该系统可从以下3个基本的信息源获得数据。

1. GPS接收

一台GPS接收机被安装在车上，接收高达11颗卫星的信号。这些信号用来精确确定车辆的位置，但它可能遭受偶然的干扰，如坏天气影响、隧道和建筑物遮挡、超宽带无线电通信干扰等，为此通常采用航位推算导航（如惯性传感器）或辅助定位技术作为GPS信号丢失时的补偿，以使导航系统功能连续。

2. 车载传感器

车载传感器通常包括测量转弯速率的陀螺仪、输出电子速度脉冲的测速计以及测量方向的罗盘。这些数据被用来进行航位推算，以便确定车辆相对道路的运动。

汽车行驶路径的方向和位置通过装在车上的传感器检测，方向和转向角传感器决定汽车行驶方向，车速传感器决定汽车行驶的距离。

（1）地磁传感器　地磁传感器感应元件是在高导磁性材料制成的磁环上绕制励磁绕组，绕组在X和Y两个正交方向上，每个方向各绕两个检测线圈（共4个）。无地磁场作用，检测线圈不产生电动势，有地磁场作用则产生电动势。地磁方向与检测线圈方向夹角不同，检测线圈产生的电动势也不同，这样就可以确定汽车的行驶方向。图6-4所示为地磁传感器导向原理和导向系统电路简图。

（2）陀螺仪　陀螺仪根据其测定元件的不同分为惯性陀螺仪、气流陀螺仪和光纤维陀螺仪。

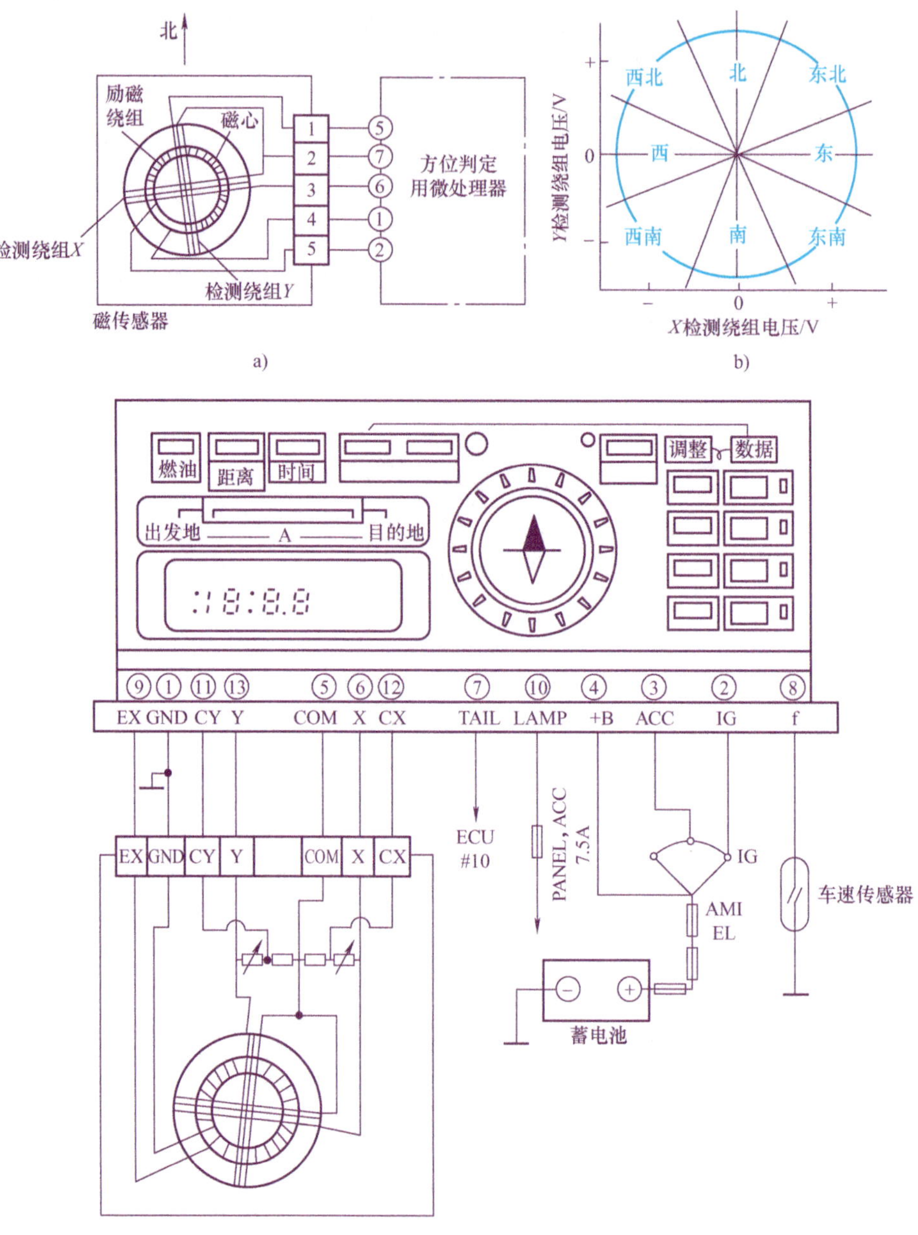

图 6-4 地磁传感器导向原理和导向系统电路简图

a）方向偏差指示的原理 b）方位的判断 c）地磁传感器导向原理和导向系统电路

1）惯性陀螺仪。高速旋转体不受外力作用时，其轴线方向固定。陀螺由轴承悬浮成球形支撑在汽车车身上，汽车以一定横摆角速度转向，相当于在陀螺上作用了另一个旋转运动，产生了科氏惯性力，利用科氏惯性力的大小和方向可以计算出汽车的行驶方向。

2）气流陀螺仪。气流陀螺仪是利用气泵喷嘴喷出稳定的氮气流对两根热线的冷却作用的差异，来测量汽车行驶方向的改变。其结构原理如图6-5所示。汽车直线行驶，喷出的氮气流与两根热线平行，散热能力相等，两线无温差。当汽车转向时，由于喷出气流的惯性，

使得对两根热线的冷却作用不同，测量两根热线的温差便可以计算出汽车转角。

3）光纤维陀螺仪。图 6-6 所示为光纤维陀螺仪检测原理。光从光纤维线圈 A 点入射，经向左、向右方向回转传播，光程相同时，两方向同时经过 1 个周期到达输出的 B 点。当光纤维线圈有向右旋转的角速度 ω 时，则从 A 点入射的同一周期左右方向传播的光程不同，右回转传播光程不同，右回转传播光程长，比较左回转传播过程，两者相差一定角度。在原输出 B 点测量两方向传到的光相位不同，测定两光干涉的强度，可以确定两方向光的传播时间差（相位差），从而计算出光纤维线圈（汽车）的转向角速度 ω。

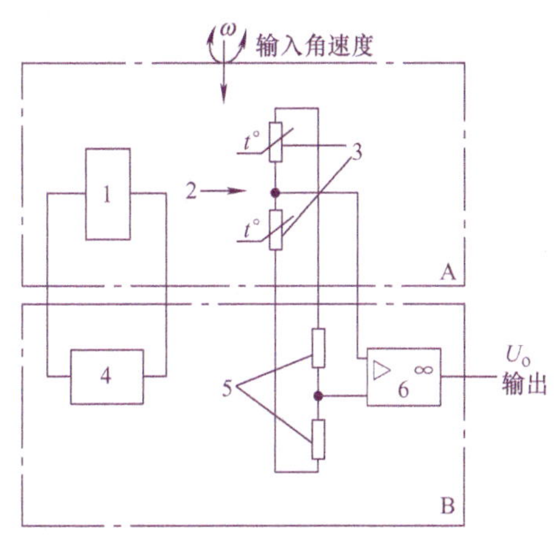

图 6-5　气流陀螺仪结构原理

1—气泵　2—气流　3—热线

4—振荡器　5—电阻　6—放大器

A—传感器　B—信号处理电路

3. 导航地图数据库

通过 GPS 和车载传感器所采集到的数据，利用地图匹配进行处理，与存储在数字地图（GIS）数据库中的地形数据进行比较。最后，对来自这些信息源中的所有信息都要进行运算，以便实现定位。采用这些技术的组合可使系统定位精度达到米级。

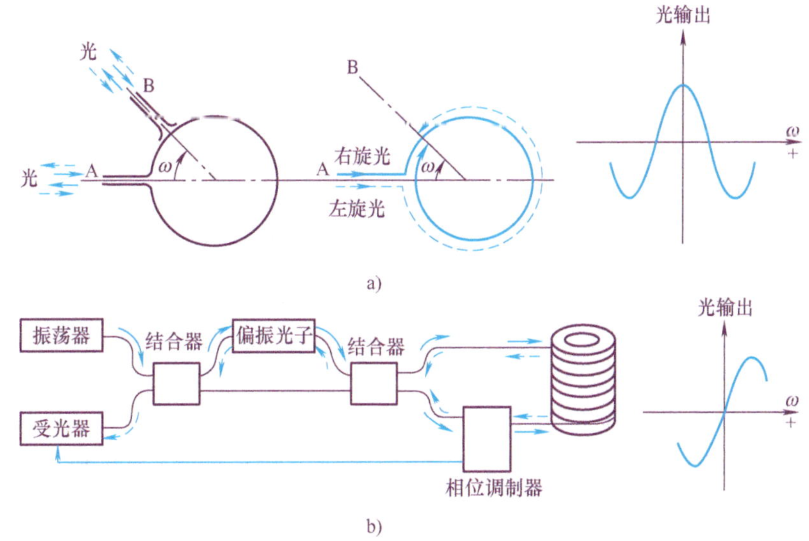

图 6-6　光纤维陀螺仪检测原理

a）原理　b）相位调制方式的回路

以航空测量出的地形道路图为基础，将地图涵盖范围按一定比例划分成若干个区域，每个区域上标明道路走向和道路管理的相关信息。如日本全国按每区域纵横约 80km（经度为 1°，纬度为 40′）划分成一次网络，每个方向划分为纵横约为 10km 的二次网络和进一步以纵横各约 1km 范围的三次网络（组成全国道路地图数据）。日本约有 39 万个属于三次网络的区域。

CD-ROM 数据库存储的有各种道路属性的数据（路面、路标、桥隧等）、基本道路地图

数据。根据汽车行驶所处的位置（经、纬度）坐标，用手动操作或接收车外信息表示该车现处位置的方法，显示需要的相应地图数据。

当汽车按计算机引导路径接近某一交通信标（或装有信号反射的交通灯）时，计算机将当地的详细地图在显示器上显示，再指示要到达目的地的最佳路径。作为汽车信息通信系统（Vehicle Information Communication System，VICS）的路上通信装置，目前正在研究其实际应用。

地图的微调导航法是对由于位置确定、导航传感器和地图与实际道路之间重合存在的积累误差的及时补偿。它根据导航到达的轨迹与显示器上道路地图指示的行车道路形状相比较，在形状上以高概率相符的地图道路上，自动修正汽车位置和方向。

地图的微调导航包括车辆位置修正、多路径追迹、距离偏离补偿。

四、汽车导航系统的工作过程

目前世界上应用较多的是自主导航，其主要特征是每套车载导航设备都自带电子地图，定位和导航功能全部由车载设备完成。下面以自动导航为例介绍汽车导航系统的工作过程，自动导航主要有以下几个步骤：

1. 用户输入目的地

在出发前，用户通过系统提供的输入方法将目的地输入到导航设备中。除了在系统显示的电子地图上直接点击选取地点外，更多时候是借某种输入方法，将目的地名称（如路名、维修站、机场、火车站、码头、停车场、加油站、酒店、餐厅、医院、邮局及其他公共服务单位等）输入到系统中，周内汽车自主导航产品基本都是基于PC结构，或者借助外接键盘，以类似PC机的中文输入法作为地名输入方法的汽车导航系统，或者利用触摸屏借助日益成熟的手写识别技术进行中文输入，依靠键盘或触摸屏也可以实现几乎所有的功能按键的功能。考虑到安全性能要求，目前人们也在开发基于语音技术的产品。

2. 行驶路线的计算

汽车导航系统中存储的电子地图，存储了一定范围内的地理与道路和交通管制信息，与地点对应存储了相关的经纬度信息。汽车导航主机从GPS接收机得到经过计算确定的当前点经纬度，通过与电子地图数据的对比，就可以随时确定车辆当前所在的位置。

一般汽车导航系统将车辆当前位置默认为出发点，用户输入了目的地之后，导航系统根据电子地图上存储的地图信息，就可以自动计算出一条最快捷的推荐路线——在有的系统中，用户还可指定途中希望经过的途经点。或者指定一定的路线选择规则（如不允许经过高速公路、按照行驶路线最短的原则等），推荐的路线将以特殊的方式显示在屏幕上的地图中，同时屏幕也时刻显示车辆的当前位置，以提供参考。

若行驶中车辆偏离了推荐的路线，系统会自动删除原有路线并以车辆当前点为出发点重新计算路线，并将修正后的路线作为新的推荐路线。

3. 行驶中的导航

汽车自动导航系统的输出设备包括显示屏幕和语音输出设备。为确保车辆行驶中的安全，驾驶人必须全神贯注于驾驶，而不能经常查看显示屏幕，因此，一个实用而人性化的车辆自动导航系统一般利用语音输出，在必要的时刻向驾驶人提供提示信息。比如，车辆按照系统推荐路线行驶到应该转弯的路口前，语音输出设备会提示驾驶人：“300米后请向左转”，这样驾驶人根本不必要关注屏幕的显示，也可以按照推荐路线正确、快捷地到达目的地。

任务实施

一、任务实施的环境

当客户抱怨其驾驶的汽车导航系统工作异常时，维修技术人员接到这个工作任务后，需要确认故障现象，可利用该车辆的电路图等资料制订诊断流程，合理地选用检测工具对导航系统进行故障诊断和修复。

二、任务实施的步骤

宝来轿车安装收音机导航系统（RNS）、装备 RDS 收音机、矩阵式液晶显示器、带有 GPS 卫星接收器的导航系统、音响和导航系统 CD 驱动器。下面以宝来轿车为例介绍汽车导航系统的故障诊断。

1. 故障诊断的准备工作

1）电路所有的熔丝正常。

2）供电电压正常（至少 9.5V）。

3）故障诊断仪 V. A. G1551/ V. A. G1552/ V. A. S5051 连接正常，故障诊断仪的连接如图 6-7所示。

图 6-7　故障诊断仪的连接

2. 读取故障码

1）按“1”键选择“快速数据传递”模式。

2）打开点火开关，输入导航地址码“37”，对导航系统进行故障诊断。

3）读取故障码，宝来轿车导航系统的故障码及其含义见表 6-1。

4）更换有故障的部件前，应先按电路图检查该件的插头及导线和搭铁状况。

5）修理及检测后，重新用故障诊断仪查询并清除故障码。

3. 读取数据块

1）按“1”键选择“快速数据传递”模式。

2）打开点火开关，输入导航地址码“37”，对导航系统进行故障诊断。

3）读取故障码，宝来轿车导航系统的故障码及其含义见表 6-1。

4）输入 08 读取数据块，用“Q”键确认，显示屏要求输入显示组号，输入显示组号后，用“Q”键确认。各显示组显示区的含义见表 6-2。

表 6-1　故障码

VAF 1551 打印结果	可能的故障原因	可能的影响	故障排除
00625 车速信号（GALA） 没有信号	车速传感器损坏 车速传感器导线损坏 组合仪表损坏 RNS 损坏	导航部分没有功能	读取测量数据块 按电路图检查导线 进行组合仪表自诊断，必要时更换组合仪表 更换 RNS

（续）

VAF 1551 打印结果	可能的故障原因	可能的影响	故障排除
00668 接线柱30的电压 信号太弱 如果起动机运行超过10s，也会存储该故障	蓄电池电压低于9.5V 蓄电池不能充电 蓄电池损坏 发电机损坏 个别用电设备开关打开	收音机没有功能或功能不全 导航功能不正常	读取测量数据块 检查蓄电池，必要时充电或更换 检查发电机 关闭所有不需要的用电设备
00854 组合仪表上收音机频率显示输出 无法通信	导线断路 RNS损坏 组合仪表损坏	RNS和组合仪表之间无数据传递 组合仪表上的显示屏显示不正常	读取测量数据块 按电路图检查导线 进行仪表板自诊断，更换仪表板 更换RNS
00862 导航天线（GPS） R50/R52断路/短路 搭铁短路	导线断路 导航天线（GPS）损坏	导航功能不正常	读取测量数据块 按电路图检查导线 检查导线天线（GPS），必要时进行更换
01311 数据总线无信息 无信号 搭铁短路	导线损坏 RNS损坏 音响系统（DSP）损坏	音响系统（DSP）功能不正常	读取测量数据块 按电路图检查导线
65535 控制单元损坏	RNS损坏	TNS功能不正常	更换RNS

表6-2　各显示组显示区的含义

显示组：001			
显示区	描述	V. A. G1551 显示	故障排除
1	来自车速表的车速信号	“1”或“0” 前车轮转动时，显示值必须在0～1之间变化	目视检查电路 检查相关电路的插接器安装是否正确 如果上述操作过程中显示屏的显示内容没有变化，则应更换零件 清除故障存储器 再次查询故障存储器
2	供电电压	≈蓄电池电压	
3	收音机照明变光百分比	关闭照明灯：0% 打开照明灯：用亮度控制开关进行亮度无级控制，根据控制位置显示：20%～95%	
4	S触点输入状态	S触点开：显示“ON” S触点关：显示“OFF”	
显示组：002			
显示区	描述	V. A. G1551 显示	故障排除
1	倒车灯开关输入状态	“Rev. OFF” 没有挂倒档齿轮 “Rev. ON” 挂倒档齿轮	目视检查电路 检查相关电路的插接器安装是否正确

（续）

显示组：002			
显示区	描述	V. A. G 1551 显示	故障排除
2			如果上述操作过程中显示屏的显示内容没有变化，则应更换零件 清除故障存储器 进行功能检查 再次查询故障存储器
3	接线柱 15 输入状态	“Term 15 ON” 接线柱 15 给 RNS 供电 “Term 15 OFF” 点火开关打开，但接线柱 15 给 RNS 供电	
4			
显示组：003			
显示区	描述	V. A. G 1551 显示	故障排除
1	GPS 接收器供电状态	“GPS-Aer”	目视检查电路 检查相关电路的插接器安装是否正确 如果上述操作过程中显示屏的显示内容没有变化，则应更换零件 清除故障存储器 进行功能检查 再次查询故障存储器
2	供电电压是否正常	“OK”（正常） 或“not OK”（不正常）	
3			
4			
显示组：004			
显示区	描述	V. A. G1551 显示	故障排除
1	组合仪表第二显示屏	“显示电话号码”	目视检查电路 检查相关电路的插接器安装是否正确 如果上述操作过程中显示屏的显示内容没有变化，则应更换零件 清除故障存储器 进行功能检查 再次查询故障存储器
2	组合仪表第二显示屏连接状态	“OK”或“not OK”	
3			
4			
显示组：005			
显示区	描述	V. A. G1551 显示	故障排除
1	数据总线通信	“数据总线” “Data BUS”	目视检查电路 检查相关电路的插接器安装是否正确 如果上述操作过程中显示屏的显示内容没有变化，则应更换零件 清除故障存储器 进行功能检查 再次查询故障存储器
2	数据总线通信是否正常	“OK”（正常） 或“not OK”（不正常）	
3			
4			
显示组：006			
显示区	描述	V. A. G1551 显示	故障排除
1	左侧脉冲信号发射器	“Left”（左）	目视检查电路 检查相关电路的插接器安装是否正确 如果上述操作过程中显示屏的显示内容没有变化，则应更换零件 清除故障存储器 进行功能检查 再次查询故障存储器
2	左侧速（km/h）	“……km/h” 显示车速，取决于左侧车轮转运的有多快	
3	右侧脉冲信号发射器	“Right”（右）	
4	右侧速度（km/h）	“km/h” 显示车速，该处永远显示“0km/h”	

三、技能训练

【训练任务】一辆宝来轿车导航系统工作异常，请根据客户提供的信息排除该故障。

【训练建议】以小组的形式或有实训条件的可以个人独立完成。学生根据客户提供的信息确认故障现象，通过维修资料的查阅、课程网站、视频资料的学习以及教师的答疑，制订导航系统检修的工作计划，然后逐项检测并排除。

【评价建议】可用如下技能训练评价表对学生操作技能进行评价。

汽车导航系统故障的检修考核表

学生姓名					
测评日期		测评地点			
测评内容	汽车导航系统故障的检修				
考评标准	内　　容	分值/分	自评	互评	师评
	工作着装、工作安全、卫生	10			
	故障诊断仪的连接与使用，每错一项扣2分	20			
	读取故障码的操作步骤，每错一项扣4分	30			
	测量数据块的操作步骤，每错一项扣4分	10			
	正确地运用、掌握安全操作方法，每错一项扣5分	20			
	工作任务单的填写情况	10			
	时间性：每超时1min扣5分，超过3min终止考核				
合　　计		100			
最终得分（自评30%+互评30%+师评40%）					
说明：测评满分为100分，60~74分为及格，75~84分为良好，85分以上为优秀。60分以下的学生，需重新进行知识学习、任务训练，直到任务完成达到合格为止					

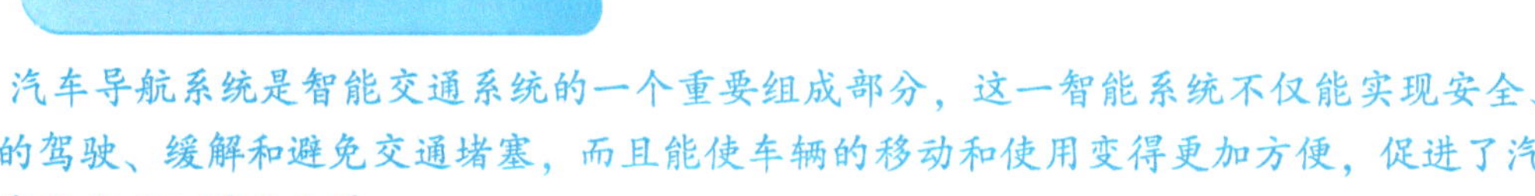

归纳总结

汽车导航系统是智能交通系统的一个重要组成部分，这一智能系统不仅能实现安全、通畅的驾驶、缓解和避免交通堵塞，而且能使车辆的移动和使用变得更加方便，促进了汽车消费和使用环境的完善。

通过本任务内容的学习，作为维修技术人员，对导航系统的功能、结构及工作原理有了一定的了解。维修资料的查阅，检测工具的合理选用，导航系统的检修是本任务完成的重点，但是要真正掌握这些知识和操作技能，还要不断地思考与总结，并且加强技能训练，只有这样，才能掌握这些内容，真正为己所用。下面提供一组思考问题，请客观地作答，并结合本任务内容，对自己的学习工作进行反思。

思考题

1. 简述汽车导航系统的功能有哪些。
2. 简述汽车导航系统的结构与工作原理。
3. 简述汽车导航系统的工作过程。
4. 简述如何诊断宝来轿车的导航系统。
5. 汽车导航系统如何更新升级？

项目七

汽车巡航控制系统的故障诊断与修复

学习目标

通过本单元任务的学习，学生将具备汽车巡航控制系统使用和检修的能力。

能够：

- 理解汽车巡航控制系统的作用。
- 掌握汽车巡航控制系统的组成及工作原理。
- 掌握汽车巡航控制系统的使用与检修方法。

工作任务

汽车巡航控制系统（CRUISE CONTROL SYSTEM，CCS）是现代汽车的一种舒适装备。根据其特点又称为“恒速控制系统”“车速控制系统”或“巡航控制系统”。

巡航控制系统的设置使驾驶人可以将车速设定在一个固定的速度上，车辆准确地按照所设定的速度行驶。驾驶人可以不必踩加速踏板，从而大大减轻长途驾车的疲劳，同时匀速行驶也可以减少燃油的消耗。

本任务主要对汽车巡航控制系统的功能、结构及工作原理进行概述，使学生对汽车巡航控制系统有一个比较全面的了解和认识，同时要掌握汽车巡航控制系统的检修。

任务　汽车巡航控制系统的故障检测与修复

知识点：汽车巡航控制系统的功能；汽车巡航控制系统结构与工作原理。

能力点：检测设备的使用；汽车巡航控制系统的检修。

任务情境

某客户驾驶的宝来轿车，在车辆运行时，巡航控制系统的故障指示灯闪亮，要求给予检修。

任务分析

使用汽车巡航控制系统时需要启动、设定、解除等操作，运行时需要注意汽车巡航控制系统故障指示灯是否正常，一旦故障指示灯闪亮，就需要及时检修。

完成此任务需要了解汽车巡航控制系统的功能，掌握汽车巡航控制系统的结构及工作原理、巡航控制系统的检修，能够合理地使用检测工具。

任务实施的相关专业知识

一、汽车巡航控制系统的作用

根据其特点，汽车巡航控制系统一般又称为巡航行驶装置、速度控制（Speed Control）系统、自动驾驶（Auto Drive）系统等。

当在高速公路上长时间行车时，接通巡航控制主开关，巡航控制系统将根据汽车行驶阻力的变化，自动调节发动机节气门开度的大小，使汽车保持恒定速度行驶。驾驶人就不用再去控制加速踏板，减轻了疲劳，同时减少了不必要的车速变化，可以节省燃料。

二、汽车巡航控制系统的功能

1. 恒速行驶功能

当按下车速设置开关后，就能存储该时间点的行驶速度，并能保持这一速度行驶。

2. 加速、减速功能

车辆处于巡航行驶的状态时，持续按下开关进行加速，以不操作开关时的车速进行巡航行驶，此为加速功能。同样，持续按下开关进行减速，以离开开关时的速度做巡航行驶，此为减速功能。

3. 取消、设定功能

如果踏下制动踏板或操纵巡航控制的解除开关，则可自动解除巡航功能。如果重新按下设定开关，汽车进入巡航状态。

4. 自动选、换档功能

在巡航控制期间，随着道路坡度的变化以及汽车行驶所可能遇到的阻力，车辆自动变换节气门开度或自动进行档次转换，以按存储在 ECU 内的最佳燃油经济性规律或动力性规律稳定行驶。

5. 防止误操作及报警功能

在不具备巡航条件的情况下，例如车辆在起步阶段或档位在 2 档以下，驾驶人启动了巡航开关，巡航控制系统应防止类似的误操作，并具有报警的功能。

三、巡航控制系统的基本控制原理

图 7-1 所示为典型的闭环汽车巡航控制系统原理框图。由图可知，巡航控制系统 ECU 有两个输入信号：一个是驾驶人按需要的车速设定的指令车速信号，另一个是实际车速反馈信号。当测出的实际车速高于或低于驾驶人设定的车速时，ECU 将这两种信号进行比较，由简单减法得出两信号之差，即误差信号，再经放大、处理后成为节气门控制信号送至节气门执行器，驱动节气门执行器动作，调节发动机节气门开度，以修正指令车速信号与实际车速反馈信号的误差，从而使实际车速很快恢复到驾驶人设定的车速，并保持恒定。

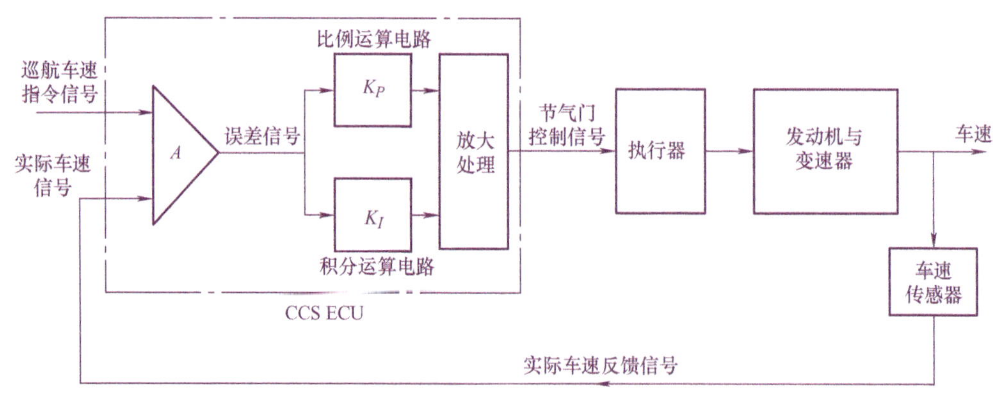

图 7-1　典型的闭环汽车巡航控制系统原理框图

四、汽车巡航控制系统的组成及主要部件的结构与原理

汽车巡航控制系统由传感器、操作开关、执行器和巡航 ECU 等组成。传感器和开关将信号送入巡航 ECU，ECU 根据这些信号计算节气门应有的开度，并给执行器发出信号，自动调节节气门开度，如图 7-2 所示。

1. 操作开关

操作开关主要用于设置巡航车速或将其重新设置为另一车速，以及取消巡航控制等。它

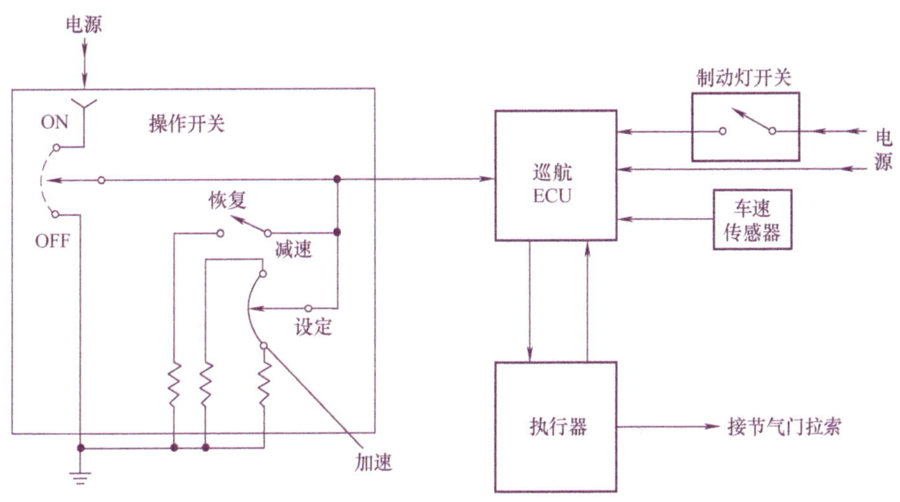

图 7-2　巡航控制系统的组成

主要包括主开关、控制开关和退出巡航开关。

(1) 主开关　主开关（MAIN）是巡航控制系统的主电源开关，多数采用按键方式，每次将其推入，该系统的电源就接通或关闭，图 7-3 是雷克萨斯（LEXUS）巡航控制系统的主控开关操作手柄的外形图。主开关接通时，如将点火开关关闭，主开关也关闭。即使点火开关再次接通，主开关仍保持关闭。

(2) 控制开关　手柄式控制开关是一个自动回位型开关，它有 5 种控制功能：SET（设置）、COAST（减速）、RES（恢复）、ACC（加速）和 CANCEL（取消）。其中 SET 和 COAST 模式共用一个开关，RES 和 ACC 模式共用另一个开关。当沿箭头方向操作开关时，开关接通；而松开时，则关断。雷克萨斯巡航控制开关操纵手柄朝下扳动是巡航速度的设定开关（SET/COAST），向上推则是巡航速度取消开关（CANCEL），朝转向盘方向扳起是恢复/加速开关（RES/ACC）。

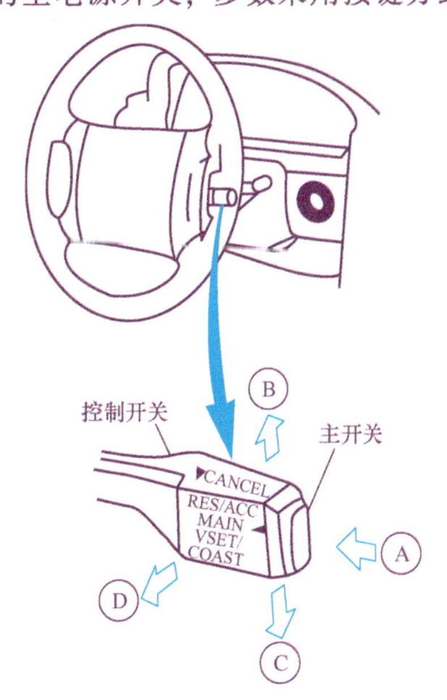

图 7-3　雷克萨斯（LEXUS）巡航控制系统的主控开关操作手柄的外形图

(3) 退出巡航控制开关　退出巡航控制开关包括取消开关、停车灯开关、驻车制动开关、离合器开关和空档起动开关。当其中任一个开关接通时，巡航控制将被自动取消。但当 CCS 取消瞬间的车速不低于 35km/h 时，此车速存储于巡航 ECU 中。当接通 RES 开关时，最后存储的车速就会自动恢复。

1) 驻车制动开关。驻车制动开关的安装位置紧靠驻车制动操纵杆，并与驻车制动操纵杆联动。当拉起驻车制动操纵杆时，驻车制动开关就接通，将取消信号传送至巡航 ECU，同时，驻车制动指示灯亮。

2）空档起动开关。空档起动开关的安装位置紧靠变速器操纵杆，并与变速器操纵杆联动。当变速器操纵杆置于空档时，空档起动开关由断开变成闭合，将取消信号传送至巡航 ECU。

3）离合器开关。离合器开关装在驾驶室离合器踏板的上部，靠驾驶人踩踏离合器踏板的机械动作，使其闭合。当汽车在巡航状态下行驶，出现驾驶人干预，如变换变速器档位、制动等情况，驾驶人踩踏离合器踏板，离合器开关即由断开变为闭合，离合器开关的闭合，将取消信号传送至巡航 ECU，ECU 立即自动关闭巡航工作状态。

4）停车灯开关。停车灯开关实际上由两个开关组成，如图 7-4 所示，当踩下制动踏板时，两个开关同时工作。开关 A 闭合，电流经其流过停车灯开关，使停车灯亮。同时，蓄电池电压经过这个开关施加在巡航 ECU 上，使其判明制动器处于工作状态，所以巡航 ECU 取消 CCS 的工作，开关 B 断开，执行器得不到巡航 ECU 的信号，从而停止工作。

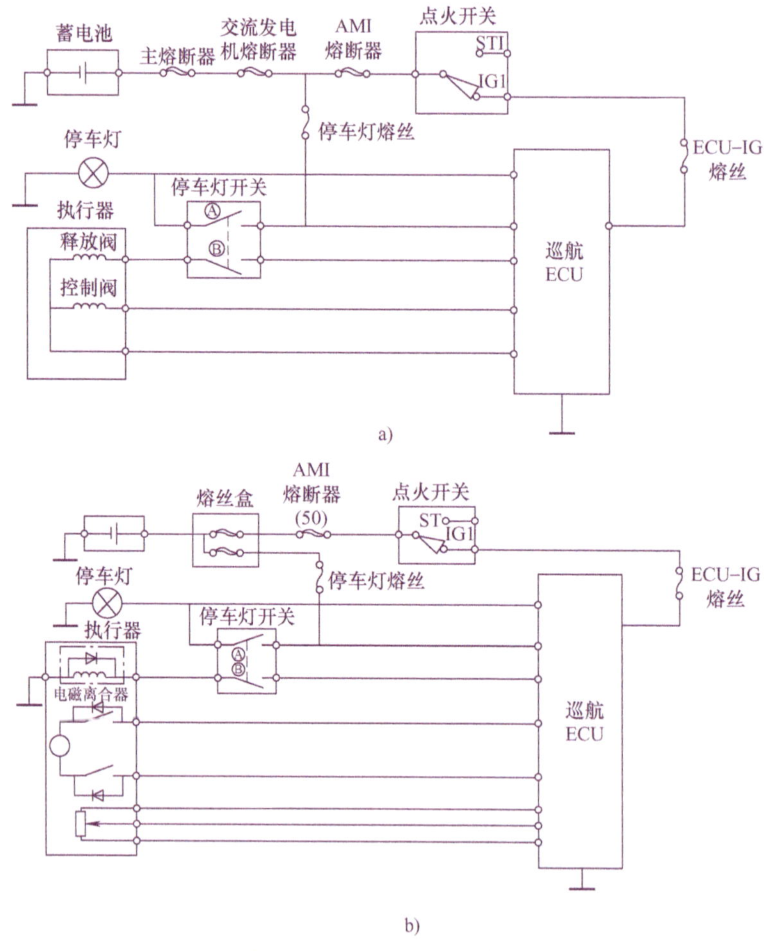

图 7-4　停车灯开关电路

a）真空驱动型执行器　b）电动机驱动型执行器

2. 传感器

（1）车速传感器　车速传感器用于提供一个与汽车实际车速成比例的交变振荡脉冲信

号，巡航 ECU 将此信号进行处理。车速传感器一般安装在汽车变速器输出轴上，其结构类型有磁脉冲式、霍尔式、光电式、磁阻式等，该传感器与发动机电控系统共用。

(2) 节气门位置传感器　节气门位置传感器给巡航 ECU 提供一个与节气门位置成正比的电信号，该传感器与发动机电控系统共用。

(3) 节气门控制摇臂传感器　节气门控制摇臂传感器可给巡航 ECU 提供节气门控制摇臂位置的电信号，目前应用较多的是滑线电位计式。当节气门控制摇臂转动时，电位计与之转动，便输出一个与控制摇臂位置成比例且连续变化的电信号。

3. 巡航 ECU

巡航 ECU 是巡航控制系统的中枢，其功用是根据驾驶人操作“设定/巡航”开关输入的设定车速信号、车速传感器输入的实际车速信号、各种开关输入信号及发动机 ECU 和 ECT ECU 输入的信号，按照存储的程序进行计算处理之后，向执行机构驱动电路发出指令，驱动执行器（步进电动机或直流电动机、电磁阀等）动作，使实际车速与设定车速相一致。

图 7-5 所示为巡航控制系统 ECU 框图。

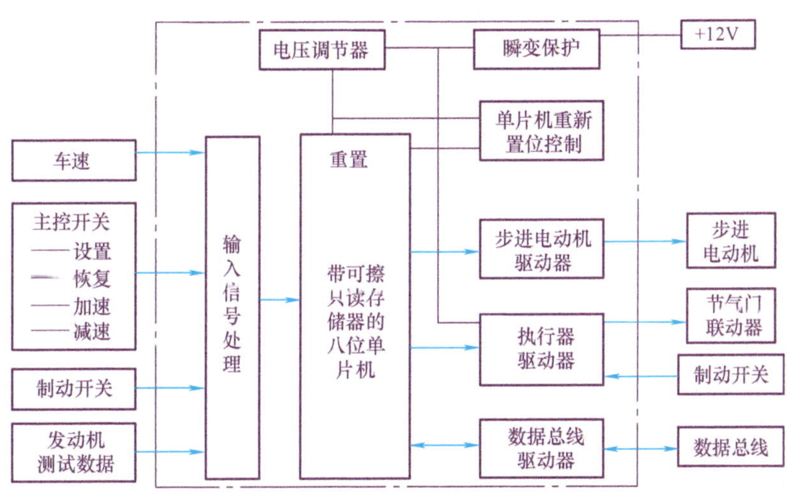

图 7-5　巡航控制系统 ECU 框图

巡航 ECU 具有以下控制功能：

(1) 等速控制功能　ECU 将实际车速与设定车速进行比较，确定节气门是否应该开大或关小，并根据实际车速与设定车速的差值，计算出节气门开大或关小的量，进而对执行器进行控制，保证汽车按设定车速等速行驶。

(2) 设定功能　当主开关接通，车辆在巡航控制车速范围（一般为 40～200km/h）内行驶时，若 SET/COAST 开关接通后松开，巡航 ECU 便将此车速存储于 ECU 存储器内，并使车辆保持设定的这个速度行驶。

(3) 滑行功能　当车辆以巡航控制模式行驶时，若 SET/COAST 开关接通后不松开，执行器就会关小节气门开度，使车辆减速。ECU 将开关松开时的车速存储于 ECU 存储器内，并保持此车速行驶。

(4) 加速功能　当车辆以巡航控制模式行驶时，若 SET/ACC 开关接通，执行器就会将节气门开度适当增大，使车辆加速。ECU 将开关松开时的车速存储于 ECU 存储器内，并保

持此车速行驶。

（5）恢复功能　只要车速没有降至 40km/h 以下，用任何一个取消开关以手动的方法将巡航控制模式取消后，接通 RES/ACC 开关即可恢复设定车速。车速一旦处于 40km/h 以下，设定车速就不能恢复，因为存储器中的车速已被清除。

（6）车速下限控制功能　车速下限是巡航控制所能设定的最低车速，不同的车型稍有不同，一般为 40km/h。当车速低于 40km/h 时，巡航车速不能被设定，巡航系统不能工作，若车速降至 40km/h 以下，巡航控制就会自动取消，并且巡航 ECU 存储器内存储的设定车速也将被清除。

（7）车速上限控制功能　车速上限是巡航控制所能设定的最高车速，一般为 200km/h。车速超过 200km/h 时，巡航控制车速不能被设定。汽车在巡航控制模式行驶时，如果操作加速开关，车速也不能加速至 200km/h 以上。

（8）手动取消功能　当车辆以巡航控制模式行驶时，如下列信号中任何一个传送至巡航 ECU，巡航控制就会取消：真空驱动执行器内的释放阀和控制阀同时关断；电动机驱动执行器关断执行器内的电磁离合器。

（9）自动取消功能　当车辆以巡航控制模式行驶时，若出现执行器驱动电流过大，伺服电动机始终朝节气门打开的方向旋转时，则巡航 ECU 存储器内存储的设定车速将被清除，巡航控制模式将被取消，主开关同时关闭。此外，当巡航 ECU 诊断出系统有故障时，将使巡航控制系统自动停止工作。

（10）自动变速器控制功能　当具有自动变速器的汽车以巡航控制模式行驶时，如果上坡时变速器在超速档，车速降至比设定车速低 4km/h 以上时，巡航 ECU 将超速档取消信号送至自动变速器 ECU，取消自动变速器超速档。当车速升至比设定车速低 2km/h 时，巡航 ECU 将超速档恢复信号送至自动变速器 ECU，恢复自动变速器超速档。

（11）迅速降速和迅速升速控制功能　当实际车速与设定车速相差不到 5km/h 时，每次迅速（在 0.6s 以内）操纵 SET/COAST 开关，可将设定车速降低约 1.65km/h。当实际车速与设定车速相差不到 5km/h 时，每次迅速（在 0.6s 以内）操纵 RES/ACC 开关，可将设定车速提高约 1.65km/h。

（12）诊断功能　巡航控制系统发生故障时，ECU 确定故障并使组合仪表上的指示灯闪烁，以提醒驾驶人；同时，ECU 存储相应的故障码。故障码可通过指示灯读取。

4. 执行器

执行器将 ECU 输出的电流或电压信号转变为机械运动，进而控制节气门的开度，最终达到控制车速的目的。目前使用的执行器有两种类型：一种是真空驱动型，另一种是电动机驱动型。前者由负压操纵节气门，后者由电动机操纵节气门。使用电子式节气门的汽车，由发动机 ECU 直接控制节气门的开度大小。

（1）真空驱动型执行器　真空驱动型执行器依靠真空力驱动节气门。真空源有两种取得方式：一种是仅从发动机进气歧管取得，另一种是从发动机进气歧管和真空泵两个真空源取得，如图 7-6 所示。真空驱动型执行器主要由控制阀、释放阀、两个电磁线圈、膜片、回位弹簧和空气滤清器等组成。

1）控制阀。控制阀用来控制膜片后方的真空度，以改变膜片的位置，从而控制节气门开度，如图 7-7 所示。当 ECU 给控制阀电磁线圈通电时，与大气相通的空气通道关闭，与

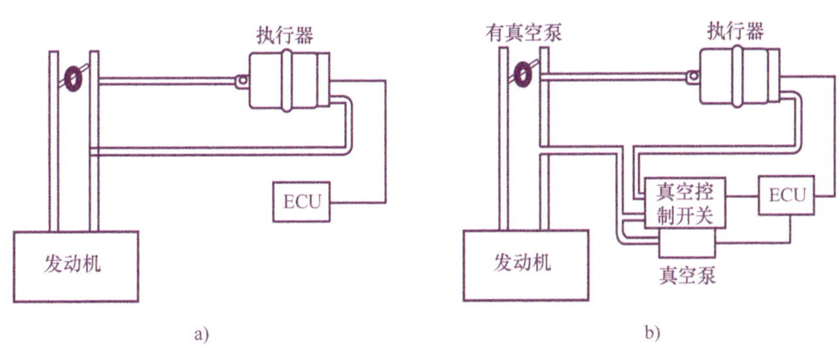

图 7-6　真空驱动型执行器的控制方法

a）从进气歧管取得真空源　b）从进气歧管和真空泵取得真空源

进气歧管相通的真空通道打开，执行器内的真空度增加，膜片左移将弹簧压缩，与膜片相连的拉杆将节气门开大。当控制阀电磁线圈断电时，与进气歧管相通的真空通道关闭，与大气相通的空气通道打开，大气进入执行器，膜片右移，节气门关小。ECU 通过占空比信号控制电磁线圈的通电与断电，通过改变占空比控制执行器内的真空度，从而控制节气门的开度。

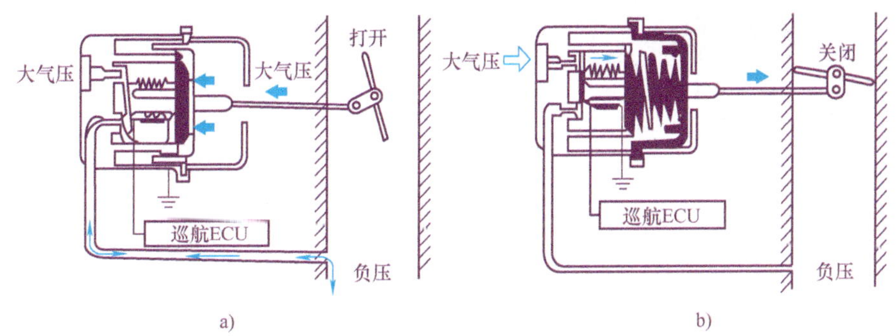

图 7-7　控制阀

a）控制线圈通电　b）控制线圈断电

2）释放阀。释放阀的作用是取消巡航控制时，使空气迅速进入执行器，将巡航控制立即取消。释放阀的结构及工作特性如图 7-8 所示。巡航系统工作时，释放阀电磁线圈中有电流通过，与大气相通的空气通道关闭，由控制阀控制执行器内的真空度，从而控制节气门的开度，保持汽车等速行驶。取消巡航控制时，巡航 ECU 使控制阀电磁线圈断电，控制阀与大气相通的空气通道打开，释放阀电磁线圈也断电，与大气相通的空气通道也打开，让空气迅速进入执行器，取消巡航控制。

3）真空泵。真空泵由电动机、连杆、膜片和 3 个单向阀等组成，如图 7-9a 所示。真空泵的作用是在进气歧管真空度较低时，为巡航控制系统执行器提供真空源。

真空泵的工作原理如图 7-9b 所示，当进气歧管真空度较高时，单向阀 A 被打开，由发动机进气歧管向执行器提供真空源，真空泵不工作。当进气歧管真空度较低时，真空控制开关检测到真空泵进气室的真空度变化，并将信号送至巡航 ECU。巡航 ECU 接通真空泵电源，真空泵电动机转动，带动膜片向上运动。当膜片向下运动时，膜片上方产生真空，将单向阀 D 打开，为执行器提供真空源，单向阀 A 和 C 关闭。当膜片向上运动时，单向阀 B 关闭，

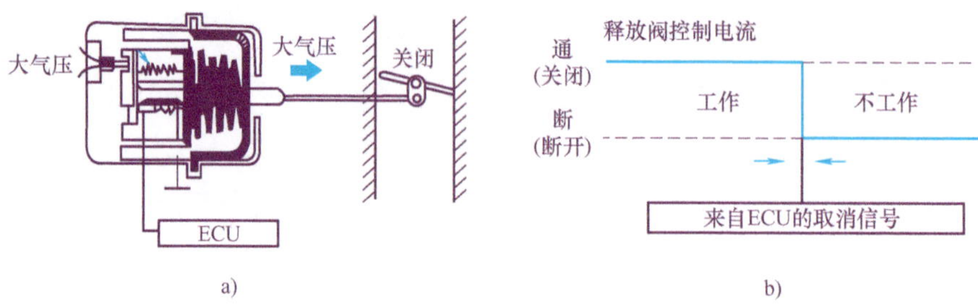

图7-8　释放阀

a）释放阀的结构　b）释放阀的工作特性

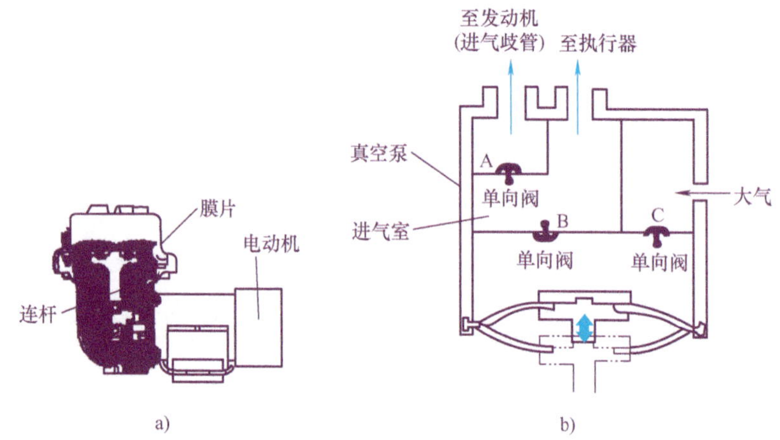

图7-9　真空泵

a）真空泵的结构　b）真空泵的工作原理

单向阀C打开，将空气排入大气。

（2）电动机驱动型执行器　电动机驱动型执行器由电动机、电磁离合器和电位计组成，其控制原理如图7-10所示，结构如图7-11所示。

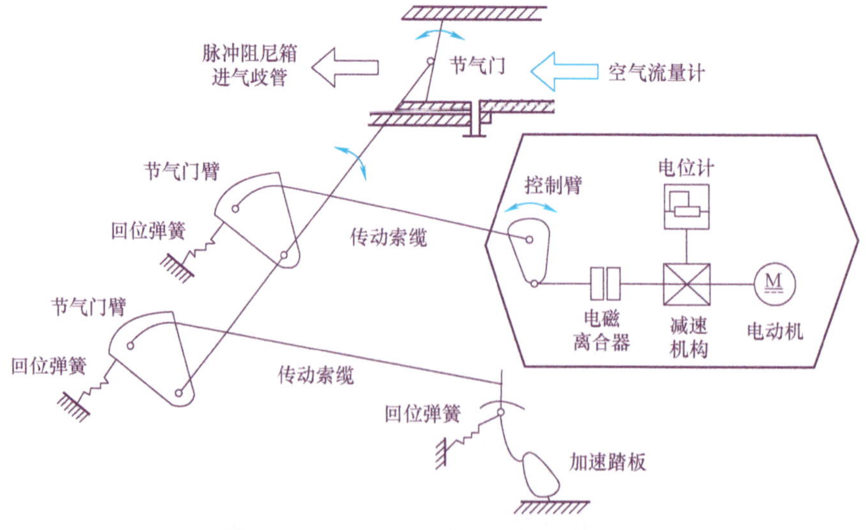

图7-10　电动机驱动型执行器的控制原理

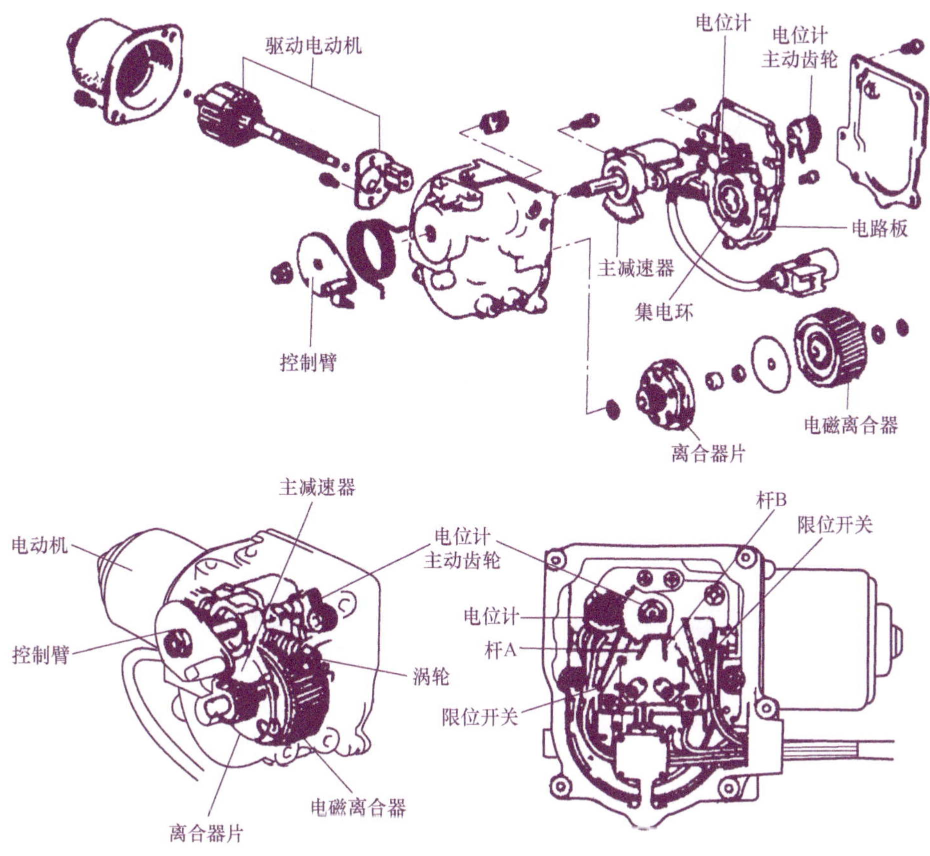

图 7-11 电动机驱动型执行器的结构

电动机采用直流永磁式电动机，电动机根据来自 ECU 的信号，改变电动机中电流方向即可改变节气门转动方向，从而改变节气门的开度。电动机转动时可带动执行元件控制臂转动，控制臂通过控制拉索改变节气门的开度。为限定控制臂转动角度，电动机电路装有两个限位开关。

在电动机与控制臂之间装有安全电磁离合器。电磁离合器用于控制电动机和节气门拉索的结合和分离，当电磁离合器通电时，电动机的轴与节气门控制摇臂结合在一起，当电磁离合器断电时，电动机轴与节气门控制摇臂分离，其结构与工作电路如图 7-12 所示。

当 ECU 给执行器发出控制信号时，电磁离合器接合，电动机通过拉索转动节气门。在巡航控制系统工作时，驾驶人按动任一取消巡航的开关，巡航 ECU 接收到此信号，即做出反应，将电磁离合器分离，阻止电动机转动节气门，取消巡航控制。

在电动式执行器中还装有位置传感器，它是一个由滑动变阻器构成的电位计，用于检测执行器控制臂的转动位置。当对巡航控制系统车速设定时，电位计将节气门控制臂信号送至巡航 ECU，ECU 将此数据存储于存储器中，行车中 ECU 根据此数据控制节气门控制臂，使实际车速与设定的车速相符。图 7-13 所示为电位计的结构及工作电路。

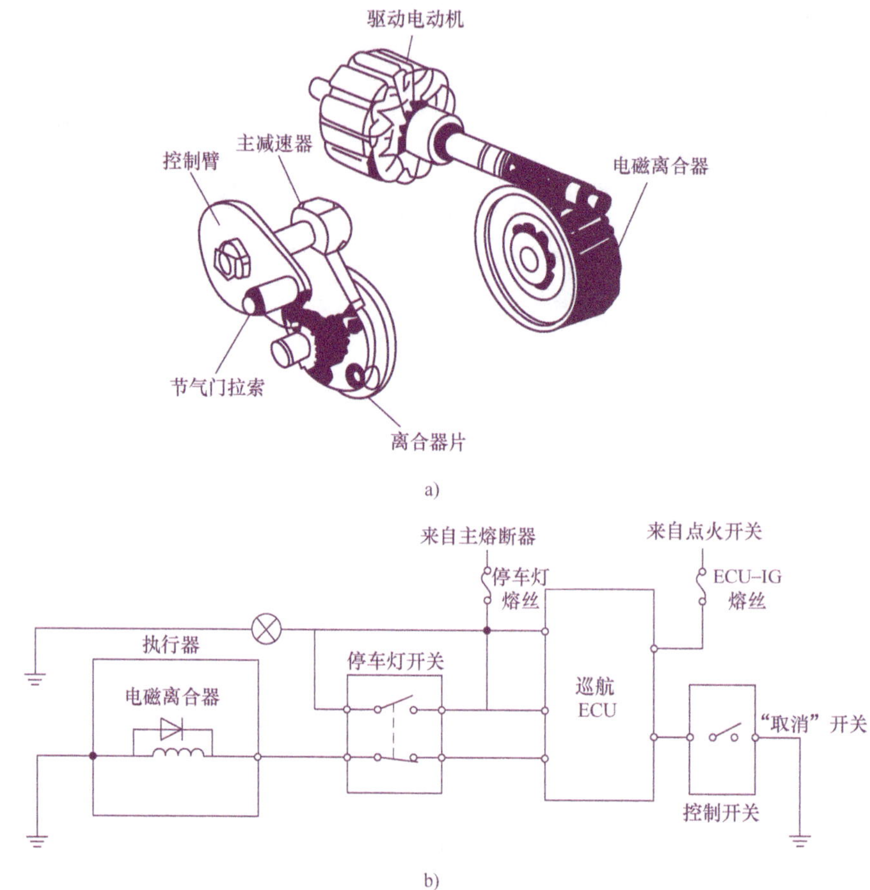

图 7-12 电磁离合器结构与工作电路
a）结构 b）电路

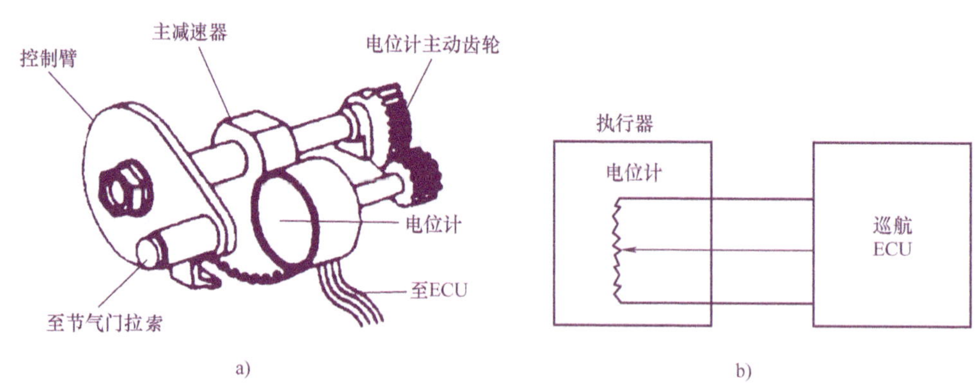

图 7-13 电位计的结构及其工作电路
a）电位计结构 b）工作电路

任务实施

一、任务实施的环境

巡航控制系统可以减轻驾驶人的疲劳，改善汽车的燃料经济性和发动机的排放性能，改

善汽车的行驶平顺性，提高汽车的舒适性。但是，巡航控制系统若使用不当，不仅不能充分发挥巡航控制系统的作用，还可能损坏巡航控制系统，甚至危害汽车行驶安全。

二、任务实施的步骤

1. 巡航系统的使用

车速高于30km/h时，该系统才起作用。用转向灯/前照灯变光组合开关操纵杆上的滑动开关及按钮即可操纵该系统。把巡航控制开关置于ON位置，如图7-14所示。当巡航装置打开后会在仪表上显示一个报警指示灯。

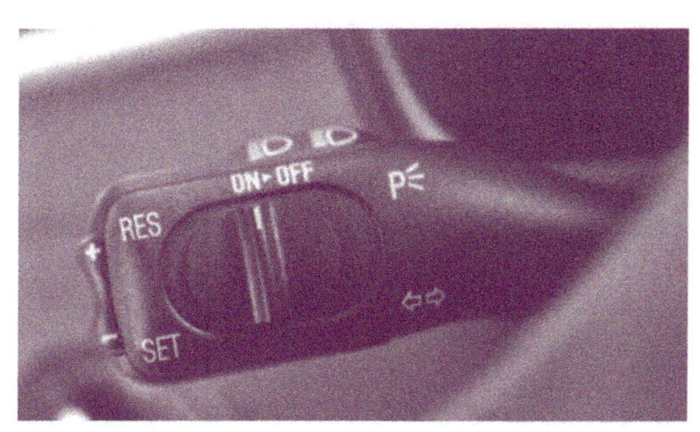

图7-14 巡航系统控制开关

(1) 设定车速 当达到理想的车速后，短暂地按一下SET键，就可以松开加速踏板，此时按设定的车速行驶。

在巡航状态下，通过踩加速踏板也可提高车速，但当脚离开加速踏板后，车速又会回到以前的设定值。但有一个例外，即如果超过5min，以大于设定车速10km/h以上的速度行驶后，就必须重新存储速度值。

如果进行系统临时关闭操作时，没有速度值被存储或已存储的速度值被清除了，可以通过以下方法重新存储：开关置于ON，紧接着按住按钮“+”，直到达到理想的速度值，松开按钮后当前的速度值就被存储下来了。

(2) 更改设定车速

1）减速/存储。已存储的车速可以通过按“-”按钮有级（步长1、2或3km/h）降低。若按住该按钮不动，车速会自动降低，直到达到目标车速时松开按钮，当前的车速就被存储下来了。当“-”按钮在车速低于30km/h时松开，存储的车速值被清除。此时只能加速到30km/h以上后再重新存储。

2）加速/存储。通过按“+”按钮使存储的车速有级（步长1、2或3km/h）提高，若按住该按钮不动，车速会自动提高，直到达到目标车速时松开按钮，当前的车速就被存储下来了。

(3) 临时关闭系统

1）装备手动变速器的汽车。临时关闭时，踩制动踏板或离合器踏板，当前存储着的速度值仍被保留着。若想重新获取已存储的速度，则必须在松开制动踏板或离合器踏板之后，紧接着按一下RES键。

2）装备自动变速器的汽车。

临时关闭：踩制动踏板或将变速杆置于“P”、“N”、“R”、“1”位置。当前存储着的速度值仍被保留着。若想重新调用已存储的速度，当车速高于30km/h时，松开制动踏板或将变速杆移到“D”、“3”、“2”档之后，紧接着按一下RES键。

注意：只有当前的交通状况允许，才建议恢复到较高的设定车速。

(4) 完全关闭系统 当把开关置于OFF或关闭点火开关，此时巡航系统所存储的值被清除，系统被完全关闭。若想再次起动巡航系统，在车速高于30km/h的情况下，将巡航开关置于ON位置，并重新设定巡航车速。

2. 巡航系统的使用注意事项

1）巡航系统在以下情况下切勿使用巡航控制系统：在车辆密集的道路上或劣质路面上（如滑溜路面、砂石路面）行驶时。

2）系统打开后，车速高于40km/h，切勿不踩离合器踏板就换入空档，否则，可能使发动机超速运转，导致损坏。

3）如果与当时的交通状况相比，设定的巡航车速过高，则切不可恢复设定车速。

4）行驶中，在下坡时巡航装置不能保持速度的恒定，因为重力会使车速不断增加，这时需要人为制动。

提示：自动变速器车上的巡航装置只有当变速杆处于“D”“3”“2”档时才能被激活。当将变速杆移到“P”“N”“R”“1”位时，系统停止工作。

3. 巡航控制系统电路图

巡航控制系统电路图如图7-15所示。

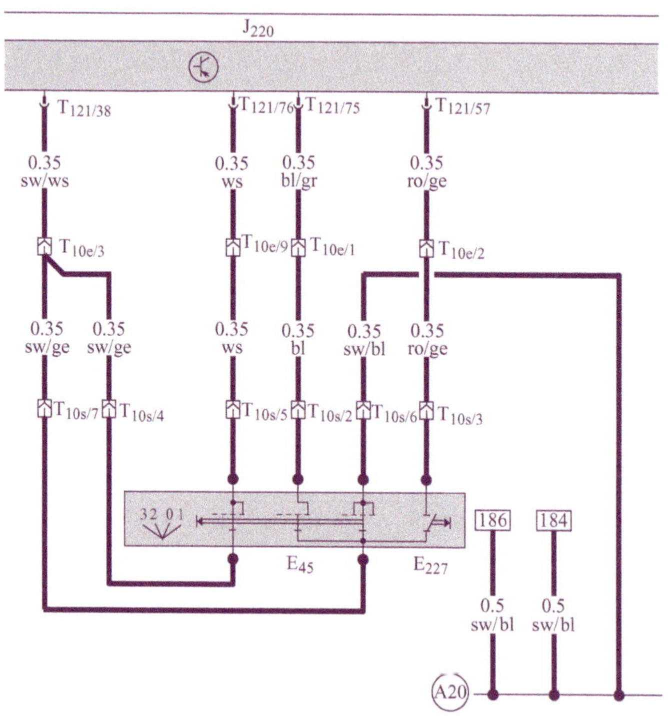

图7-15 宝来轿车巡航控制系统电路图

E_{45}—巡航系统ON/OFF开关、RES按钮 E_{227}—巡航系统SET按钮

4. 巡航系统的检测方法

由于CCS是集成在发动机电控系统中的一个子系统，所以其自诊断的各项功能均在发动机电控系统（地址01）中完成。可使用的自诊断仪器为V. A. G1551/1552或V. A. S5051/5052。

（1）连接诊断仪器 将V. A. S5051/5052连接到宝来轿车的诊断插头上，打开V. A. S5051/5052。

（2）查看控制单元版本信息 输入发动机电控系统地址码01，用“Q”键确认，就可

显示发动机的版本信息，以 1.8L 发动机为例，它在诊断仪器上的显示如图 7-16 所示。

其中，06A906032NR 是控制单元零件号，4530 是控制单元的编码，1.8L R4/5VS MOTR G 是发动机类型，其中的 G 代表巡航控制功能，输入 16167 取消巡航系统功能后将不显示 G。

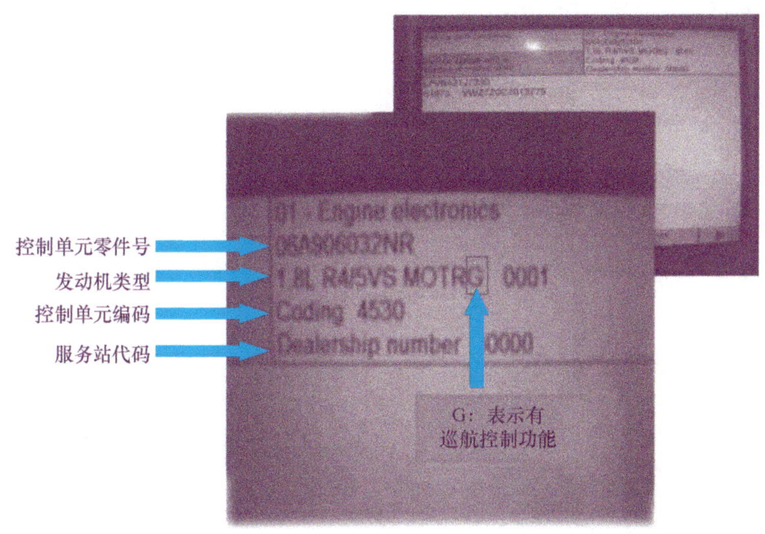

图 7-16　宝来轿车装备 CCS 系统发动机控制单元版本信息

（3）读取测量数据块　输入功能码 08，再输入通道号 66，将显示测量数据块 66，如图 7-17所示。

测量数据块共有四个显示区，如下所示：

1）第一显示区：表示实际车速。

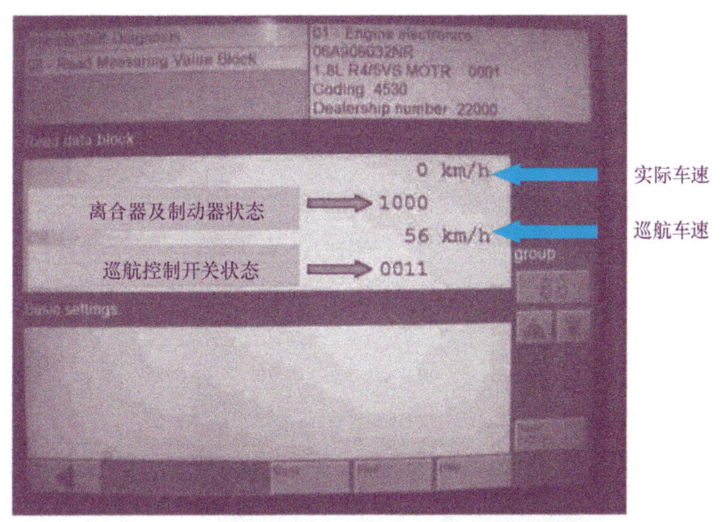

图 7-17　宝来轿车巡航控制系统测量数据块

2）第二显示区：表示离合器及制动器状态。1000 各数值依次表示：巡航系统是否接通

(激活后将始终显示1);离合器是否踏下;制动器是否踏下;制动器状态。

"1"表示肯定;"0"表示否定。

如果不踏下离合器或制动器,将显示1000,踏下离合器显示1100,踏下制动器显示1011。

3)第三显示区:表示巡航车速。

4)第四显示区:表示巡航控制开关状态。0011各数值依次表示:RES按钮状态;SET按钮状态;巡航控制开关位置;巡航控制开关位置。(ON/OFF)。

"1"表示肯定;"0"表示否定。

如果关闭巡航控制开关,将显示为0000,当开启巡航控制开关后,将出现0011,按住SET(+)时显示1011,按住RES(-)时显示0111。

(4)激活或取消巡航功能 利用11功能,可激活或取消巡航功能,进入V.A.S5051界面,如图7-18所示。

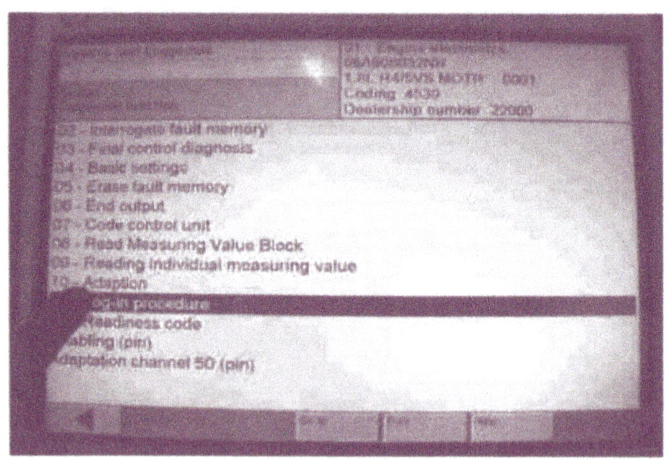

图7-18 取消或激活巡航功能VAS 5051界面

激活巡航系统功能:选择11功能,输入11463,如图7-19所示,用"Q"键确认,可激活巡航系统功能。

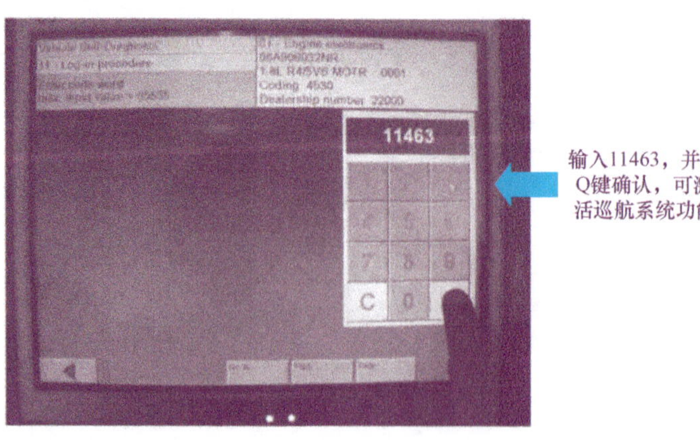

图7-19 激活巡航系统功能

取消巡航系统功能：选择 11 功能，输入 16167，如图 7-20 所示，用“Q”键确认，可关闭巡航系统功能。

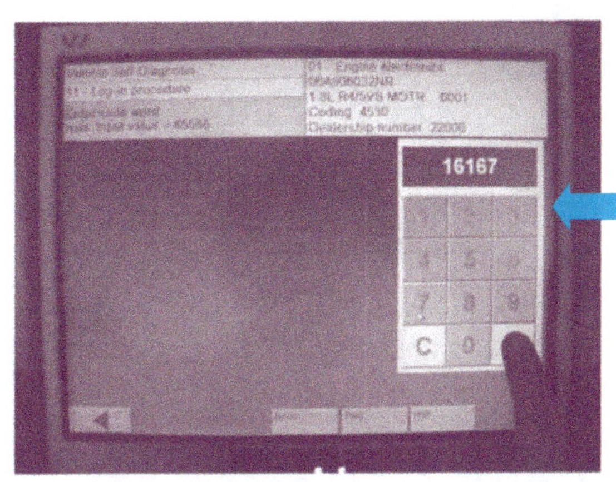

图 7-20　取消巡航控制系统功能

三、技能训练

【训练任务】一辆宝来轿车巡航控制系统工作异常，请根据客户提供的信息排除该故障。

【训练建议】以小组的形式或有实训条件的可以个人独立完成。学生根据客户提供的信息确认故障现象，通过维修资料的查阅、课程网站、视频资料的学习以及教师的答疑，制订巡航控制系统检修的工作计划，然后逐项检测并排除。

【评价建议】可用如下技能训练评价表对学生操作技能进行评价。

汽车巡航控制系统故障的检修考核表

学生姓名					
测评日期		测评地点			
测评内容	汽车巡航控制系统故障的检修				
考评标准	内　容	分值/分	自评	互评	师评
	工作着装、工作安全、卫生	10			
	汽车巡航控制系统的操作步骤，每错一项扣 4 分	20			
	故障诊断仪的连接与使用，每错一项扣 2 分	30			
	测量数据块的操作步骤，每错一项扣 4 分	20			
	正确地运用、掌握安全操作方法，每错一项扣 5 分	10			
	工作任务单的填写情况	10			
	时间性：每超时 1min 扣 5 分，超过 3min 终止考核				
合　计		100			
最终得分（自评 30% + 互评 30% + 师评 40%）					
说明：测评满分为 100 分，60 ~ 74 分为及格，75 ~ 84 分为良好，85 分以上为优秀。60 分以下的学生，需重新进行知识学习、任务训练，直到任务完成达到合格为止					

归纳总结

通过本任务内容的学习，作为维修技术人员，应对汽车巡航控制系统的功能、组成及工作原理有一定的了解。维修资料的查阅，检测工具的合理选用，巡航控制系统的使用和检修是本任务完成的重点，但是要真正掌握这些知识和操作技能，还要不断地思考与总结，并且加强技能训练，只有这样，才能掌握这些内容，真正为己所用。下面提供一组思考问题，请客观地作答，并结合本任务内容，对自己的学习工作进行反思。

思考题

1. 简述巡航控制系统的功能有哪些。
2. 简述巡航控制系统有哪些传感器和执行器。
3. 如果巡航系统不工作，请分析可能的原因。
4. 在什么情况下不应该使用巡航系统？
5. 如何用诊断仪器激活或取消巡航系统功能？

参考文献

[1] 袁辉，邓妹纯. 汽车舒适与安全系统检修 [M]. 北京：人民交通出版社，2010.
[2] 杨智勇. 汽车车身电气维修问答 [M]. 北京：中国电力出版社，2006.
[3] 毛峰. 汽车车身电控技术 [M]. 北京：机械工业出版社，2004.
[4] 张军. 汽车舒适与安全系统检修 [M]. 北京：人民邮电出版社，2009.
[5] 颜培钦. 汽车车身电气设备系统及附属电气设备 [M]. 西安：西安电子科技大学出版社，2007.
[6] 杨柳青. 汽车空调构造与维修 [M]. 北京：人民交通出版社，2008.
[7] 张吉国. 汽车典型电控系统的结构与维修 [M]. 北京：机械工业出版社，2007.
[8] 明光星，李培军. 汽车电器实训教程 [M]. 北京：中国人民大学出版社，2010.
[9] 明光星，孙宝明. 汽车电器设备原理与维修实务 [M]. 北京：北京大学出版社，2011.
[10] 黄宜坤，艾曦峰. 汽车电控电气设备检测与维护 [M]. 北京：机械工业出版社，2010.
[11] 罗富坤. 汽车车身电控系统检测与修复 [M]. 北京：机械工业出版社，2011.
[12] 罗小青. 汽车车身电控系统的结构与原理 [M]. 北京：北京交通大学出版社，2010.
[13] 吴喜骊，蒋芳. 汽车车身电子控制技术 [M]. 北京：北京理工大学出版社，2010.